Reading TUTOR 리딩튜터

Junior 3

Welcome to
Reading Tutor Junior

<리딩튜터 주니어> 시리즈는 오랜 시간 동안 여러분의 사랑을 받아온 중학 독해 전문서입니다. **독해가 즐거워지는 놀라운 경험**을 선사해 드리고자 거듭 변화해 온, **<리딩튜터 주니어>** 시리즈가 더욱 새롭게 탄생했어요. 다채로운 소재로 흥미를 끄는 지문들을 읽다 보면 어느새 즐거운 독해가 만드는 실력의 차이를 실감하게 될 거예요.

구성 체계적인 학습을 위한 시리즈 구성 및 난이도

단어 수와 렉사일(Lexile) 지수를 기반으로 개발되어, 더욱 객관적으로 난이도를 비교·선택하실 수 있습니다.

110~130 words
500L-700L

120~140 words
600L-800L

130~150 words
700L-900L

140~160 words
800L-1000L

특징 독해 실력을 향상하는 <리딩튜터 주니어>만의 특징

– 학생들이 호기심을 가지고 접근할 수 있는 소재를 선정하였습니다.
– 이해력을 높여 독해가 쉬워지도록 Knowledge Bank 코너를 강화했습니다.
– 실질적인 실력 향상을 뒷받침하는 내신 서술형 문제를 더 많이 수록하였습니다.
– 수능 영어 영역에서 다루는 문제 유형을 수록하여 수능의 기초를 다질 수 있도록 하였습니다.

How to Study
Reading Tutor Junior

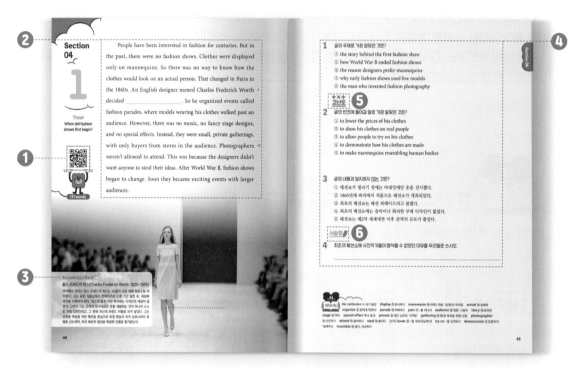

❶ QR코드
지문을 읽기 전에 녹음 파일을 듣고, 내용을 미리 파악해 보세요. 또, 학습 후 녹음 파일을 들으면서 복습할 수도 있어요.

❷ Reading
재미있고 상식도 쌓을 수 있는 지문을 읽어 보세요. 영어 독해 실력 향상은 물론, 상식을 넓히고 사고력도 기를 수 있어요.

❸ Knowledge Bank
지문 이해를 돕는 배경지식을 읽어 보세요. 지문이 이해가 안 될 때, 내용을 더 깊이 알고 싶을 때 큰 도움이 될 거예요.

❹ 최신 경향의 문제
최신 학습 경향을 반영한 다양한 문제를 풀어 보세요. 대의 파악부터 세부 정보 파악, 서술형 문제까지 정답을 보지 않고 스스로 푸는 것이 중요해요.

❺ 고난도
조금 어렵지만 풀고 나면 독해력이 한층 더 상승하는 것을 느낄 수 있어요. 한 번에 풀 수 없으면, 지문을 한 번 더 읽어 보세요.

❻ 서술형
서술형 문제로 독해력을 높이는 동시에 학교 내신 서술형 문제에도 대비할 수 있어요.

English Only
각 섹션마다 4개의 지문 중 마지막 지문은 문제가 영어로만 제시되어 있어요. 처음에는 어려울 수도 있지만, 영어 실력 향상에 도움이 될 거예요. 차근차근 해석하며 문제를 풀어 보세요.

> 1 What is the passage mainly about?
> ① a British effort to fight loneliness
> ② how happiness can lead to loneliness
> ③ lonely people getting involved in politics
> ④ why the UK is the world's loneliest country
> ⑤ the definition of happiness in different cultures

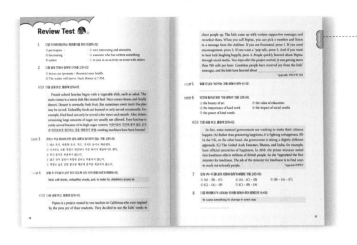

Review Test

각 섹션에서 배운 단어와 숙어를 반복 학습하고, 수능 유형과 최신 내신 기출 서술형 유형을 반영한 문제를 통해 실전 감각을 기를 수 있어요.

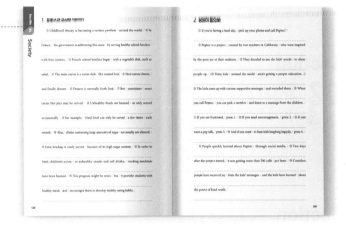

직독직해 워크시트

각 지문의 문장별 직독직해 훈련을 통해 배운 내용을 더 꼼꼼히 복습할 수 있어요.

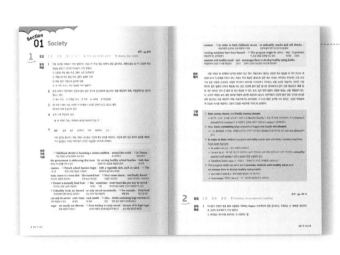

정답 및 해설

정답의 이유를 알려주는 문제 해설, 빠르게 해석할 수 있는 방법을 보여주는 직독직해, 한눈에 보는 본문 해석, 해석이 안 되는 부분이 없도록 도와주는 구문 해설로 알차게 구성했습니다.

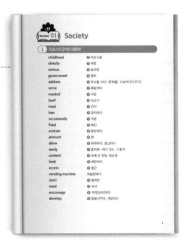

어휘 암기장

본문에 나온 단어와 숙어를 한눈에 볼 수 있도록 정리했습니다. 간단한 확인 문제도 있으니, 가지고 다니며 암기하고 확인해 볼 수 있어요.

Contents

Think!
What is your favorite school lunch?

147 words

Childhood obesity is becoming a serious problem around the world. In France, the government is addressing this issue by serving healthy school lunches with four courses. French school lunches begin with a vegetable dish, such as salad. The main course is a warm dish like roasted beef. Next comes cheese, and ⁵ finally dessert. Dessert is normally fresh fruit. But sometimes sweet treats like pies may be served. Unhealthy foods are banned or only served occasionally. For example, fried food can only be served a few times each month. Also, drinks containing large amounts of sugar are usually not allowed. Even ketchup is ¹⁰ rarely served because of its high sugar content. In order to limit children's access to unhealthy snacks and soft drinks, vending machines have been banned. This program might be strict, but it provides students with healthy meals and encourages them to develop healthy eating habits. ¹⁵

Knowledge Bank 설탕세

전 세계적으로 비만 인구가 급속히 늘어남에 따라, 많은 국가들이 이를 해결하기 위한 정책들을 시행하고 있다. 영국에서는 2018년 4월부터 일정량 이상의 설탕이 들어간 음료에 대해 세금을 부과하는 설탕세를 시행 중이다. 아랍에미리트(UAE)는 수도 두바이의 인구 절반 이상이 과체중으로 집계되었다. 이에 정부는 식습관 변화를 위해 설탕이 들어간 탄산음료에 50%의 세금을 부과하는 설탕세 정책을 시행하였고, 성인 비만이 약 25% 감소하는 긍정적인 변화를 이끌어 냈다.

1 글의 제목으로 가장 알맞은 것은?

① Are Healthy School Lunch Programs Too Strict?
② Why France's School Lunch Program Has Failed
③ Childhood Obesity: A Serious Problem in France
④ Are Four Courses Too Many for School Lunches?
⑤ Healthier Children Through Healthier School Lunches

2 글에 따르면, 프랑스의 학교 점심에 포함되지 <u>않는</u> 것은?

① a vegetable dish   ② a warm dish   ③ cheese
④ dessert   ⑤ a soft drink

3 글의 내용과 일치하면 T, 그렇지 않으면 F를 쓰시오.

(1) 아동 비만 문제는 프랑스를 제외한 나라들에서는 심각하지 않다. _____

(2) 프랑스 학교에서 건강하지 않은 간식을 파는 자동판매기는 금지되었다. _____

서술형 ✎

4 다음 질문에 우리말로 답하시오.

> Q: Why is ketchup rarely served in French schools?

_____

✧✖✧
고난도 서술형 ✎

5 다음 빈칸에 알맞은 단어를 보기 에서 골라 쓰시오.

보기 | habits access ban obesity allow courses

> In order to fight childhood _____, French schools serve healthy lunches and limit or _____ unhealthy food and drinks. This encourages children to develop healthy eating _____.

Words   childhood 몡 어린시절   obesity 몡 비만   serious 톙 심각한   government 몡 정부   address 통 주소를 쓰다; *(문제를) 고심하다[다루다]   serve 통 제공하다   roasted 톙 구운   beef 몡 쇠고기   treat 몡 간식   ban 통 금지하다   occasionally 톚 가끔   fried 톙 튀긴   contain 통 함유하다   amount 몡 양   allow 통 허락하다, 용납하다   rarely 톚 좀처럼 ~하지 않는, 드물게   content 몡 속에 든 것들; *함유량   limit 통 제한하다   access 몡 접근   vending machine 자동판매기   strict 톙 엄격한   meal 몡 식사   encourage 통 격려[장려]하다   develop 통 발달시키다, 개발하다

Think!
What makes you happy when you're sad?

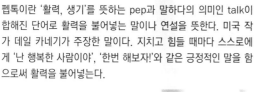
156 words

If you're having a hard day, pick up your phone and call Peptoc!

(a) Peptoc is a project created by two teachers in California who were inspired by the pure joy of their students. (b) They decided to use the kids' words to cheer people up. (c) Many kids 5 around the world aren't getting a proper education. (d) The kids came up with various supportive messages and recorded them. (e) When you call Peptoc, you can pick a number and listen to a message from the children. If you are frustrated, press 1. If you need encouragement, press 2. If you want a *pep talk, press 3. And 10 if you want to hear kids laughing happily, press 4.

People quickly learned about Peptoc through social media. Two days after the project started, it was getting more than 700 calls per hour. Countless people have received joy from the kids' messages, and the kids have learned about the power of kind 15 words.

*pep talk 격려[응원] 연설

Knowledge Bank 펩톡(pep talk)

펩톡이란 '활력, 생기'를 뜻하는 pep과 말하다의 의미인 talk이 합해진 단어로 활력을 불어넣는 말이나 연설을 뜻한다. 미국 작가 데일 카네기가 주장한 말이다. 지치고 힘들 때마다 스스로에게 '난 행복한 사람이야', '한번 해보자!'와 같은 긍정적인 말을 함으로써 활력을 불어넣는다.

1 글의 주제로 가장 알맞은 것은?

① an app used to share funny messages
② a project designed to spread happiness
③ several ways to improve your bad mood
④ how adults can teach students to be positive
⑤ how students deal with challenges in their lives

2 글을 읽고 Peptoc에 관해 답할 수 <u>없는</u> 질문은?

① Who made it?
② What was the inspiration for it?
③ Who recorded its messages?
④ How long did it take to make it?
⑤ What did students learn from it?

3 글의 (a)~(e) 중, 전체 흐름과 관계<u>없는</u> 문장은?

① (a)　　② (b)　　③ (c)　　④ (d)　　⑤ (e)

서술형 ✏️

4 다음 빈칸에 알맞은 단어를 글에서 찾아 쓰시오.

> **Thank you for calling Peptoc! Please listen carefully to the following options.**
> · If you feel _____, press 1.
> · Do you need _____? Then press 2.
> · For a pep talk, press 3.
> · If you want to hear kids _____, press 4.

Words ｜ **pick up** ~을 집다[들어올리다]　**create** 통 창조하다　**inspire** 통 영감을 주다　**cheer up** ~을 격려하다　**proper** 형 적절한
education 명 교육　**come up with** ~을 생각해 내다　**various** 형 다양한　**supportive** 형 힘을 주는　**frustrated**
형 좌절감을 느끼는　**press** 통 누르다　**encouragement** 명 격려　**countless** 형 셀 수 없이 많은　[문제] **improve** 통 개선하다, 향상시키다

11

130 words

책 읽는
즐거움

A library in Norway is working on a fascinating century-long project. Throughout the next 100 years, famous and well-respected authors will add an unread manuscript to a time capsule, which won't be opened until 2114!

The Future Library Trust is inviting different outstanding writers to participate in the project annually. When the writers submit the manuscripts, they only reveal the title. (①) The length and genre of the work are up to them. (②) The content isn't known by the staff at the Future Library Trust either. (③)

The library has a forest nearby, and its trees will provide paper for the manuscripts when they are eventually printed out. (④) The hope is that in 100 years our society will still exist and still enjoy reading. (⑤) What stories may be waiting for future readers?

Knowledge Bank 침묵의 방(Silent Room)

미래 도서관에 기증된 원고들은 노르웨이의 수도인 오슬로에 위치한 중앙도서관에 보관된다. 이 중앙도서관에는 침묵의 방이 있는데, 방의 내부는 오슬로의 숲의 나무로 꾸며져 있고 100개의 유리 서랍이 있다. 모든 원고는 바로 이 유리 서랍 안에 보관된다.

1 글의 제목으로 가장 알맞은 것은?

① Why the People of Norway Love Reading
② The Best Things to Include in a Time Capsule
③ Writing Habits That Help You Connect to Readers
④ How Writing Has Changed in One Hundred Years
⑤ Giving the Gift of Good Writing to Future Generations

2 다음 문장이 들어갈 위치로 가장 알맞은 곳은?

> The only rule is that they cannot share their manuscripts with anyone, not even family members or editors.

①　　　　②　　　　③　　　　④　　　　⑤

✦✖✦
고난도
3 다음 중 글의 내용과 일치하지 <u>않는</u> 것은?

① New writing will be added to the time capsule annually.
② The writers are not restricted in the genre of their manuscript.
③ The Future Library Trust staff can't read the manuscripts in advance.
④ The library has been built from trees that grew in the area.
⑤ The participants' writing will be printed on paper later.

✦✖✦
고난도 서술형✍
4 다음 빈칸에 알맞은 단어를 글에서 찾아 쓰시오.

> A library in Norway is putting _____ in a time capsule to be _____ in one hundred years.

4

141 words

Happiness is a common goal around the world. _____(A)_____, some national governments are working to make their citizens happier. The United Arab Emirates, Bhutan, and

▲ 부탄 국민총행복위원회   5

India, _____(B)_____, have official ministries of happiness. In the UK, on the other hand, the government is taking a slightly different approach. Rather than promoting happiness, it is fighting unhappiness. In 2018, the prime minister noted that loneliness affects millions of British people. (①) So she *appointed the first 10 minister for loneliness. (②)

The job of the minister for loneliness is to find ways to reach out to lonely people. (③) According to a study, about 200,000 elderly people in the UK haven't spoken to any friends or relatives in more than a month. (④) Because our high-tech society 15 leads to less face-to-face contact, it threatens everyone. (⑤) The British government is working hard to create a healthier, happier future for its citizens.

*appoint 임명하다

1 What is the passage mainly about?

① a British effort to fight loneliness

② how happiness can lead to loneliness

③ lonely people getting involved in politics

④ why the UK is the world's loneliest country

⑤ the definition of happiness in different cultures

2 Which is the best choice for the blanks (A) and (B)?

	(A)		(B)
①	Therefore	......	however
②	In fact	......	however
③	In fact	......	for example
④	In contrast	......	for example
⑤	In contrast	......	therefore

3 Where would the following sentence best fit in?

> Of course, loneliness doesn't only affect older people.

①   ②   ③   ④   ⑤

서술형 ✏️

4 Fill in the blanks with the words from the passage.

> Loneliness _____ not only the elderly but also the young.
> To fight this, the UK is trying to deal with _____ by
> appointing a _____ _____ _____.

Words common 📝흔한; *공통의   work 📝일하다; *애쓰다[노력하다]   citizen 📝시민   official 📝공식적인   ministry 📝(정부의)
부처 (prime minister 수상) (minister 📝장관)   slightly 📝약간, 조금   approach 📝접근법   rather than ~보다는[대신에]
promote 📝촉진[고취]하다   note 📝주목하다   affect 📝~에 영향을 미치다   reach out 접근하다   elderly 📝나이가 지긋한   high-tech
📝최첨단의   lead to ~로 이어지다; *~에 이르다   face-to-face 📝대면하는   contact 📝연락, 접촉   threaten 📝위협하다   [문제] get
involved in ~에 관여하다   politics 📝정치   definition 📝정의   in contrast 그에 반해   deal with 대처하다, 처리하다

Review Test 📖))

1 다음 단어에 해당하는 영영풀이를 찾아 연결하시오.

1) participate   ·   · ⓐ very interesting and attractive

2) fascinating   ·   · ⓑ someone who has written something

3) author   ·   · ⓒ to join in an activity or event with others

2 다음 괄호 안에서 알맞은 단어를 고르시오.

1) Stress can (promote / threaten) your health.

2) The waiter will (serve / ban) dinner at 7 PM.

3-4 다음 글을 읽고, 물음에 답하시오.

> French school lunches begin with a vegetable dish, such as salad. The main course is a warm dish like roasted beef. Next comes cheese, and finally dessert. Dessert is normally fresh fruit. But sometimes sweet treats like pies may be served. Unhealthy foods are banned or only served occasionally. For example, fried food can only be served a few times each month. Also, drinks containing large amounts of sugar are usually not allowed. Even ketchup is rarely served because of its high sugar content. 어린이들이 건강에 좋지 않은 간식 과 탄산음료에 접근하는 것을 제한하기 위해, vending machines have been banned.

수능유형 3 프랑스 학교 점심에 관한 글의 내용과 일치하지 <u>않는</u> 것을 고르시오.

① 채소 요리, 따뜻한 요리, 치즈, 디저트 순서로 제공된다.

② 디저트는 보통 과일이 제공되나 가끔 파이가 제공되기도 한다.

③ 튀긴 음식은 허용되지 않는다.

④ 많은 양의 설탕이 포함된 음료는 허용되지 않는다.

⑤ 케첩은 높은 설탕 함유량 때문에 좀처럼 제공되지 않는다.

서술형 4 밑줄 친 우리말과 같은 뜻이 되도록 상자 안의 말을 바르게 배열하시오.

> limit, soft drinks, unhealthy snacks, and, in order to, children's access to

_____

5-6 다음 글을 읽고, 물음에 답하시오.

> Peptoc is a project created by two teachers in California who were inspired by the pure joy of their students. They decided to use the kids' words to

cheer people up. The kids came up with various supportive messages and recorded them. When you call Peptoc, you can pick a number and listen to a message from the children. If you are frustrated, press 1. If you need encouragement, press 2. If you want a *pep talk, press 3. And if you want to hear kids laughing happily, press 4. People quickly learned about Peptoc through social media. Two days after the project started, <u>it</u> was getting more than 700 calls per hour. Countless people have received joy from the kids' messages, and the kids have learned about _____.

*pep talk 격려[응원] 연설

서술형 **5** 밑줄 친 it이 가리키는 것을 글에서 찾아 쓰시오.

_____

수능유형 **6** 빈칸에 들어갈 말로 가장 알맞은 것을 고르시오.
① the beauty of art
② the value of education
③ the importance of hard work
④ the impact of social media
⑤ the power of kind words

7-8 다음 글을 읽고, 물음에 답하시오.

In fact, some national governments are working to make their citizens happier. (A) Rather than promoting happiness, it is fighting unhappiness. (B) In the UK, on the other hand, the government is taking a slightly different approach. (C) The United Arab Emirates, Bhutan, and India, for example, have official ministries of happiness. In 2018, the prime minister noted that loneliness affects millions of British people. So she *appointed the first minister for loneliness. The job of the minister for loneliness is to find ways to reach out to lonely people.

*appoint 임명하다

7 문장 (A)~(C)를 글의 흐름에 알맞게 배열한 것을 고르시오.
① (A) – (B) – (C)
② (A) – (C) – (B)
③ (B) – (A) – (C)
④ (C) – (A) – (B)
⑤ (C) – (B) – (A)

8 다음 영영풀이가 나타내는 단어를 글에서 찾아 원형으로 쓰시오.

to cause something to change in some way

_____

세계의 이색 교통 법규

각 나라는 서로 다른 운전 문화를 가지고 있습니다. 하지만 운전자와 보행자의 안전을 중요시하는 것은 어느 나라나 마찬가지입니다. 도로의 안전을 지키기 위한 세계의 이색 교통 법규에 대해서 알아봅시다.

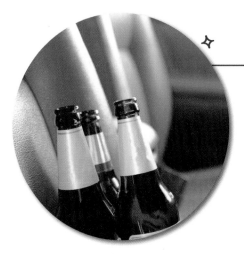

술은 출입 금지!

땅이 굉장히 넓은 미국은 각 주마다 독특하고도 다른 교통 법규를 가지고 있어요. 미국 뉴저지주의 경우에는 개봉한 술을 차량 내부에 보관하면 불법으로 간주합니다. 잠재적으로 음주 운전을 할 가능성이 높다고 판단하기 때문이에요. 피치 못할 사정으로 주류를 보관해야 한다면 개봉하지 않고, 가급적 트렁크에 보관해야 합니다.

앗 차가워!

일본은 서로에 대한 예의를 매우 중요시하는 나라입니다. 비가 오는 날 차량이 주행 중에 보행자에게 빗물이나 흙탕물을 튀게 할 경우, 이는 위법에 해당하며 운전자는 벌금형에 처할 수 있습니다. 이와 비슷하게 호주에서도 버스를 기다리고 있는 사람에게 흙탕물을 튀게 한다면 큰 벌금을 물어야 합니다. 비 오는 날은 조심조심 운전해야겠죠?

안전벨트를 잠시 풀어주세요!

우리의 안전을 책임지는 안전벨트를 오히려 착용하지 못하도록 규제하는 곳이 있습니다. 바로 북유럽에 위치한 에스토니아인데요. 이 법규는 에스토니아 본토와 히우마섬을 잇는 일부 빙판 도로에서만 적용됩니다. 이 구역은 염분이 적고 수심이 얕아 겨울이 되면 바다가 완전히 얼어버려 빙판길을 만드는데요. 만약 얼음이 깨지면 물에 빠질 수 있기 때문에 신속하게 차에서 탈출하기 위해 안전벨트를 착용하지 않는 것이 원칙이라고 합니다. 하지만 우리 일상에서는 꼭 안전벨트를 착용해야 한다는 사실! 잊지 마세요.

Section

02

Fun Facts

1

Think!
Have you ever felt something in your throat when crying?

128 words

When you're about to cry, you may get a strange feeling like there's a lump in your throat. The reason for this is your body's fight-or-flight response. This response is activated by stress, including extreme sadness. Your brain thinks you might need to fight or run away soon, so it wants to deliver oxygen to your 5 muscles. To do this, it must first bring oxygen into your body. Your brain sends a message to your throat, telling it to open wide. This will allow _____. You don't actually feel this happen, but you can sense a change in the throat's muscles. This is what causes the lump-like sensation. So the next time this 10 occurs, don't worry. There isn't anything in your throat. Your body is just doing its job.

1 글의 주제로 가장 알맞은 것은?

① the role that oxygen plays in muscles

② why extreme stress can cause you to cry

③ how to exercise the muscles in your body

④ why we feel odd in the throat before crying

⑤ the most effective methods for healing a sore throat

✦✖✦
고난도
2 글의 빈칸에 들어갈 말로 가장 알맞은 것은?

① you to feel less sad

② the lump to go away

③ more oxygen to enter

④ the brain to calm down

⑤ your muscles to strengthen

3 글의 내용과 일치하면 T, 그렇지 않으면 F를 쓰시오.

(1) Stress can make the fight-or-flight response occur. _____

(2) Changes in throat muscles cause the feeling of a lump in the throat. _____

서술형 ✐
4 다음 빈칸에 알맞은 단어나 표현을 글에서 찾아 쓰시오.

Fight-or-Flight Response

cause	extreme sadness
reaction	Your brain wants to deliver (1) _____ to your muscles. ⬇ Your brain makes your throat (2) _____ _____ to bring in oxygen. ⬇ You might feel your throat's (3) _____ changing.

Words be about to-v 막 ~하려고 하다 strange 휑 이상한 feeling 똉 느낌 lump 똉 덩어리 throat 똉 목구멍, 목 flight 똉 비행; *탈출, 도피 response 똉 반응 activate 동 작동시키다, 활성화시키다 extreme 휑 극도의, 극심한 sadness 똉 슬픔 run away 도망치다 oxygen 똉 산소 muscle 똉 근육 sense 동 감지하다, 느끼다 (sensation 똉 느낌) occur 동 일어나다, 발생하다 [문제] odd 휑 이상한 method 똉 방법 heal 동 치유하다 sore throat 인후염 go away (떠나) 가다; *없어지다 enter 동 들어오다 calm down 진정하다 strengthen 동 강화하다

2

Think!

What are the characteristics of human bodies?

124 words

Do you know how many bones are in your body? If you are a teenager or older, you probably have 206. However, when you were born, you had a lot more bones!

A newborn baby has about 300 bones. Surprisingly, the more you grow, _____(A)_____ . As a baby grows, some bones ⁵ join together and become one bone. _____(B)_____ , a baby's *skull has many bones. This protects the baby's head when it gets pressed and squeezed during childbirth. However, over time, the skull slowly grows together. This also happens in other places, such as the **spine. Because of <u>these changes</u>, the number of bones continues ¹⁰ decreasing until you have about 206.

Don't be too sad. Even though the number has decreased, your bones have surely gotten stronger!

*skull 두개골　**spine 척추

Knowledge Bank 뼈

뼈는 몸속 중요한 기관을 보호하고 몸을 지탱한다. 손가락 마디처럼 뼈와 뼈가 만나는 곳을 관절이라고 하는데, 이 관절 부위에는 물렁물렁한 연골이 있어서 충격을 흡수하고 관절이 부드럽게 움직이게 한다. 그리고 뼈는 자라면서 단단해지는데, 단단해지면 뼈가 더 성장하기 어려워진다. 그래서 어른이 되면 더 이상 키가 크지 않는 것이다.

1 글의 주제로 가장 알맞은 것은?

① the roles of human bones
② characteristics of babies' bones
③ the reason human bones join together
④ why the number of bones in your body changes
⑤ differences between babies' skulls and teenagers' skulls

고난도

2 글의 빈칸 (A)에 들어갈 말로 가장 알맞은 것은?

① the more bones you have
② the fewer bones you have
③ the weaker your bones become
④ the shorter your bones become
⑤ the thicker your bones become

3 글의 빈칸 (B)에 들어갈 말로 가장 알맞은 것은?

① In short　② As a result　③ In addition
④ For example　⑤ On the other hand

서술형

4 글의 밑줄 친 these changes가 의미하는 내용을 우리말로 쓰시오.

____

Words bone [명] 뼈　teenager [명] 십 대　be born 태어나다　newborn [형] 갓 태어난　join together 합치다, 결합되다　press [동] 누르다, 밀어 넣다　squeeze [동] 짜다; *(좁은 곳에) 밀어 넣다　childbirth [명] 출산　over time 시간이 흐르면서　grow together 자라서 하나로 되다　continue [동] 계속하다　decrease [동] 줄다, 감소하다　[문제] characteristic [명] 특징　thick [형] 두꺼운

3

Think!
Do you know
any animals with
unique colors?

160 words

Because of their beautiful feathers, flamingos are one of the most recognizable birds on Earth. However, they are born with gray feathers. What changes their color?

Adult flamingos are pink, orange, or white depending on _____. Some of their favorite foods are small sea creatures and plants such as shrimp and seaweed. (a) These foods contain a special *pigment that gives plants and animals their color. (b) After flamingos eat these foods, this pigment becomes a pink or orange color and then gets stored in the flamingos' legs, bills, and feathers. (c) Flamingos can stand on one leg for far longer than humans can. (d) The more of these sea creatures and plants flamingos eat, the pinker or more orange they become. (e) So you can see more colorful flamingos near the sea than near lakes.

Many other foods that people eat, like carrots and watermelons, also contain this pigment. However, people do not eat enough of them to change their skin color. What a relief!

*pigment (동식물에 천연적으로 존재하는) 색소

1 글의 빈칸에 들어갈 말로 가장 알맞은 것은?

① the current weather

② the size of their body

③ the type of food that they eat

④ the place where they were born

⑤ the color of their parents' feathers

2 글의 (a)~(e) 중, 전체 흐름과 관계없는 것은?

① (a)   ② (b)   ③ (c)   ④ (d)   ⑤ (e)

3 글의 내용과 일치하지 <u>않는</u> 것은?

① 홍학은 새끼일 때 회색이다.

② 홍학은 새우나 해초를 먹는다.

③ 해초에 든 색소는 몸속에서 흰색으로 바뀐다.

④ 먹이에 든 색소는 홍학의 다리와 부리, 깃털에 저장된다.

⑤ 당근은 동식물에 색을 주는 색소를 함유하고 있다.

✦✖✦
고난도 서술형✏

4 다음 빈칸에 알맞은 단어를 글에서 찾아 쓰시오.

> The flamingos living near the _____ are deeply colored because they can _____ more shrimp and seaweed, which gives them more of a special _____ that makes them pink or orange.

Knowledge Bank 🌱 홍학과 아스타신

목뼈가 19개라서 360도 회전이 가능한 홍학은 키가 1m 이상인 대형 조류로 무리 지어 생활하는 철새이다. 홍학의 먹이 중 새우 같은 갑각류에는 '아스타신'이라는 붉은 색소가 있는데, 새우 몸속에서는 단백질과 결합되어 청색을 띠다가 가열되면 분리되면서 비로소 붉은색을 드러낸다. 아스타신은 동물이나 사람 몸속의 '리포이드'라는 물질을 만나면 녹아서 축적되는 특성이 있다.

Words   feather 몡 털, 깃털   flamingo 몡 홍학, 플라밍고   recognizable 몡 쉽게 알아볼 수 있는   adult 몡 다 자란, 성인의   depending on ~에 따라   creature 몡 생물   shrimp 몡 새우   seaweed 몡 해초   store 동 저장하다   bill 몡 청구서; *(새의) 부리   relief 몡 안심   [문제] current 몡 현재의   deeply 뵘 깊게; *(색이) 짙게   color 동 ~에 염색하다

Think!
Have you ever wondered why bodyguards wear sunglasses?

125 words

When you see bodyguards, you'll notice that they often wear dark sunglasses. But why? Our eyes clearly show where our focus lies. So, one of the reasons they wear sunglasses may be that they don't want people to know where they are looking.

However, if chimpanzees were bodyguards, they wouldn't ₅ need sunglasses! (①) This is because the white parts of other *primates' eyes are so small that we can't easily see their eye movements. (②) This allows us to see where a person's eyes are pointed. (③) When we see what a person is looking at, we can guess what they are thinking and what they plan to do next. ₁₀ (④) This helps us work together more easily. (⑤) That's probably why human eyes evolved to have large white parts.

*primate 영장류

1 Which is the best title for the passage?

① How Primates Communicate with Each Other
② Why Do Human Eyes Have Large White Parts?
③ How to Read Chimpanzees' Minds Through Their Eyes
④ Bodyguards' Fashion: Does It Actually Help Them Do Their Job?
⑤ Can Chimpanzees Cooperate Enough to Protect One Another?

✦✧✦ 고난도

2 Where would the following sentence best fit in?

On the other hand, the white parts of humans' eyes are large.

① ② ③ ④ ⑤

3 Write T if the statement is true or F if it is false.

(1) Bodyguards often wear sunglasses to hide their eye movement. ________
(2) It's not easy for us to tell where a chimpanzee is looking. ________

서술형

4 Fill in the blanks with the words from the passage.

Humans' eye ________ are easy to see because the white parts of their eyes are ________. This lets humans ________ each other's thoughts, which helps them cooperate more easily.

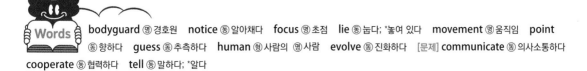

Words bodyguard [명] 경호원 notice [동] 알아채다 focus [명] 초점 lie [동] 눕다; *놓여 있다 movement [명] 움직임 point [동] 향하다 guess [동] 추측하다 human [형] 사람의 [명] 사람 evolve [동] 진화하다 [문제] communicate [동] 의사소통하다 cooperate [동] 협력하다 tell [동] 말하다; *알다

Review Test

1 다음 밑줄 친 단어와 비슷한 의미의 단어를 고르시오.

> I had to squeeze all the stuff into my luggage.

① sense   ② occur   ③ decrease   ④ notice   ⑤ press

2 다음 밑줄 친 단어와 반대 의미의 단어를 고르시오.

> You'd better stop staying up all night.

① enter   ② join   ③ point   ④ grow   ⑤ continue

3-4 다음 글을 읽고, 물음에 답하시오.

When you're about to cry, you may get a strange feeling like there's a lump in your throat. The reason for this is your body's fight-or-flight response. This response is activated by stress, including extreme sadness. Your brain thinks you might need to fight or run away soon, so it wants to deliver oxygen to your muscles. To do this, it must first bring oxygen into your body. (a) Some people also report experiencing a dry mouth when they are nervous. (b) Your brain sends a message to your throat, telling it to open wide. (c) This will allow more oxygen to enter. (d) You don't actually feel this happen, but you can sense a change in the throat's muscles. (e) This is what causes the lump-like sensation. So the next time <u>this</u> occurs, don't worry. There isn't anything in your throat. Your body is just doing its job.

수능유형 3 (a)~(e) 중, 전체 흐름과 관계<u>없는</u> 문장을 고르시오.

① (a)   ② (b)   ③ (c)   ④ (d)   ⑤ (e)

서술형 4 밑줄 친 <u>this</u>가 가리키는 내용을 우리말로 쓰시오.

_____

5-6 다음 글을 읽고, 물음에 답하시오.

Adult flamingos are pink, orange, or white depending on the type of food that they eat. Some of their favorite foods are small sea creatures and plants such as shrimp and seaweed. These foods contain a special *pigment that gives plants and animals their color. After flamingos eat these foods, this pigment becomes a pink or orange color and then gets stored in the flamingos' legs, bills, and feathers. 홍학이 더 많은 이런 바다 생물과 식물들을 먹을수록, 그들은 더 진한 분홍색이나 주황색이 된다. Many other foods that people eat, like carrots and watermelons, also contain this pigment. _____, people do not eat enough of them to change their skin color. What a relief!

*pigment (동식물에 천연적으로 존재하는) 색소

서술형 **5** 밑줄 친 우리말과 같은 뜻이 되도록 상자 안의 말을 바르게 배열하시오.

> more of, and, eat, the, these, flamingos, sea creatures, plants

_____,

the pinker or more orange they become.

6 빈칸에 들어갈 말로 가장 알맞은 것을 고르시오.

① Therefore   ② Moreover   ③ Unfortunately
④ In other words   ⑤ However

7-8 다음 글을 읽고, 물음에 답하시오.

Our eyes clearly show where our focus lies. So, one of the reasons bodyguards wear sunglasses may be that they don't want people to know where they are looking. However, if chimpanzees were bodyguards, they wouldn't need sunglasses! This is because the white parts of other *primates' eyes are so small that we can't easily see their eye movements. On the other hand, the white parts of humans' eyes are large. This allows us to see where a person's eyes are pointed. When we see what a person is looking at, we can guess what they are thinking and what they plan to do next. This helps us work together more easily. That's probably why human eyes evolved to have large white parts.

*primate 영장류

수능유형 **7** 글의 내용과 일치하지 <u>않는</u> 것을 고르시오.

① 사람 눈은 초점이 어디에 있는지 알 수 있다.
② 경호원들은 그들이 어디를 보고 있는지 알 수 없도록 선글라스를 쓴다.
③ 침팬지 눈을 보면 그들의 시선이 어디를 향하는지 쉽게 알 수 있다.
④ 사람 눈의 흰자위는 침팬지 눈의 흰자위보다 크다.
⑤ 사람 눈의 초점은 함께 일하는 것이 더 쉽도록 돕는다.

서술형 **8** 침팬지가 경호원일 경우 선글라스를 쓰지 않아도 되는 이유를 우리말로 쓰시오.

_____

햄버거를 '잘 잡는 법'은 따로 있다

아직은 어색한 남자친구 혹은 여자친구와 커다란 수제 버거를 먹으러 가는 상상을 해봅시다. 양상추가 삐죽 빠져나오고, 심지어 소스가 뚝뚝 떨어져 얼굴과 손에 뒤범벅이 되어 허둥지둥하는 모습이 그려질 겁니다. 햄버거를 흘리지 않고 깔끔하게 먹을 수 있는 방법은 없을까요?

일본의 한 TV 프로그램에서 과학자들을 동원하여 **햄버거를 흘리지 않고 먹을 수 있는 방법**을 알아냈다고 합니다. 거짓말처럼 들리겠지만, 햄버거를 잡는 방식만 바꾸어도 내용물이 새는 것을 방지할 수 있습니다. 사람들은 보통 햄버거를 잡을 때 엄지로 바닥을 받치고 나머지 네 손가락을 햄버거 위에 올려놓습니다. 그런데 이렇게 잡으면 햄버거에 힘이 균일하지 않게 작용하고, 결과적으로 내용물을 흘리게 되는 것이죠. 일본에서 과학자들이 컴퓨터를 활용한 3D 스캔과 모의실험을 통해 찾아낸 **'햄버거를 잡는 가장 과학적인 방법'**은, 새끼손가락과 엄지로 바닥을 받치고 나머지 세 손가락으로 윗부분을 잡는 것입니다. 이렇게 하면 손의 힘이 햄버거에 균일하게 작용하게 되어 내용물이 빠져나올 확률이 적어진다고 합니다.

최근 미국의 한 잡지사의 보도에 따르면, 위에서 말한 방법에 덧붙여 **햄버거를 더 깔끔하게 먹을 수 있는 방법**이 있다고 합니다. 바로 햄버거를 거꾸로 잡는 것입니다. 볼록한 윗부분 빵을 아래로 가게 해서 잡으면, 패티의 육즙이 빵이 아닌 다른 재료들에 스며들게 됩니다. 그래서 모양이 덜 흐트러지고 내용물도 덜 빠져나오게 되는 것이지요. 소스가 다른 재료에 고루 묻게 되어서 더 맛있어지는 건 보너스!

믿기 힘들 정도로 엉뚱하고 단순한 방법이지만, 진짜인지 오늘 한번 실험해 보는 건 어떨까요?

Think!

How often do you check your phone?

143 words

Your phone is vibrating in your pocket, so you reach in and take it out. However, the screen shows no phone calls, no messages, and no notifications. So what happened? You may have experienced "phantom vibration syndrome." Phantom vibration syndrome is a kind of illusion that fools the brain and body. 5 Scientists aren't sure why it happens. One theory says that it is caused by _____ smartphone use. Some people check their phone too often because they don't want to miss a text message or a call. They feel that they must always respond to others. So their brain starts making mistakes. When their clothes move against 10 their skin, their brain thinks it's a vibration. If <u>this</u> is happening to you, maybe you are worrying about your phone too much. Try turning it off once in a while, and the phantom vibrations might disappear.

Knowledge Bank
디지털 디톡스(digital detox)
디지털 디톡스는 스마트폰, 컴퓨터, 태블릿 등 디지털 기기의 사용을 일정 기간 의도적으로 줄이거나 중단하여 정신적 회복과 휴식을 취하는 것을 의미한다. 이는 디지털 과부하로 인한 스트레스, 집중력 저하, 수면 문제 등을 완화하고, 실생활의 인간관계와 활동에 더 집중할 수 있게 해 준다.

1 글의 제목으로 가장 알맞은 것은?

① The Annoyance of Notifications

② Phone Calls: Exercise for the Brain

③ Check Your Phone at Regular Times

④ The Reason for Mysterious Vibrations

⑤ Why Text Messages Catch Our Attention

2 글의 빈칸에 들어갈 말로 가장 알맞은 것은?

① casual ② careful ③ excessive

④ unwanted ⑤ occasional

3 글의 내용과 일치하면 T, 그렇지 않으면 F를 쓰시오.

(1) The cause of phantom vibration syndrome is unclear. _____

(2) There is no way to avoid phantom vibration syndrome. _____

◆✖◆
고난도 서술형 ✏️

4 글의 밑줄 친 this가 가리키는 내용을 우리말로 쓰시오.

_____

Words vibrate ⑧ 떨다, 진동하다 (vibration ⑨ 진동) pocket ⑨ 주머니 reach ⑧ 이르다; *(손 등을) 뻗다 take out 꺼내다
screen ⑨ 화면 notification ⑨ 알림, 통지 phantom ⑨ 유령 syndrome ⑨ 증후군 illusion ⑨ 오해[착각]
fool ⑧ 속이다 theory ⑨ 이론 miss ⑧ 놓치다 text message 문자 메시지 respond ⑧ 대답[응답]하다 once in a while 가끔
disappear ⑧ 사라지다 [문제] annoyance ⑨ 짜증; *골칫거리 regular ⑨ 규칙적인, 정기적인 mysterious ⑨ 이해[설명]하기 힘든, 불가사의한
attention ⑨ 주의; *관심 casual ⑨ 격식을 차리지 않는 excessive ⑨ 과도한 occasional ⑨ 가끔의 unclear ⑨ 명확하지 않은

Potatoes are used to make ink, medicine, and beauty products, as well as food. But did you know that potatoes have also helped improve Wi-Fi signals on airplanes?

Many airlines allow passengers to connect to the Internet through Wi-Fi. However, this signal was not always very strong. ⁵ To improve this technology, engineers decided to run some tests. (a) They needed a plane full of passengers for several weeks because the human body absorbs and reflects Wi-Fi signals. (b) Of course, people can't sit on a plane that long. (c) A large airplane can seat over 500 passengers. (d) But potatoes can! (e) Potatoes ¹⁰ contain water and *minerals in amounts that are similar to those of the human body. Therefore, they affect Wi-Fi signals in the same way as a human passenger. So, the engineers decided to fill the seats of their plane with bags of potatoes. Thanks to those patient potatoes, the engineers discovered ways to provide stronger ¹⁵ Wi-Fi signals.

*mineral 무기질, 미네랄

1 글의 제목으로 가장 알맞은 것은?

① How to Use Wi-Fi on a Plane
② Does Wi-Fi Harm Your Body?
③ The Best Way to Cook Potatoes
④ How Did Wi-Fi Change Flying?
⑤ How Potatoes Improved Your Flight

고난도

2 글의 (a)~(e) 중, 전체 흐름과 관계없는 것은?

① (a) ② (b) ③ (c) ④ (d) ⑤ (e)

3 감자에 관한 글의 내용과 일치하지 않는 것은?

① 미용 제품에 쓰이기도 한다.
② 와이파이 기내 도입을 가능케 했다.
③ 사람 대신 실험에 쓰였다.
④ 몇 주간 실험에 사용되었다.
⑤ 와이파이 신호에 영향을 준다.

서술형

4 글의 밑줄 친 부분의 이유를 우리말로 쓰시오.

____

Knowledge Bank 과일과 채소로 만드는 전지

과일로 전지를 만들 수 있을까? 정답은 YES이다. 과일로 전지를 만드는 방법은 간단하다. 레몬과 아연판, 구리판, 전구를 전선으로 연결하면 된다. 이는 금속의 산화-환원반응을 이용한 것으로, 레몬은 전기가 잘 통하는 물질인 전해질 역할을 한다. 오렌지, 복숭아, 귤 등의 과일뿐만 아니라 감자, 고구마, 오이 등의 채소로도 전지를 만들 수 있다.

Words **beauty product** 미용 제품 **signal** [명] 신호 **airline** [명] 항공사 **passenger** [명] 승객 **engineer** [명] 기술자 **run** [동] 달리다; *(검사 등을) 하다 **absorb** [동] 흡수하다 **reflect** [동] 반사하다 **seat** [동] 앉히다; *~개의 좌석이 있다 [명] 좌석 **similar to** ~와 비슷한 **fill A with B** A를 B로 채우다 **patient** [형] 참을성 있는 **discover** [동] 발견하다 **provide** [동] 제공하다, 주다 [문제] **harm** [동] 해를 끼치다 **flying** [명] 비행기 여행 (= flight)

3

142 words

Have you ever seen colorful balls attached to power lines? You may have noticed them over highways, in the mountains, near airports, or across rivers and valleys. They are known as "marker balls."

The purpose of the balls is to help pilots spot the power ⁵ lines and avoid hitting them. Without them, the lines are nearly invisible. (A) For this reason, using colorful balls is important. (B) This is a problem for low-flying planes and helicopters. (C) Even birds can run into power lines because they are so hard to spot. The most frequently used colors are orange and white, as they ¹⁰ stand out the most. However, if the colors don't stand out from the landscape, other colors may be used instead.

So, what can be found inside these useful balls? Actually, they are empty! That's because they need to be as light as possible.

Knowledge Bank 송전탑의 전자파

송전탑의 전자파는 고전압 전선을 통해 전기가 흐를 때 발생하는 전기장과 자기장을 의미한다. 이 전자파는 주로 50-60Hz의 저주파로, 인체에 해로운 영향을 미칠 가능성은 작지만, 일부 연구에서는 장기간 고강도 노출 시 건강에 영향을 줄 수 있다고 우려를 표했다. 대부분의 국가에서는 송전탑과 거주지 사이의 거리를 50미터 이상으로 규정하는 등의 안전기준이 마련되어 있다.

1 글의 제목으로 가장 알맞은 것은?

① Colored Bird Nests High in the Sky

② Why Do Power Lines Have Colored Balls?

③ Pilots' Eyesight: Why They Need to See Well

④ The Process for Making Colored Marker Balls

⑤ How Power Lines Have Changed Birds' Habitats

2 문장 (A)~(C)를 글의 흐름에 알맞게 배열한 것은?

① (A) – (B) – (C)　　　② (A) – (C) – (B)　　　③ (B) – (A) – (C)

④ (B) – (C) – (A)　　　⑤ (C) – (A) – (B)

3 글의 내용과 일치하면 T, 그렇지 않으면 F를 쓰시오.

(1) Marker balls can be found close to airports.　　　_____

(2) All marker balls are either white or orange.　　　_____

(3) There is nothing inside the marker balls.　　　_____

서술형✍

4 다음 빈칸에 알맞은 단어나 표현을 글에서 찾아 쓰시오.

> Marker balls are put on _____ _____ so that _____
> and birds can see the lines more easily.

Words　attach to ~에 붙이다　power line 송전선　notice 통 의식하다, 알다　highway 명 고속도로　valley 명 계곡　marker 명 표시, 표지물　purpose 명 목적　pilot 명 비행사　spot 통 발견하다　hit 통 치다; *부딪치다　invisible 형 보이지 않는　low-flying 형 저공비행의　run into 부딪치다　frequently 부 자주　stand out 눈에 띄다　landscape 명 풍경　empty 형 빈　[문제] nest 명 (새의) 둥지　eyesight 명 시력　process 명 과정　habitat 명 서식지

4

Think!
How does
watching a sunset
make you feel?

135 words

Sunsets on Earth are beautiful shades of red and orange. (①) But sunsets on Mars look very different—they are blue. (②) Although Earth and Mars are different planets, they share the same sun. (③) The answer lies in their atmospheres.

(④) When light travels from the sun to our eyes, it passes 5 through the air in the atmosphere. (⑤) The air is filled with particles. Tiny particles make blue light spread out, while bigger particles make red light spread out. On Earth, the particles in the air are small. By the time the light reaches our eyes, blue light is spread everywhere, and only red light is left. Mars has a different 10 kind of air. It's filled with larger dust particles. These bigger particles make red light spread out, so only blue light can be seen during a sunset.

Knowledge Bank 빛의 산란

빛은 거친 표면이나 입자에 부딪히면 사방으로 흩뿌려지는데 이것을 산란이라고 한다. 이렇게 빛이 모든 방향으로 산란되었을 때, 그 빛의 일부분이 우리 눈으로 들어오게 되었을 경우에만 우리는 색, 물체 등을 볼 수 있다. 작은 입자에 부딪혀 파장이 짧은 보라색, 청색이 산란하는 것을 레일리 산란(Rayleigh scattering)이라고 하고, 큰 입자에 부딪쳐 파장이 긴 빛을 더 많이 산란시키는 것을 미 산란(Mie scattering)이라고 한다.

1 What is the passage mainly about?

① similarities between Earth and Mars
② the chemicals found in Earth's atmosphere
③ what causes some particles to become large
④ when the sun sets the earliest during the year
⑤ why sunsets look differently on Earth and Mars

2 Where would the following sentence best fit in?

> So why are the colors of their sunsets different?

① ② ③ ④ ⑤

3 Find the word in the passage which has the given meaning.

> very small, dry pieces of soil, sand, or other substances

____

서술형

4 Fill in the blanks with the words from the passage.

	Earth	Mars
Color of sunsets	red and orange	blue
Reason	The particles in the atmosphere are (1) __________. ⬇ Small particles make (2) __________ light spread out.	The particles in the atmosphere are (3) __________. ⬇ Big particles make (4) __________ light spread out.

Words sunset [명] 일몰 shade [명] 그늘; *색조 lie [동] 누워있다; *있다 atmosphere [명] (지구의) 대기 particle [명] (아주 작은) 입자 tiny [형] 아주 작은 spread out 몸을 뻗다; *넓게 퍼지다 reach [동] 도달하다 dust [명] 먼지 [문제] similarity [명] 유사점 chemical [명] 화학물질 set [동] 놓다; *지다 soil [명] 토양, 흙 substance [명] 물질

Review Test

1 다음 단어에 해당하는 영영풀이를 찾아 연결하시오.

1) harm · · ⓐ to give something to someone
2) discover · · ⓑ to damage something or stop it from working properly
3) provide · · ⓒ to learn of something that one did not know about before

2 다음 빈칸에 알맞은 단어를 **보기**에서 골라 쓰시오.

보기 | respond   reflect   spot

1) Light colors _____ more light than dark colors.
2) Kate didn't _____ to any of my questions.

3-4 다음 글을 읽고, 물음에 답하시오.

Phantom vibration syndrome is a kind of illusion that fools the brain and body. Scientists aren't sure why it happens. (①) One theory says that it is caused by excessive smartphone use. (②) Some people check their phone too often because they don't want to miss a text message or a call. (③) So their brain starts making mistakes. (④) When their clothes move against their skin, their brain thinks it's a vibration. (⑤) If this is happening to you, maybe you are worrying about your phone too much.

수능유형 3 다음 문장이 들어갈 위치로 가장 알맞은 곳을 고르시오.

They feel that they must always respond to others.

①   ②   ③   ④   ⑤

4 다음 영영풀이가 나타내는 단어를 글에서 찾아 쓰시오.

a constant, gentle shaking motion

_____

5-6 다음 글을 읽고, 물음에 답하시오.

Have you ever seen colorful balls attached to power lines? You may have noticed them over highways, in the mountains, near airports, or across rivers and valleys. They are known as "marker balls." The purpose of the balls is to help pilots spot the power lines and avoid hitting them. Without them, the lines are nearly invisible. This is a problem for low-flying planes and helicopters. (a) Even birds can run into power lines because they are so hard to spot. (b) For this reason, using colorful balls is important. (c) The most frequently used colors are orange and white, as they stand out the most. (d) Some birds also use power lines as *perches, despite the risk. (e) However, if the colors don't stand out from the landscape, other colors may be used instead.

*perch 횃대

수능유형 **5** (a)~(e) 중, 전체 흐름과 관계없는 문장을 고르시오.

① (a)   ② (b)   ③ (c)   ④ (d)   ⑤ (e)

서술형 **6** 다음 질문에 우리말로 답하시오.

Q. What is the purpose of marker balls?

7-8 다음 글을 읽고, 물음에 답하시오.

Sunsets on Earth are beautiful shades of red and orange. But sunsets on Mars look very different—they are blue. Although Earth and Mars are different planets, ⓐ they share the same sun. So why are the colors of their sunsets different? The answer lies in their atmospheres. When light travels from the sun to our eyes, ⓑ it passes through the air in the atmosphere. The air is filled with particles. Tiny particles make blue light spread out, while bigger particles make red light spread out. On Earth, the particles in the air are small. By the time the light reaches our eyes, blue light is spread everywhere, and only red light is left. Mars has a different kind of air. It's filled with larger dust particles. These bigger particles make red light spread out, so only blue light can be seen during a sunset.

수능유형 **7** 글의 내용과 일치하지 <u>않는</u> 것을 고르시오.

① 화성의 일몰은 파란색이다.   ② 공기는 입자로 가득 차 있다.
③ 작은 입자는 푸른 빛을 퍼지게 한다.   ④ 큰 입자는 붉은 빛을 퍼지게 한다.
⑤ 지구의 공기 중의 입자는 화성의 입자보다 크다.

서술형 **8** 밑줄 친 ⓐ와 ⓑ가 각각 가리키는 것을 글에서 찾아 쓰시오.

ⓐ: _____   ⓑ: _____

도로 한 가운데의 오아시스

광고판이 오아시스가 된다? 이 기발한 상상이 페루의 수도 리마(Lima)에서 실현되었다고 해요. 그 시작은 페루의 식수난 때문인데, 리마는 연간 강수량이 거의 0%인 지역이라 마실 물이 부족해요. 그런데 특이한 건, 비는 안 오는데 습도는 90%에 달한다는 것입니다. 전형적인 해안 사막 지역이기 때문인데요. 이 점에 착안해 페루의 UTEC(the University of Engineering and Technology)에서 리마 사람들을 위해 공기 중의 수분을 식수로 바꿔 주는 옥외 광고판을 발명했습니다.

식수를 만드는 옥외 광고판의 원리는 아주 간단해요.

광고판 내부에 설치된 공기 필터가 공기 중의 수분을 흡수하면 탄소 필터가 이를 정수하고, 이 정수된 물은 냉장 탱크에 저장되어, 광고판 하단 수도꼭지를 틀면 물이 나오게 설계되어 있어요. 하루에 96ℓ씩 저장되는 이 식수는 지역 주민들이 무료로 마실 수 있게 제공됩니다. 이 정도면 옥외 광고판이 리마 사람들에게 최고의 오아시스가 될 만하죠?

Section

04

Art & Fashion

Think!

When did fashion shows first begin?

131 words

패션쇼는 언제
처음 시작되었을까요?

People have been interested in fashion for centuries. But in the past, there were no fashion shows. Clothes were displayed only on mannequins. So there was no way to know how the clothes would look on an actual person. That changed in Paris in the 1860s. An English designer named Charles Frederick Worth 5 decided _____. So he organized events called fashion parades, where models wearing his clothes walked past an audience. However, there was no music, no fancy stage designs, and no special effects. Instead, they were small, private gatherings, with only buyers from stores in the audience. Photographers 10 weren't allowed to attend. This was because the designers didn't want anyone to steal their ideas. After World War Ⅱ, fashion shows began to change. Soon they became exciting events with larger audiences.

Knowledge Bank

찰스 프레드릭 워스(Charles Frederick Worth, 1825-1895)
영국에서 태어난 찰스 프레드릭 워스는 20살이 되던 해에 프랑스로 이주했다. 그는 유명 직물상에서 판매직으로 오랜 기간 일한 후, 여성복 제작을 시작하게 된다. 워스의 등장 이전 파리에는 디자인의 개념이 없었다. 그러나 그는 고객의 요구대로만 옷을 재봉하는 것이 아니라 스스로 옷을 디자인하고, 그 옷에 자신의 브랜드 이름을 새겨 넣었다. 그는 상류층 여성을 위한 패션을 중심으로 유럽 왕실과 미국 상류사회의 유행을 선도하며, 파리 패션의 명성을 확립한 인물로 평가받는다.

1 글의 주제로 가장 알맞은 것은?

① the story behind the first fashion show
② how World War II ended fashion shows
③ the reason designers prefer mannequins
④ why early fashion shows used live models
⑤ the man who invented fashion photography

고난도

2 글의 빈칸에 들어갈 말로 가장 알맞은 것은?

① to lower the prices of his clothes
② to show his clothes on real people
③ to allow people to try on his clothes
④ to demonstrate how his clothes are made
⑤ to make mannequins resembling human bodies

3 글의 내용과 일치하지 <u>않는</u> 것은?

① 패션쇼가 열리기 전에는 마네킹에만 옷을 전시했다.
② 1860년대 파리에서 처음으로 패션쇼가 개최되었다.
③ 최초의 패션쇼는 패션 퍼레이드라고 불렸다.
④ 최초의 패션쇼에는 음악이나 화려한 무대 디자인이 없었다.
⑤ 패션쇼는 제2차 세계대전 이후 관객의 규모가 줄었다.

서술형

4 최초의 패션쇼에 사진작가들이 참석할 수 없었던 이유를 우리말로 쓰시오.

____

Words for centuries 수 세기 동안 display [동] 전시하다 mannequin [명] (의류) 모델; *(상점의) 마네킹 actual [형] 실제의 organize [동] 준비[조직]하다 parade [명] 퍼레이드 past [전] ~을 지나서 audience [명] 청중, 시청자 fancy [형] 화려한 stage [명] 무대 special effect 특수 효과 private [형] 개인 소유의; *사적인 gathering [명] (특정 목적을 위한) 모임 photographer [명] 사진작가 attend [동] 참석하다 steal [동] 훔치다 [문제] lower [동] ~을 내리다[낮추다] try on ~을 입어보다 demonstrate [동] 입증하다; *보여주다 resemble [동] 닮다, 비슷하다

2

Think!

Do you have anything that you always want to keep safe?

141 words

It was World War II, and many European cities were being destroyed. (A) They were museum directors, historians, artists, and architects. (B) So, the Monuments Men, a group of more than 300 people, was formed to protect these items. (C) Many buildings and artwork that had great artistic and historic value were being ⁵ destroyed, too. Although they had never received basic military training, they entered dangerous war zones and performed <u>their duties</u>. Many group members were hurt and others were even killed. However, their belief was strong. "*Cultural assets are the evidence that we have existed and developed," a group member ¹⁰ said. He continued, "If these things are destroyed, it will be like we never existed." Even after returning from the war, many of the members continued to preserve important works. Thanks to the Monuments Men, many items of great cultural value were saved.

¹⁵

*cultural asset 문화재

실제 모뉴먼츠 맨이 구해낸 명화들

▲ 레오나르도 다빈치
〈흰 족제비를 안은 여인〉

▲ 르누아르
〈이렌 깡 단베르 양의 초상〉

▲ 요하네스 베르메르
〈회화의 기술〉

1 문장 (A)~(C)를 글의 흐름에 알맞게 배열한 것은?

① (A) – (B) – (C) ② (B) – (A) – (C) ③ (B) – (C) – (A)

④ (C) – (A) – (B) ⑤ (C) – (B) – (A)

2 글을 통해 알 수 있는 것을 <u>모두</u> 고르시오.

① 모뉴먼츠 맨의 작품 세계

② 모뉴먼츠 맨의 결성 목적

③ 모뉴먼츠 맨의 업적

④ 모뉴먼츠 맨에 대한 상반된 평가

⑤ 모뉴먼츠 맨이 선생에 미친 영향

3 모뉴먼츠 맨에 관한 글의 내용과 일치하면 T, 그렇지 않으면 F를 쓰시오.

(1) A lot of the members worked in war zones after military training. _____

(2) A few members died or got hurt in the war. _____

서술형

4 글의 밑줄 친 their duties가 의미하는 내용을 우리말로 쓰시오.

_____

Knowledge Bank ᎒ 전쟁 후 모뉴먼츠 맨의 활동

모뉴먼츠 맨의 구성원들은 전쟁 후에도 예술 분야에서 계속 활동하며, 메트로폴리탄 미술관, 뉴욕 현대미술관, 워싱턴 국립 미술관 등 잘 알려진 박물관의 관장이나 큐레이터로 활동하는 등 큰 업적을 남겼다. 또한 뉴욕 시립발레단을 창단하는 등 미술 분야뿐 아니라 예술과 인문학 전반에서 활동했다. 이들의 이야기는 영화 〈모뉴먼츠 맨: 세기의 작전〉에서 다루어지기도 했다.

Words destroy ⑧파괴하다 director ⑨임원; *책임자 historian ⑨역사가 (historic ⑨역사적으로 중요한) architect ⑨건축가 form ⑧형성하[되]다; *결성하다 artistic ⑨예술적인 value ⑨가치 basic ⑨기본적인 military ⑨군사의 training ⑨훈련 perform ⑧수행하다 duty ⑨의무; *임무 belief ⑨신념 strong ⑨강한; *확고한 evidence ⑨증거 preserve ⑧지키다, 보호하다 work ⑨일; *작품 cultural ⑨문화적인

Think!
Think of your
favorite sweater.
What features
does it have?

145 words

The Guernsey sweater, also known as a fisherman's sweater, is a good fashion choice for winter. ⓐ It is made of coated wool, has a tight fit, and is covered in knitted patterns.

This sweater has a long history. ⓑ It got its name from the British island of Guernsey. Local fishermen wore these sweaters, which were hand-knitted. _____ the fishermen worked on boats year round, they needed clothes that were both warm and comfortable. They also had to be protected from the cold water splashing across their boats. The Guernsey sweater was perfect for them because it was waterproof thanks to ⓒ its coated wool.

ⓓ The sweater played another role, too. Traditionally, each family had ⓔ its own unique pattern. This was not merely for fashion. Fishing was more dangerous in the past. If a fisherman's dead body washed onto the shore, his sweater would help people identify him.

1 글에서 건지(Guernsey) 스웨터에 관해 언급되지 <u>않은</u> 것은?

① 소재   ② 이름의 유래

③ 색상   ④ 제작 방식

⑤ 방수 여부

2 글의 밑줄 친 ⓐ~ⓔ 중, 가리키는 대상이 나머지 넷과 <u>다른</u> 것은?

① ⓐ   ② ⓑ   ③ ⓒ   ④ ⓓ   ⑤ ⓔ

3 글의 빈칸에 들어갈 말로 가장 알맞은 것은?

① Until   ② Since

③ Unless   ④ Although

⑤ Whether

서술형 ✏️

4 글의 밑줄 친 부분이 가능한 이유를 우리말로 쓰시오.

_____

Words   fisherman 몡 어부   wool 몡 털, 양털   tight 톙 단단히 고정된; *(옷이 몸에) 딱 붙는   fit 몡 (옷 등의) 맞음새   knit 둥 (실로 옷 등을) 뜨다, 짜다 (hand-knitted 톙 사람 손으로 뜬)   comfortable 톙 편안한   splash 둥 후두둑 떨어지다, (액체가) 튀다   waterproof 톙 방수의   merely 뷔 단지   wash 둥 씻다; *밀려오다   shore 몡 해변   identify 둥 (신원 등을) 확인하다

4

Think!
What music has impressed you the most in your life?

148 words

In August of 1952, a pianist sat down to give a performance. He checked his watch and waited for four minutes and thirty-three seconds. Afterward, he bowed to the audience and walked away!

The pianist did not seem to be doing anything, but he was actually performing a piece of music called *4'33"*, composed by John Cage. For four minutes and thirty-three seconds, the performer plays nothing at all! 5

The audience was surprised. To some people, it seemed something had gone wrong. However, others were impressed because they understood what Cage wanted to tell them. 10

(A) He wanted the audience to hear these sounds. (B) Cage believed that music could be made with any sounds, including the whispers of the audience or the sound of hearts beating. (C) By having the musician play nothing, he let them do so.

Nowadays *4'33"* is famous for challenging the way people think about music.

Knowledge Bank 빈 캔버스를 전시한 화가

미국의 화가 Robert Rauschenberg는 1951년에 〈백색 회화〉라는 작품을 전시했다. 이 작품은 아무것도 그려져 있지 않은 빈 캔버스였는데, 주변의 조명으로 인해 오가는 사람들의 그림자가 비쳐 캔버스에 보이는 모습이 시시각각 바뀌었다. Rauschenberg는 작곡가 John Cage의 친구로, Cage는 〈백색 회화〉에서 영감을 받아 〈4분 33초〉를 작곡했다고 밝혔다.

1 Which is NOT true about *4′33″* according to the passage?

① It was performed by a pianist in 1952.
② It was written by John Cage.
③ It lasts for 4 minutes and 33 seconds.
④ It impressed the entire audience.
⑤ It challenged how people think about music.

고난도

2 Which is the best order of the sentences (A)~(C)?

① (A) – (C) – (B)　　② (B) – (A) – (C)　　③ (B) – (C) – (A)
④ (C) – (A) – (B)　　⑤ (C) – (B) – (A)

3 What did John Cage think about music according to the passage?

① If we try to listen, music is everywhere.
② Real musicians do not need to play an instrument.
③ Music can only be made with musical instruments.
④ The audience does not have any role in a performance.
⑤ Music sounds best when it is performed in a concert hall.

서술형

4 Fill in the blanks with the words from the passage.

The audience was ________ because the performer played ________ for four minutes and thirty-three seconds.

Words performance [명] 공연, 연주 (perform [동] 공연[연주]하다) (performer [명] 연주자)　afterward [부] 후에, 나중에　bow [동] (허리를 굽혀) 절하다　piece [명] 조각; *작품　compose [동] 구성하다; *작곡하다　go wrong (일이) 잘못되다　impress [동] 감명을 주다　whisper [명] 속삭임　beat [동] 이기다; *(심장이) 뛰다　be famous for ~로 유명하다　challenge [동] 도전하다, 이의를 제기하다
[문제] last [동] 계속되다　entire [형] 전체의　instrument [명] 기구; *악기

Review Test

1 다음 빈칸에 알맞은 단어를 **보기**에서 골라 쓰시오.

보기 | duty   audience   evidence

1) The dog's _____ is to guide a blind person.

2) The song impressed a large _____.

2 다음 우리말과 일치하도록 빈칸에 알맞은 표현을 쓰시오.

Can I _____ _____ this jacket to check if it's my size?
(제가 이 재킷을 사이즈가 맞는지 입어봐도 될까요?)

3-4 다음 글을 읽고, 물음에 답하시오.

An English designer named Charles Frederick Worth decided to show his clothes on real people. So he organized events called fashion parades, 그 곳에서 그의 옷을 입은 모델들이 관객들을 지나서 걸어 돌아다녔다. However, there was no music, no fancy stage designs, and no special effects. Instead, they were small, private gatherings, with only buyers from stores in the audience. Photographers weren't allowed to attend. (A) After World War II, fashion shows began to change. (B) Soon they became exciting events with larger audiences. (C) This was because the designers didn't want anyone to steal their ideas.

서술형 **3** 밑줄 친 우리말과 같은 뜻이 되도록 상자 안의 말을 바르게 배열하시오.

his clothes, models, wearing, where

_____ walked past an audience

4 문장 (A)~(C)를 글의 흐름에 알맞게 배열한 것을 고르시오.

① (A) – (B) – (C)   ② (A) – (C) – (B)   ③ (B) – (A) – (C)

④ (C) – (A) – (B)   ⑤ (C) – (B) – (A)

5-6 다음 글을 읽고, 물음에 답하시오.

The Guernsey sweater, also known as a fisherman's sweater, is a good fashion choice for winter. It is made of coated wool, has a tight fit, and is covered in knitted patterns. This sweater has a long history. It got its name from the British island of Guernsey. Local fishermen wore these sweaters, which were hand-knitted. Since the fishermen worked on boats year round, they needed clothes that were both warm and comfortable. They also had to be protected from the cold water splashing across their boats. The Guernsey sweater was perfect for them because it was waterproof thanks to its coated wool. The sweater played another role, too. Traditionally, each family had its own unique pattern. This was not merely for fashion. Fishing was more dangerous in the past. If a fisherman's dead body washed onto the shore, his sweater would help people identify him.

수능유형 5 건지(Guernsey) 스웨터에 관한 내용과 일치하지 <u>않는</u> 것을 고르시오.

① 어부의 스웨터로 알려져 있다.　　② 코팅된 양털로 만들어진다.

③ 뜨개질 된 무늬를 가지고 있다.　　④ 영국의 건지섬으로부터 이름을 얻었다.

⑤ 따뜻하고 편했지만, 방수는 되지 않았다.

서술형 6 다음 빈칸에 알맞은 단어를 글에서 찾아 쓰시오.

Each family had a(n) _____ pattern, which helped _____ fishermen in case of accidents at sea.

7-8 다음 글을 읽고, 물음에 답하시오.

In August of 1952, ⓐ <u>a pianist</u> sat down to give a performance. ⓑ <u>He</u> checked his watch and waited for four minutes and thirty-three seconds. Afterward, ⓒ <u>he</u> bowed to the audience and walked away! The pianist did not seem to be doing anything, but ⓓ <u>he</u> was actually performing a piece of music called 4′33″, composed by ⓔ <u>John Cage</u>. For four minutes and thirty-three seconds, the performer plays nothing at all! The audience was surprised. To some people, it seemed something had gone wrong. However, others were impressed because they understood what Cage wanted to tell them. Cage believed that music could be made with any sounds, including the whispers of the audience or the sound of hearts beating. He wanted the audience to hear <u>these sounds</u>.

수능유형 7 밑줄 친 ⓐ~ⓔ 중, 가리키는 대상이 나머지 넷과 <u>다른</u> 것을 고르시오.

① ⓐ　　　　② ⓑ　　　　③ ⓒ　　　　④ ⓓ　　　　⑤ ⓔ

서술형 8 밑줄 친 these sounds가 가리키는 내용을 우리말로 쓰시오.

뱃사람들이야 말로 진정한 패션 피플!?

우리가 흔히 입는 셔츠, 방울 달린 모자, 더플 코트, 심지어 청바지까지도 원조는 뱃사람들이었다는 사실을 아시나요?
그냥 장식인 줄 알았던 깨알 같은 디자인도 사실은 모두 알찬 용도가 있었대요.

방울 달린 털모자

이제는 여자들이나 어린아이들이 주로 쓰는 이 귀여운 모자도 사실은 뱃사람들이 쓰던 것이에요. 뱃사람들은 방한용으로 털모자를 즐겨 썼는데 배를 타고 선실에 있다 보면 거친 파도 때문에 머리를 천장에 부딪힐 때가 많았어요. 그 충격을 덜기 위해 모자 위에 털실로 방울을 만들어 달았어요.

등 부분에 고리가 달린 셔츠

셔츠 뒷부분을 살펴보면 고리가 달린 경우가 있어요. 이 고리는 배 안에서 옷장이나 다리미를 사용하기 어려웠던 1900년대 초반에 미국 해병이 처음으로 도입한 것입니다. 이 고리를 이용해서 셔츠를 걸면 모양이 잘 잡혀 주름을 방지할 수 있다고 해요.

더플 코트(Duffle Coat)

우리가 흔히 '떡볶이 코트'라고 부르는 이 코트는 벨기에에서 유래했어요. 더플(Duffle)은 벨기에의 한 도시이자 그곳에서 생산되는 두터운 양털 직물을 부르는 말이기도 해요. 벨기에의 뱃사람들은 강한 바닷바람을 막기 위해 이 직물로 만든 코트를 입었어요. 막대 모양 단추와 끈 여밈은 두꺼운 장갑을 낀 손으로도 쉽게 풀고 잠글 수 있게 만든 것이며, 추위를 막기 위해 큰 모자를 달고 목 앞에는 직물을 덧대었습니다. 소매 끝에 있는 조임 장식도 보온 효과를 높이기 위한 것이에요.

청바지

청바지를 만드는 천은 원래 이탈리아의 도시인 제노바(Genova)에서 생산되었어요. 이 천으로 만든 바지는 튼튼하고 말아 올리기 쉬우며, 젖은 상태로 입었을 때 크게 불편하지 않아서 이 지역 해병들이 즐겨 입었어요. 후에 이 바지가 미국에 전해져 광부들을 위한 옷으로 제작되었다가 전 세계로 퍼졌습니다. 이 과정에서 제노바의 영어 이름인 Genoa가 변형되어 청바지를 jeans라고 부르게 되었어요.

Section

05

Origins

119 words

Have you ever _____? If so, then you've spilled the beans!

The origin of this phrase is not exactly clear. However, according to one popular story, it refers to an ancient Greek voting system. In this system, each person would vote by putting a bean into a large jar. White beans were used to vote "yes," and black beans were used to vote "no." Nobody knew what the result would be during the voting process. However, if someone spilled the beans in the jar onto the floor, then the votes would no longer be hidden.

Whether this story is true or not, it helps us remember the phrase's meaning. If you discover the phrase's true origin, please spill the beans!

1 글의 주제로 가장 알맞은 것은?

① expressions that are related to food
② how to remember the meanings of idioms
③ where a commonly used phrase comes from
④ how ancient Greece influenced today's voting systems
⑤ when you should share hidden information with others

고난도

2 글의 빈칸에 들어갈 말로 가장 알맞은 것은?

① forgotten to do something important
② broken a promise you made to someone
③ influenced another person's opinion about an issue
④ told someone information that turned out to be false
⑤ revealed information that was supposed to be kept secret

3 글의 내용과 일치하면 T, 그렇지 않으면 F를 쓰시오.

(1) Ancient Greeks voted by taking beans out of a jar. ________
(2) White beans meant "yes" in a Greek voting system. ________

서술형

4 다음 빈칸에 알맞은 단어를 글에서 찾아 쓰시오.

People often use the phrase "spill the beans" to talk about revealing __________ information, but its origin is unclear. Some people have suggested that the expression might have come from an ancient Greek __________ system.

Words spill [동] 흘리다, 쏟다 origin [명] 기원, 근원 phrase [명] 구; *관용구 exactly [부] 정확히 clear [형] 분명한 (↔ unclear) refer to 나타내다, 지칭하다 ancient [형] 고대의 Greek [형] 그리스의 voting [명] 투표, 선거 (vote [동] 투표하다 [명] (선거 등에서의) 표) jar [명] 병; *항아리 process [명] 과정 no longer 더 이상 ~ 아닌 hide [동] 숨기다 (hide-hid-hidden) discover [동] 발견하다
[문제] expression [명] 표현 related to ~에 관련 있는 idiom [명] 관용구 commonly [부] 일반적으로 influence [동] 영향을 끼치다 break a promise 약속을 어기다 turn out ~인 것으로 드러나다[밝혀지다] reveal [동] 드러내다 be supposed to-v ~하기로 되어 있다, ~해야 한다

124 words

Look at the picture below. You can see a man with an unusual hairstyle. That is Kairos, the god of opportunity in Greek myths. (①) He has long hair on the front of his head, yet the back of his head is completely bald. (②) So, when he approaches, you can easily catch him by grabbing his long hair. (③) However, once he ⁵ passes, there is nothing to hold on to. (④) You may also notice that he has wings on his feet. (⑤)

teaches you what to do when an opportunity is in front of you. You need to grab it right away. This may seem difficult or dangerous. However, if you are afraid and hesitate even for a moment, it will pass you by and fly away.

10

15

Knowledge Bank 카이로스(Kairos)

그리스어로 '기회' 혹은 '특별한 시간'을 뜻하는 'Kairos'는 그리스·로마 신화에 나오는 기회의 신의 이름이다. 카이로스는 왼손에 저울, 오른손에 칼을 들고 있는데, 이 둘은 기회가 다가왔을 때 취해야 하는 행동을 나타낸다. 저울처럼 정확한 판단 을 내리고, 칼처럼 날카롭게 행동으로 옮겨야 한다는 의미이다.

1 다음 문장이 들어갈 위치로 가장 알맞은 곳은?

> This means he comes and goes very quickly.

①   ②   ③   ④   ⑤

2 글의 빈칸에 들어갈 말로 가장 알맞은 것은?

① His name   ② His gesture

③ His personality   ④ His appearance

⑤ His facial expression

✦☒✦
고난도
3 글의 내용과 가장 잘 어울리는 속담은?

① Every dog has his day.

② Strike while the iron is hot.

③ When one door shuts, another opens.

④ If opportunity does not knock, build a door.

⑤ Success occurs when opportunity meets preparation.

서술형✏
4 다음 빈칸에 알맞은 단어나 표현을 글에서 찾아 쓰시오.

Kairos's Features	a(n) (1) _____ hairstyle: long hair in the front but (2) _____ in the back	(3) _____ on his feet
Meaning	You should take an opportunity when it is (4) _____ _____ _____ you.	Opportunities disappear quickly.

Vanilla was once one of the rarest and most ____(A)____ spices. This was because vanilla fruit only grew in and around Mexico. Many people brought vanilla plants to their own countries, but no insects *pollinated them. Scientists tried to find a solution to this problem, but they all failed. Finally, in 1841, 5 a 12-year-old boy named Edmond Albius invented a method for pollinating vanilla plants.

The boy was a slave on a farm on an island near Africa. The farmer owned some vanilla plants. However, they never grew any fruit. One day, the farmer noticed a fruit on one of the plants. 10 Albius proudly explained that he had pollinated it using his thumb and a stick. Amazed, the farmer made Albius share the method with others. Eventually, thanks to Albius's method, vanilla became common around the world. Without Albius, delicious chocolate, ice cream, and cola would be too ____(B)____ to buy. 15

*pollinate 수분하다[시키다]

Think!
Name some spices
that you know.

149 words

Knowledge Bank
바닐라의 수분(pollination)
식물의 수정은 수술에서 만들어진 꽃가루가 암술의 머리에 붙어서 이루어지는데, 이 과정을 꽃가루받이, 수분(受粉)이라고 한다. 바닐라 꽃은 수술과 암술 사이에 수정을 방해하는 막이 있어 멕시코 지역의 특정 벌만 수분시킬 수 있었다. Edmond Albius가 방법을 개발한 후로는, 이 막을 얇은 막대로 젖히고 손가락으로 수술과 암술이 맞닿도록 살짝 쥐는 방식으로 바닐라 꽃을 인공수분시킨다. 이 방법은 Edmond's gesture라고도 불린다.

1 글의 제목으로 가장 알맞은 것은?

① The Many Different Uses of Vanilla

② Mexican Plants with African Origins

③ A Spice That Was Invented by a Scientist

④ How a Boy Brought Vanilla to the World

⑤ Farmers Who Use Vanilla to Pollinate Plants

✧✕✧
고난도

2 글의 빈칸 (A), (B)에 공통으로 들어갈 말로 가장 알맞은 것은?

① popular   ② common   ③ difficult

④ delicious   ⑤ expensive

3 글의 내용과 일치하지 않는 것은?

① 과거에 바닐라는 매우 희귀했다.

② 바닐라 식물은 멕시코 밖으로 반출될 수 없었다.

③ 과학자들은 바닐라를 수분시키는 방법을 알아내지 못했다.

④ Albius는 바닐라를 수분시키기 위해 막대기를 사용했다.

⑤ 농장주는 Albius가 발명한 방법을 알고 놀라워했다.

서술형✍

4 글의 밑줄 친 this problem이 가리키는 내용을 우리말로 쓰시오.

_____

_____

Words once (튀)한 번; *한때 rare (휑)희귀한 spice (휑)양념; *향신료 insect (휑)곤충 solution (휑)해법, 해결책 fail (동)실패하다
invent (동)발명하다 method (휑)방법 slave (휑)노예 own (동)소유하다 explain (동)설명하다 use (동)사용하다 (휑)사용;
*용도 thumb (휑)엄지손가락 stick (휑)막대기 amazed (휑)놀란 eventually (튀)결국 common (휑)흔한

4

Think!

Do you know how rugby, soccer, and American football are different?

142 words

Long ago, people in many British towns played a game with a ball. The goal was to kick or carry the ball to a particular place. The teams could use as many players as they wanted in a game. This game eventually became a sport called "football." Each community developed their own form of the sport.   5

In the early 19ᵗʰ century, football was divided into two major categories in British *public schools. One type allowed the players to carry the ball with their hands. This sport later ＿＿＿(A)＿＿＿ rugby. In the other type, which ＿＿＿(A)＿＿＿ soccer, players kicked the ball. Both were introduced to North America, but North 10 Americans enjoyed the rugby-type game more. As time went by, they changed some of the rules, and the game ＿＿＿(A)＿＿＿ what is called "American football" today.

The three sports originated from the same game, but each one ＿＿＿＿＿＿＿(B)＿＿＿＿＿＿＿.   15

*public school (영국의) 사립 학교

럭비 선수 ▶

◀ 미식축구 선수

Knowledge Bank 럭비와 미식축구의 차이

· 유니폼:　럭비 선수들은 보호 장비를 착용하지 않지만, 미식축구 선수들은 헬멧, 어깨 패드 등 여러 보호 장비를 착용한다.
· 공:　럭비공은 미식축구공에 비해 끝이 뭉툭하고 더 크며, 다양한 색이 있다. 미식축구공은 잡기 쉽도록 끈이 박음질돼 있는 것이 특징이며, 전통적으로 가죽색 공을 사용한다.
· 경기 방식:　럭비는 15명, 미식축구는 11명의 선수가 경기하는데 럭비는 공을 가지는 팀이 공격하지만 미식축구는 공격권이 각 팀에 4번씩 주어진다. 또한 둘 다 공을 차거나, 들고 뛰거나, 패스하는 것이 가능하지만, 럭비는 옆이나 뒤로만 패스할 수 있고 미식축구는 전진 패스도 가능하다.

1 Fill in the blanks (A) with the word from the passage.

_____

✛✖✚
고난도
2 Which is the best choice for the blank (B)?

① developed in its own way

② has some of the same rules

③ is still in the same category

④ allows the players to carry the ball

⑤ became a world-famous Olympic sport

3 Write T if the statement is true or F if it is false.

(1) In the old days, the number of players who participated in the British ball game was limited. _____

(2) Students in British public schools started to play two different types of football in the early 19th century. _____

서술형✏
4 Fill in the blanks with the words from the box.

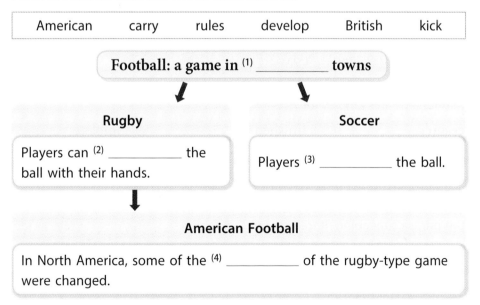

| American | carry | rules | develop | British | kick |

Football: a game in (1) _____ towns

Rugby

Players can (2) _____ the ball with their hands.

Soccer

Players (3) _____ the ball.

American Football

In North America, some of the (4) _____ of the rugby-type game were changed.

Words British (형) 영국의   goal (명) 목표   particular (형) 특정한   community (명) 지역 사회   develop (동) 발달시키다; 발전하다   form (명) 종류; *방식   be divided into ~로 나누다   major (형) 주요한   category (명) 범주   introduce (동) 소개하다; *도입하다   as time goes by 시간이 지남에 따라   originate from ~에서 비롯되다   [문제] limited (형) 제한된

Review Test

1 다음 빈칸에 알맞은 단어를 보기 에서 골라 쓰시오.

> 보기 |　　　　disappear　　　　divide　　　　hesitate

1) Your pain will _____ if you take this medicine.

2) Do not _____ to choose this amazing tour.

2 다음 밑줄 친 단어와 반대 의미의 단어를 고르시오.

> *Kim* is one of the most <u>common</u> last names in Korea.

① rare　　　　② bald　　　　③ major　　　　④ popular　　　　⑤ ancient

3-4 다음 글을 읽고, 물음에 답하시오.

> Have you ever revealed information that was supposed to be kept secret? If so, then you've spilled the beans! The origin of this phrase is not exactly clear. However, according to one popular story, it refers to an ancient Greek voting system. In this system, each person would vote by putting a bean into a large jar. White beans were used to vote "yes," and black beans were used to vote "no." Nobody knew what the result would be during the voting process. However, if someone spilled the beans in the jar onto the floor, then the votes would no longer be _____. Whether this story is true or not, <u>그것은 우리가 이 문구의 의미를 기억할 수 있도록 도와준다.</u>

수능유형 **3**　빈칸에 들어갈 말로 가장 알맞은 것을 고르시오.

① necessary　　　　② finished　　　　③ complete

④ important　　　　⑤ hidden

서술형 **4**　밑줄 친 우리말과 같은 뜻이 되도록 상자 안의 말을 바르게 배열하시오.

> us, the phrase's meaning, it, remember, helps

_____

5-6 다음 글을 읽고, 물음에 답하시오.

> Kairos is the god of opportunity in Greek myths. He has long hair on the front of his head, yet the back of his head is completely bald. So, when he approaches, you can easily catch him by grabbing his long hair. However,

once he passes, there is nothing to hold on to. You may also notice that he has wings on his feet. This means he comes and goes very quickly. His appearance teaches you what to do when an opportunity is in front of you. You need to grab it right away. <u>This</u> may seem difficult or dangerous. However, if you are afraid and hesitate even for a moment, it will pass you by and fly away.

수능유형 **5** Kairos에 관한 글의 내용과 일치하지 <u>않는</u> 것을 고르시오.

① 그리스 신화에서 기회의 신이다. ② 앞쪽 머리는 길지만, 뒤쪽은 대머리이다.

③ 다가올 때 앞머리를 붙잡으면 잡을 수 있다. ④ 지나가면 발의 날개를 잡을 수 있다.

⑤ 매우 빠르게 이동한다.

서술형 **6** 밑줄 친 <u>This</u>가 가리키는 내용을 우리말로 쓰시오.

7-8 다음 글을 읽고, 물음에 답하시오.

Long ago, people in many British towns played a game with a ball. The goal was to kick or carry the ball to a particular place. The teams could use as many players as they wanted in a game. This game eventually became a sport called "football." Each community developed their own form of the sport. In the early 19th century, football was divided into two major categories in British *public schools. (A) This sport later became rugby. (B) One type allowed the players to carry the ball with their hands. (C) In the other type, which became soccer, players kicked the ball. Both were introduced to North America, but North Americans enjoyed the rugby-type game more.

*public school (영국의) 사립 학교

7 문장 (A)~(C)를 글의 흐름에 알맞게 배열한 것을 고르시오.

① (A) – (B) – (C) ② (A) – (C) – (B) ③ (B) – (A) – (C)

④ (B) – (C) – (A) ⑤ (C) – (B) – (A)

8 다음 영영풀이가 나타내는 단어를 글에서 찾아 쓰시오.

a group of people who share a common place or characteristics

---

세상의 모든 것은 존재하는 이유가 있다

볼펜 뚜껑에 숨구멍이!?

볼펜은 대개 뚜껑 끝에 구멍이 있는데 이 구멍은 안전을 위해 만들어진 것이다. **어린아이가 실수로 볼펜 뚜껑을 삼켰을 때** 이 구멍을 통해 숨을 쉴 수 있어 질식사를 방지한다. 이 디자인은 문구용품 제조사인 BIC가 1991년에 처음으로 선보였는데 그 유용성이 주목받으면서 타사에서도 도입해 활용하고 있다.

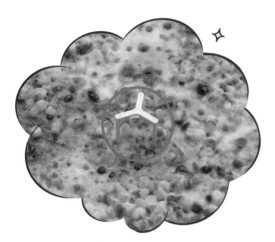

피자 세이버, 피자를 구해줘!

배달된 피자의 가운데 꽂혀 있는 하얀색 플라스틱 조각. 흔히 이 조각의 용도는 피자가 움직이지 않게 고정하는 것이라고 생각하지만 사실이 아니다. 이 조각은 피자 세이버(pizza saver)라고 불리는데, 미국인 Carmela Vitale가 1983년에 고안한 것이다. 피자 상자의 뚜껑은 배달 중에 피자에서 나오는 **열과 습기 때문에 밑으로 쳐지기 쉬운데,** 이 피자 세이버가 상자 뚜껑을 지탱해서 피자의 치즈가 상자에 들러붙는 것을 막아 준다.

이 작은 구멍이 이렇게 큰 일을!?

비행기를 타고 높이 올라가면 비행기 안팎의 기압 및 온도 차가 커져 **창문에 성에가 끼거나 자칫하면 창문이 깨질 수**도 있다. 그래서 비행기 창문은 세 겹의 아크릴판으로 만들어지는데, 각 판은 살짝 떨어져 있고 중간 판에 구멍(bleed hole)이 있다. 이 구멍을 통해 공기가 통하므로 각 판에 작용하는 압력이 분산되고 습도가 조절된다. 결국 이 구멍 덕분에 바깥 온도가 영하 50도일 때도 깨끗한 창문으로 밖을 볼 수 있고, 창문이 깨질 만한 위급 상황 시에도 바깥쪽 판만 손상되어 객실 창문이 완전히 깨지는 불상사를 막을 수 있다.

Think!

How do plants communicate?

129 words

For a long time, scientists have known that plants respond to sound. However, recent discoveries have shown that plants also make sounds of their own.

Researchers used microphones to listen to the sounds around tomatoes. ⓐ <u>They</u> discovered that plants make sounds that humans ⁵ cannot hear with their own ears. What is more, the researchers noticed some patterns in the sounds, which resembled clicking or popping noises. (A) They also made more sounds when one of their stems was cut off. (B) However, as their soil became drier, they made more sounds. (C) When the plants had plenty of water, ¹⁰ ⓑ <u>they</u> hardly made any noise. In other words, the plants made sounds _____.

Researchers hope to continue studying what plants say so that they can help people who work with plants, such as farmers.

¹⁵

1 글의 주제로 가장 알맞은 것은?

① important factors for growing healthy plants
② the kinds of sounds that plants are able to hear
③ a way to grow plants that involves very little stress
④ microphones designed by scientists to record plants
⑤ the recent discovery that plants can make sounds

고난도

2 문장 (A)~(C)를 글의 흐름에 알맞게 배열한 것은?

① (A) – (C) – (B)
② (B) – (A) – (C)
③ (B) – (C) – (A)
④ (C) – (A) – (B)
⑤ (C) – (B) – (A)

3 글의 빈칸에 들어갈 말로 가장 알맞은 것은?

① after it rained
② during the daytime
③ when they were stressed
④ because they needed sunlight
⑤ before they were about to grow

서술형

4 글의 밑줄 친 [a]와 [b]가 각각 가리키는 것을 글에서 찾아 쓰시오.

[a]: ________________ [b]: ________________

Words respond [동] 반응하다 recent [형] 최근의 discovery [명] 발견 (discover [동] 발견하다) microphone [명] 마이크 resemble [동] 닮다 click [동] 찰칵[딸깍]하는 소리를 내다 pop [동] 펑하는 소리가 나다 stem [명] 줄기 cut off ~을 잘라 내다 plenty of 많은 hardly [부] 거의 ~ 않다 [문제] factor [명] 요소 involve [동] 수반[포함]하다 stress [명] 스트레스 [동] 강조하다; *스트레스를 주다 design [동] 디자인[설계]하다; *(특정 목적을 위해) 만들다[고안하다] daytime [명] 낮(시간) sunlight [명] 햇빛 be about to-v 막 ~하려던 참이다

133 words

'지옥'이라는 말을 들으면 무엇이 떠오르나요?

Imagine a burning hole that is about 70 meters wide and 30 meters deep! Is it the door to hell? Actually, it is called the "door to hell," but it's just a famous tourist attraction in Darvaza, a village in Turkmenistan's Karakum Desert.

In 1971, scientists started digging for natural gas in this area. 5 However, the ground around the site soon collapsed, creating a huge hole. Then poisonous gas began escaping through the hole. In order to protect people in the area, the scientists decided to burn off the gas. They thought that it would take only a few days. Even more than 40 years later, however, the hole is still burning. 10 No one knows when this huge fire will stop. Maybe you should visit the door to hell before it stops burning.

Knowledge Bank 지옥의 문

탐험가 George Kourounis는 18개월 동안 호흡과 피부 보호 등에 필요한 장비, 다시 지상으로 올려질 수 있는 밧줄 등 각종 장비를 준비하고 계획을 세운 뒤, 지옥의 문의 바닥으로 내려가 흙을 채취했다. 1000℃나 되는 고온 속에도 생명체가 있는지 조사하기 위해서였는데, 실제로 일부 박테리아가 발견되었다고 한다.

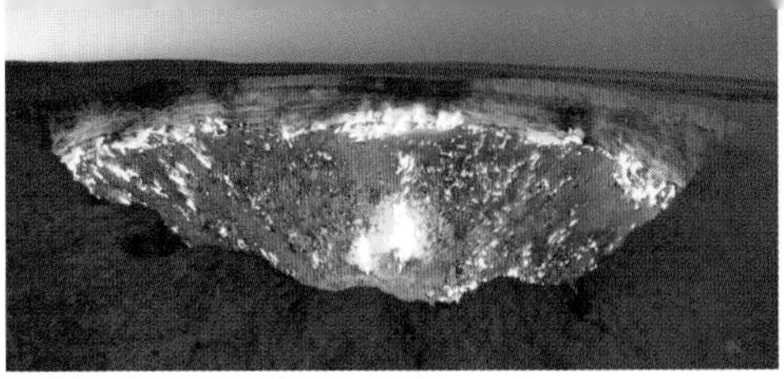

1 글의 제목으로 가장 알맞은 것은?

① An Effort to Get Natural Gas
② Damage Caused by a Big Fire
③ A Desert Full of Poisonous Gas
④ Darvaza: An Endless Dark Cave
⑤ A Large Hole Burning for Decades

2 밑줄 친 the door to hell에 관한 글의 내용과 일치하지 않는 것은?

① 약 30m 깊이의 구덩이다.
② 사막의 한 마을에 위치해 있다.
③ 천연가스를 채굴하던 곳이다.
④ 채굴 장소 주변이 무너져서 생겼다.
⑤ 앞으로 40년 동안 더 타오를 것이다.

3 글의 내용과 일치하면 T, 그렇지 않으면 F를 쓰시오.

(1) The scientists failed to predict how long the hole would burn. ________
(2) Visiting the door to hell is not allowed now. ________

서술형

4 다음 빈칸에 알맞은 단어를 글에서 찾아 쓰시오.

Because poisonous gas started ________ from a huge hole, scientists decided to ________ the area by burning off the gas. Actually, the gas didn't burn off, but it was the start of a famous ________ ________.

Words imagine [동] 상상하다 hell [명] 지옥 tourist attraction 관광 명소 dig for ~를 찾아 땅을 파다 natural gas 천연가스 site [명] 위치, 장소 collapse [동] 붕괴되다, 무너지다 huge [형] 거대한 poisonous [형] 유독성의, 독이 있는 escape [동] 달아나다; *새어 나가다 burn off (가스)를 태워서 없애다; 다 타(버리)다 [문제] damage [명] 손상, 피해 endless [형] 무한한, 끝없는 decade [명] 10년 predict [동] 예측하다

Think!
When and where have you seen a rainbow?

148 words

A rainbow in a bright blue sky is a beautiful sight. But did you know there are also ⓐ rainbows at night? Just as sunlight produces rainbows, moonlight produces rainbows, too. These ⓑ lunar rainbows are known as "moonbows." The basic principle of a moonbow is just like that of a ⓒ rainbow. However, because ⁵ moonlight is weaker than sunlight, moonbows look white instead of colored to human eyes.

So when can we see a ⓓ moonbow? First, the air needs to have enough moisture in it, like when or right after it rains, or when you are near a waterfall or the sea. Second, there must be ¹⁰ a bright moon that is low and almost full. Also, a dark sky is necessary. Finally, the moon must be behind the viewer. Because of all these requirements, moonbows are much less common than rainbows. That is why we do not see ⓔ them often.

▲ 장시간 카메라 노출로 촬영한 달무지개 by Jacqui Barker

Knowledge Bank 무지개가 생기는 원리
무지개는 공기 중 물방울에 비친 햇빛이 굴절·분광 및 반사되어 나타나는 현상이다. 그래서 무지개는 비가 온 후 태양이 떠 있는 반대쪽 하늘에서 주로 나타난다.

1 글의 밑줄 친 @~@ 중, 가리키는 대상이 나머지 넷과 <u>다른</u> 것은?

① @   ② ⓑ   ③ ⓒ   ④ ⓓ   ⑤ ⓔ

2 글의 내용과 일치하지 <u>않는</u> 것은?

① A rainbow that is made by the moon is called a "moonbow."

② Rainbows and moonbows are created in a similar way.

③ Moonbows look different from rainbows to human eyes.

④ It must be raining in order to see a moonbow.

⑤ Chances to see a moonbow are rare.

3 글의 밑줄 친 <u>all these requirements</u>에 포함되지 <u>않는</u> 것은?

① 습도   ② 달의 모양   ③ 하늘의 밝기

④ 기온   ⑤ 보는 사람의 위치

서술형

4 다음 빈칸에 알맞은 단어를 글에서 찾아 쓰시오.

> Moonbows are rainbows produced by moonlight. Their _____ _____ is the same as normal rainbows, but when we look at them, they look _____. Unfortunately, we cannot see them _____ because they require specific conditions to appear.

Words: **sight** 몡시력, 시야; *광경 **lunar** 혱달의 **be known as** ~로 알려지다 **principle** 몡원칙; *(물리·자연의) 법칙 **colored** 혱색깔이 있는, 유색의 **moisture** 몡수분, 습기 **waterfall** 몡폭포 **necessary** 혱필요한 **viewer** 몡시청자; *보는 사람 **requirement** 몡필요(한 것); *필요조건, 요건 (**require** 동요구하다, 필요로 하다) [문제] **unfortunately** 閉유감스럽게도, 안타깝게도 **specific** 혱구체적인 **condition** 몡상태; *조건 **appear** 동나타나다

Did you know Earth is still developing? Every day, earthquakes and volcanoes are creating new land or changing the existing landscape. One example is Surtsey, a volcanic island near Iceland.

▲ 16 days after the eruption

5

Think!

Have you been to a volcanic island? What did you see there?

154 words

▲ Surtsey in 1999

(A) This formed a small island in the sea. (B) He saw hot lava coming up to the surface of the water. (C) A fisherman first saw volcanic activity there on November 14, 1963. The *eruption lasted for more than three years, and the island grew to a size of 2.7 km². It was named after the god of fire in Nordic myths, Surtr.

10

From the start, Surtsey has been a place of study for scientists. It has provided information on how islands form and develop. Also, it has been protected since its birth because it allows scientists to observe how plants and animals from other places settle on new land. Because of the island's great scientific value, UNESCO named it a **World Heritage Site in 2008.

15

*eruption (화산의) 폭발, 분출
**World Heritage Site 세계 문화유산

▼ Surtsey in 2007

Knowledge Bank

Hunga Tonga-Hunga Ha'apai, 화산이 만든 섬

2014년, 남태평양의 섬나라 통가에서 해저 화산이 폭발해 길이가 1.8km인 작은 섬이 생겼다. 이 섬은 NASA에 의해 연구되고 있었는데, 아직 생명체가 유입되지 않아 화성과 환경이 비슷하기 때문이었다. 바닷물의 침식으로 짧게는 6년, 길게는 30년 후에 사라질 것으로 예상되었으나 2022년 1월에 이 화산이 폭발하면서 두 동강이 났다. 역사상 가장 강력한 핵폭탄보다 더 많은 에너지를 방출했다고 한다.

고난도

1 What is the passage mainly about?

① how new land is formed
② what causes volcanic activity
③ what makes Surtsey a place for scientific study
④ how Surtsey was made and why it is important
⑤ why Surtsey is the most famous island in the world

2 Which is the best order of the sentences (A)~(C)?

① (A) – (B) – (C)　② (A) – (C) – (B)　③ (B) – (A) – (C)
④ (C) – (A) – (B)　⑤ (C) – (B) – (A)

3 Which is NOT mentioned about Surtsey?

① its location　② the process of its formation
③ its size　④ the origin of its name
⑤ the animals and plants living on it

서술형

4 Fill in the blanks with the words from the passage.

By examining Surtsey, scientists have learned about the way islands ________ and develop. In addition, they have been able to get ________ on how creatures from other places ________ in a new place.

Words earthquake [명] 지진　volcano [명] 화산 (volcanic [형] 화산의, 화산 작용에 의한)　existing [형] 기존의　landscape [명] 풍경　form [동] 형성하다 (formation [명] 형성)　lava [명] 용암　surface [명] 표면　activity [명] 활동　be named after ~의 이름을 따서 (이름) 지어지다　Nordic [형] 북유럽 (국가)의　birth [명] 출생; *출현, 발생　settle [동] 해결하다; *정착하다　name [동] 이름을 지어주다; *지정하다　[문제] location [명] 위치　examine [동] 조사하다

Review Test

1 다음 우리말과 일치하도록 빈칸에 알맞은 표현을 쓰시오.

I was _____ _____ my grandmother.
(나는 내 할머니의 이름을 따서 이름 지어졌다.)

2 다음 밑줄 친 단어와 비슷한 의미의 단어를 고르시오.

We were attracted by the beautiful landscape.

① land   ② viewer   ③ sight   ④ factor   ⑤ condition

3-4 다음 글을 읽고, 물음에 답하시오.

For a long time, scientists have known that plants respond to sound. However, recent discoveries have shown that plants also _____ _____. Researchers used microphones to listen to the sounds around tomatoes. They discovered that plants make sounds that humans cannot hear with their own ears. What is more, the researchers noticed some patterns in the sounds, which resembled clicking or popping noises. When the plants had plenty of water, they hardly made any noise. However, as their soil became drier, they made more sounds. They also made more sounds when one of their stems was cut off. In other words, the plants made sounds when they were stressed.

수능유형 **3** 빈칸에 들어갈 말로 가장 알맞은 것을 고르시오.

① react to light in various ways   ② communicate with each other
③ make sounds of their own   ④ grow faster when exposed to music
⑤ change color based on temperature

4 다음 영영풀이가 나타내는 단어를 글에서 찾아 쓰시오.

to react to something that happened

_____

5-6 다음 글을 읽고, 물음에 답하시오.

Imagine a burning hole that is about 70 meters wide and 30 meters deep! Is it the door to hell? Actually, it is called the "door to hell," but it's just a famous tourist attraction in Darvaza, a village in Turkmenistan's Karakum Desert. In 1971, scientists started digging for natural gas in this area. However, the ground around the site soon collapsed, creating a huge hole. <u>그러고 나서 그 구덩이를 통해 유독 가스가 새어 나오기 시작했다.</u> In order to protect people in the area, the scientists decided to burn off the gas. They thought that it would take only a few days. Even more than 40 years later, _____, the hole is still burning.

5 빈칸에 들어갈 말로 가장 알맞은 것을 고르시오.

① instead   ② moreover   ③ therefore

④ for example   ⑤ however

서술형 **6** 밑줄 친 우리말과 같은 뜻이 되도록 상자 안의 말을 바르게 배열하시오.

> the hole, escaping, poisonous, through, began, gas

Then _____.

7-8 다음 글을 읽고, 물음에 답하시오.

Just as sunlight produces rainbows, moonlight produces rainbows, too. These lunar rainbows are known as "moonbows." (a) The basic principle of a moonbow is just like that of a rainbow. (b) However, because moonlight is weaker than sunlight, moonbows look white instead of colored to human eyes. (c) Rainbows have been a part of many myths and legends around the world. (d) So when can we see a moonbow? (e) First, the air needs to have enough moisture in it, like when or right after it rains, or when you are near a waterfall or the sea. Second, there must be a bright moon that is low and almost full. Also, a dark sky is necessary. Finally, the moon must be behind the viewer. Because of all these requirements, moonbows are much less common than rainbows. That is why we do not see them often.

7 (a)~(e) 중, 전체 흐름과 관계<u>없는</u> 문장을 고르시오.

① (a)   ② (b)   ③ (c)   ④ (d)   ⑤ (e)

서술형 **8** 우리가 달무지개를 자주 보지 못하는 이유를 우리말로 쓰시오.

신비로운 기상 현상

자연은 신비로운 것투성입니다. 그중에서도 자연에서 일어나는 기상 현상들은 때로는 아름답기도 하고 때로는 공포감을 주기도 합니다. 자연이 만들어 낸 신비한 기상 현상들은 무엇이 있을까요?

햇무리 현상

해 주변으로 거대한 원이 아름답게 빛나고 있습니다. 바로 햇무리 현상입니다. 멀리서 보면 얼핏 외계 행성의 모습과도 비슷한데요. 이 현상은 대기 중의 수증기가 굴절되어서 태양 주변에 원 모양이 나타나는 것입니다. 햇무리 현상은 매우 드물게 나타나서, 이것을 본 사람들은 절대 죽지 않는다는 영원불멸의 의미와 행운을 가져온다는 의미 또한 가지고 있다고 하네요.

용오름 현상

토네이도의 모습 같기도 한 이것은 용오름 현상이라고 합니다. 이 현상의 모습이 꼭 용이 하늘로 승천하는 것처럼 보였다고 해서 이러한 이름을 갖게 되었습니다. 높은 상공과 지표면에서 부는 바람의 방향이 서로 다를 때 이렇게 거대한 소용돌이 바람이 만들어집니다. 바람이 강력해지면 종종 작은 물고기나 개구리들이 하늘로 빨려올라갈 수도 있다고 합니다.

슈퍼셀

영화에서나 볼 법한 거대한 먹구름이 하늘을 가리고 전진한다면 여러분은 어떤 생각이 들 것 같나요? 괴물 구름이라고도 불리는 이것은 슈퍼셀입니다. 구름 안에서 몇 킬로미터에 달하는 상승기류가 생성될 때 나타납니다. 이 괴물 구름은 강풍과 폭우를 몰고 다니는 것은 물론 토네이도의 전조증상으로 보기도 합니다. 슈퍼셀은 흔하지 않게 발생하지만 한 번 발생하면 그 위력이 대단해서 큰 피해를 주기도 합니다. 지구온난화가 슈퍼셀이 일어나는 환경을 만드는 데 영향을 끼치고 있다는 연구 결과가 있습니다.

Think!
What is the cutest thing you've ever seen?

149 words

How do you feel when you see a cute little puppy? Do you want to squeeze its ears or paws? If so, you may have experienced something known as cute aggression.

Cute aggression is normal and harmless. It is actually a common reaction to seeing something adorable. (a) But why do we feel this way? (b) Our brain wants to keep our emotions balanced at all times. (c) When one emotion becomes too intense, it makes us express the opposite feeling. (d) It is unhealthy to hide our feelings. (e) This is what is happening when we cry tears of joy or burst into nervous laughter. It's simply our brain balancing our feelings. So, when we see something extremely cute, our brain creates feelings of aggression to prevent us from being overwhelmed by the cuteness.

Don't be surprised if you feel like pinching a cute puppy's cheek. Your brain is just helping you out!

1 글의 제목으로 가장 알맞은 것은?

① The Problem with Aggression
② Powerful Feelings Are Helpful
③ Cuteness: Different for Everyone
④ Do You Have an Emotional Brain?
⑤ Balancing Cuteness with Aggression

2 글의 (a)~(e) 중, 전체 흐름과 관계없는 문장은?

① (a)　　② (b)　　③ (c)　　④ (d)　　⑤ (e)

3 글의 내용과 일치하면 T, 그렇지 않으면 F를 쓰시오.

(1) Cute aggression can be harmful depending on the situation. _____

(2) Expressing the opposite feeling helps keep our emotions in balance. _____

서술형✎

4 다음 빈칸에 알맞은 단어를 글에서 찾아 쓰시오.

> Cute aggression is an emotional experience in which our brain _____ feelings of aggression because it doesn't want to be _____ by extreme cuteness.

Words　squeeze ⑧ 꼭 짜다[쥐다]　paw ⑨ (동물의) 발　aggression ⑨ 공격성　normal ⑱ 보통의, 평범한　harmless ⑱ 해가 없는 (↔ harmful ⑱ 해로운)　common ⑱ 흔한　reaction ⑨ 반응　adorable ⑱ 사랑스러운　emotion ⑨ 감정 (emotional ⑱ 감정의, 정서적인)　balanced ⑱ 균형 잡힌 (balance ⑧ 균형을 잡다 ⑨ 균형)　at all times 항상　intense ⑱ 강렬한; *(감정·행위가) 격렬한　express ⑧ 표현하다　opposite ⑱ 반대의　unhealthy ⑱ 건강에 해로운　hide ⑧ 감추다　burst into ~을 터뜨리다　nervous ⑱ 불안해하는, 긴장한　laughter ⑨ 웃음　extremely ⑨ 극도로　prevent ⑧ 막다, 예방하다　overwhelm ⑧ (격한 감정이) 싸다[압도하다]　pinch ⑧ 꼬집다　[문제] depending on ~에 따라　situation ⑨ 상황

81

Think!

Have you seen a bird's nest? What did it look like?

140 words

Most birds attract mates with their beautiful feathers or songs. However, the bowerbird does something very different.

It builds and decorates a special structure called a bower. At the start of mating season, the male bowerbird begins to gather small sticks. It then arranges ⓐ them into a bower and sometimes even makes a path leading up to ⓑ it. Next, it chews berries or charcoal, mixing them with *saliva. Then, this mixture is used as paint for the bower's walls. Finally, ⓒ it begins to decorate its bower with brightly colored objects. The male bowerbird spends

hours collecting things like seashells, flowers, stones, and berries. Some will even gather small pieces of colorful plastic or glass. Female bowerbirds then wander around from bower to bower. They look at the decorations and taste the paint. When they find a bower that they like, _____!

*saliva 침, 타액

Knowledge Bank 🤟 다른 동물의 특이한 구애 행동

닷거미(nursery web spider) 수컷은 마음에 드는 암컷에게 맛있는 먹이를 거미줄로 싸서 선물한다. 암컷은 그것이 마음에 들면 안에 있는 먹이를 먹고, 그 수컷을 짝으로 선택한다. 북대서양에 사는 두건물범(hooded seal) 수컷은 콧속에 분홍색 세포막이 있는데, 짝이 되고 싶은 암컷이 나타나면 이 막에 바람을 넣어 풍선처럼 부풀려 보여 준다.

1 글의 제목으로 가장 알맞은 것은?

① Birds' Mating Seasons
② The Life of Bowerbirds
③ The Process of Building a Bower
④ Bowers: Beautiful and Strong Nests
⑤ The Bowerbird's Way of Finding a Mate

서술형

2 글의 밑줄 친 ⓐ, ⓑ, ⓒ가 각각 가리키는 것을 쓰시오.

ⓐ: ____________ ⓑ: ____________ ⓒ: ____________

고난도

3 글의 빈칸에 들어갈 말로 가장 알맞은 것은?

① they steal it from the male
② they go and find a proper mate
③ they decorate it more beautifully
④ they choose that male to be their mate
⑤ they start to build a similar bower next to it

서술형

4 다음 빈칸에 알맞은 단어를 글에서 찾아 쓰시오.

> A male bowerbird builds a colorful bower to ________ a female bowerbird.

바우어와 그 주변 ▶ 

Words **attract** [동] 마음을 끌다, 유혹하다 **mate** [명] (새·동물의) 짝 (**mating** [명] 짝짓기) **feather** [명] 털, 깃털 **decorate** [동] 장식하다, 꾸미다 (**decoration** [명] 장식) **structure** [명] 구조(물) **male** [형] 남성의; *수컷의 **gather** [동] 모으다 **arrange** [동] (일을) 처리하다; *배열하다 **path** [명] 길 **lead (up) to** ~로 이어지다 **chew** [동] (음식을) 씹다 **charcoal** [명] 숯 **mixture** [명] 혼합물 **object** [명] 물건, 물체 **female** [형] 여성의; *암컷의 **wander around** 이리저리 돌아다니다 [문제] **steal** [동] 훔치다 **proper** [형] 적절한, 적합한

148 words

Britain's Natural History Museum has some unique workers. What is ⓐ their job? It is eating animals' dead bodies! It sounds scary, but ⓑ the workers never complain. That is because they are *beetles.

Beetles are natural cleaners that have been around for over 5 200 million years. They eat animal waste. _____(A)_____, they eat the dead bodies of animals, except for the bones. The beetles used by the museum are only about 10 mm long, but surprisingly ⓒ they can eat about 4 kg a week!

In addition to working at museums, these beetles also work 10 for scientists. In the past, scientists used strong chemicals to remove the skin and muscle from the bones of animals ⓓ they wanted to study. _____(B)_____, those chemicals could damage the bones. However, ⓔ the beetles eat all the other body parts and leave the bones untouched. Thanks to these new workers, scientists 15 can get clean and undamaged bones.

*beetle 딱정벌레

1 글의 빈칸 (A), (B)에 들어갈 말로 바르게 짝지어진 것은?

	(A)		(B)
①	Otherwise	……	Strangely
②	Otherwise	……	Unfortunately
③	Moreover	……	Unfortunately
④	Moreover	……	Fortunately
⑤	However	……	Fortunately

2 딱정벌레에 관한 글의 내용과 일치하지 않는 것은?

① 영국 자연사 박물관에서 이용한다.
② 2억 년 전에도 지구상에 존재했다.
③ 동물의 사체는 먹지만 뼈는 남긴다.
④ 작은 몸집에 비하여 매우 많이 먹는다.
⑤ 과학 연구를 돕는 화학 물질을 배출한다.

3 글의 밑줄 친 ⓐ~ⓔ 중, 가리키는 대상이 나머지 넷과 다른 것은?

① ⓐ ② ⓑ ③ ⓒ ④ ⓓ ⑤ ⓔ

고난도 서술형

4 글의 밑줄 친 these beetles also work for scientists의 내용을 우리말로 쓰시오.

____

Words body [명] 몸, 신체; *사체 complain [동] 불평하다 waste [명] 낭비; *배설물, 쓰레기 except for ~를 제외하고 remove A from B B에서 A를 제거하다 muscle [명] 근육 damage [동] 손상시키다 (undamaged [형] 손상되지 않은) untouched [형] 훼손되지 않은

Section 07

4

Think!

How do animals protect themselves from their predators?

147 words

Many animals change color to hide from predators. However, there is one animal that changes more dramatically. This animal is the *mimic octopus, and it lives in the sea near Indonesia.

The mimic octopus does not have a shell or bones. This is one reason why it has developed a unique way of protecting itself; ⁵ it tries to look like other sea animals. It mimics different creatures in different situations by changing not only its color but also its shape. _____(A)_____, when it wants to move around quickly, it takes the shape of a poisonous **flatfish to avoid any sudden attacks. Also, when a ***damselfish comes near, it will change its shape ¹⁰ into that of a sea snake. The damselfish swim away because they are often eaten by sea snakes. In this way, the mimic octopus can stay safe from predators. Surely "_____(B)_____" is a great nickname for it.

*mimic octopus 흉내 문어 **flatfish 넙치류 물고기 ***damselfish 자리돔

Knowledge Bank 🖐 사마귀의 위장술

사마귀들은 자연에서 살아남기 위해 위장술을 사용한다. 난초 사마귀는 난초의 꽃잎과 닮은 색과 모양으로 실제 난초 흉내를 내고, 꽃향기와 비슷한 페로몬을 발산하여 먹잇감을 유인한다. 게마투스꽃사마귀는 날개에 포식자의 눈을 닮은 문양을 가지고 있어, 천적들을 놀라게 해 자신을 방어한다. 낙엽 사마귀는 낙엽과 매우 유사한 모습을 가지고 있을 뿐 아니라, 바람에 흔들리는 낙엽의 움직임까지 흉내 내어 정체를 숨긴다.

1 Which CANNOT be answered based on the passage?

① Where can the mimic octopus be found?
② Why does the mimic octopus need a way of protecting itself?
③ What does the mimic octopus mimic?
④ How do the damselfish attack the mimic octopus?
⑤ What is a predator of the damselfish?

2 Which is the best choice for the blank (A)?

① Instead ② Moreover ③ Therefore
④ For example ⑤ On the other hand

3 Which is the best choice for the blank (B)?

① best friend of fish
② treasure of the sea
③ king of sea creatures
④ great color magician
⑤ master of transformation

서술형

4 Fill in the blanks with the words from the passage.

The mimic octopus changes its _________ and _________ when predators come near.

Words
hide [동] 숨기다; *숨다 predator [명] 포식자 dramatically [부] 극적으로 mimic [명] 흉내쟁이 [동] 흉내를 내다 shell [명] 껍데기
sudden [형] 갑작스러운 attack [명] 공격 [동] 공격하다 stay [동] 머무르다; *계속 ~하게 있다 nickname [명] 별명
[문제] treasure [명] 보물 magician [명] 마술사 master [명] 주인; *달인, 대가 transformation [명] 변화, 변신

Review Test))

1 다음 괄호 안에서 알맞은 단어를 고르시오.

1) I won't (complain / complete), but look for solutions.
2) Sam was shocked by the artist's (sudden / untouched) death.

2 다음 빈칸에 알맞은 단어를 보기에서 골라 쓰시오.

> 보기 | attract   attack   arrange

1) The lion is watching for an opportunity to _____ the sheep.
2) You need to _____ the chairs in a line in the middle of the hall.

3-4 다음 글을 읽고, 물음에 답하시오.

> Cute aggression is normal and harmless. It is actually a common reaction to seeing something adorable. But why do we feel this way? Our brain wants to keep our emotions balanced at all times. When one emotion becomes too intense, it makes us express the opposite feeling. This is what is happening when we cry tears of joy or burst into nervous laughter. It's simply our brain balancing our feelings. So, 우리가 극도로 귀여운 것을 볼 때, our brain creates feelings of aggression to prevent us from being overwhelmed by the cuteness.

수능유형 3 글의 내용과 일치하지 <u>않는</u> 것을 고르시오.

① 귀여운 공격성은 정상적이고 무해하다.
② 귀여운 공격성은 사랑스러운 것을 본 것에 대한 흔한 반응이다.
③ 뇌는 감정의 균형을 잡기 위해 노력한다.
④ 뇌는 어느 감정이 강렬할 때 그 감정을 많이 표현하게 한다.
⑤ 긴장할 때 웃게 되는 것은 감정의 균형을 맞추기 위함이다.

서술형 4 밑줄 친 우리말과 같은 뜻이 되도록 상자 안의 말을 바르게 배열하시오.

extremely, we, when, see, something, cute

_____

5-6 다음 글을 읽고, 물음에 답하시오.

> The bowerbird builds and decorates a special structure called a bower. At the start of mating season, the male bowerbird begins to gather small sticks. (①) It then arranges them into a bower and sometimes even makes

a path leading up to it. (②) Then, this mixture is used as paint for the bower's walls. (③) Finally, it begins to decorate its bower with brightly colored objects. (④) The male bowerbird spends hours collecting things like seashells, flowers, stones, and berries. (⑤) Some will even gather small pieces of colorful plastic or glass. Female bowerbirds then wander around from bower to bower. They look at the decorations and taste the paint. When they find a bower that they like, they choose that male to be their mate.

*saliva 침, 타액

수능유형 5 다음 문장이 들어갈 위치로 가장 알맞은 곳을 고르시오.

> Next, it chews berries or charcoal, mixing them with *saliva.

①   ②   ③   ④   ⑤

서술형 6 다음 질문에 우리말로 답하시오.

> Q. How do female bowerbirds choose a bower that they like?

7-8 다음 글을 읽고, 물음에 답하시오.

Britain's Natural History Museum has some unique workers. They are *beetles. Beetles are natural cleaners that have been around for over 200 million years. They eat animal waste. Moreover, they eat the dead bodies of animals, except for the bones. The beetles used by the museum are only about 10 mm long, but surprisingly they can eat about 4 kg a week! In addition to working at museums, these beetles also work for scientists. In the past, scientists used strong chemicals to remove the skin and muscle _____ the bones of animals they wanted to study. Unfortunately, those chemicals could damage the bones. However, the beetles eat all the other body parts and leave the bones untouched.

*beetle 딱정벌레

7 빈칸에 들어갈 말로 가장 알맞은 것을 고르시오

① with   ② from   ③ into   ④ of   ⑤ like

8 다음 영영풀이가 나타내는 단어를 글에서 찾아 쓰시오.

> unusual and special

세상에 이런 동물이?

도마뱀은 땅 위를 걷는다, 모든 동물은 늙는다, 알은 암컷이 품는다?!
여기 우리가 알고 있는 상식을 깨는 동물들이 있습니다. 어떤 동물인지 한번 만나볼까요?

물 위의 육상 선수, 바실리스크 도마뱀

바실리스크 도마뱀(basilisk)은 물 위를 걷거나 뛰어다닐 수 있는 도마뱀으로 유명합니다. 중남미의 우림이나 강, 하천 등에 서식하며, 수영과 다이빙에도 능하고, 최대 30분까지 잠수도 할 수 있습니다. 바실리스크 도마뱀은 다리를 넓게 벌리고 양옆으로 다리를 뻗으며 **물 위를 걷거나 뛰어다니는데**, 그 속도가 초당 스무 걸음을 걸을 수 있는 정도라고 합니다. 이런 능력 덕분에 바실리스크 도마뱀은 포식자를 만났을 때도 쉽게 도망갈 수 있어요.

불로장생의 꿈, 벌거숭이두더지쥐

벌거숭이두더지쥐(naked mole-rat)는 죽을 때까지 늙지 않는 동물로, 노화를 연구하는 과학자들 사이에서 가장 인기가 많습니다. 온몸에 털이 거의 없고, 크기도 8cm에 불과하지만, 수명이 30년 정도로 일반 설치류의 10배에 달합니다. 이는 사람으로 치면 800살 정도의 수명을 가진 것이라고 합니다. 벌거숭이두더지쥐는 노화의 징후가 거의 없거나 아예 나타나지 않고, DNA나 단백질 손상을 바로잡는 능력이 탁월합니다. 아울러 통증을 느끼지 못하고, 암에 대한 내성도 있으며, **산소 없이도 18분**을 버틸 수 있는 것으로 알려져 있습니다.

부성애는 모성애만큼 강하다, 다윈코개구리

다윈코개구리(Darwin's frog)는 수컷이 알을 품는 습성이 있습니다. 암컷 개구리가 40개가량의 알을 낳으면, 수컷들은 이 알을 3~4주 동안 보호하다가 부화하기 직전에 그 알을 자신의 울음주머니에 넣습니다. 약 3일 후 알이 부화하는데, 수컷 개구리는 부화한 올챙이가 완전히 독립생활을 할 수 있을 때까지 **울음주머니 안에서 올챙이를 키운다**고 해요.

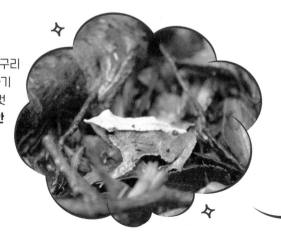

1

Think!
Have you ever
been fishing?

142 words

On the northwest Belgian coast, you can find a 500-year-old tradition called horseback shrimp fishing. This used to be a common practice along the coast of the North Sea. However, it is now practiced by about 15 to 20 people.

From late June to early September, local shrimp fishers ⁵ gather twice a week. ⓐ They wear rubber boots and bright yellow waterproof clothing. They ride Brabant horses into water that goes up to the horses' chest. ⓑ They are ideal for this job because they are strong and calm. They pull nets through the water to catch the shrimp. The fishing takes place 90 minutes before and after *low ¹⁰ tide.

Every year, a two-day Shrimp Festival is held in late June. On the first day, there is a shrimp-catching competition. The participant who catches the most shrimp gets to lead the next day's parade! ¹⁵

*low tide 썰물

1 글의 제목으로 가장 알맞은 것은?

① How to Fish Without a Hook

② Fishing: Belgium's Newest Hobby

③ The Best Tips for Catching Shrimp

④ Why You Should Eat a Lot of Shrimp

⑤ An Unusual Fishing Style from Long Ago

✦ㅍ✦
고난도

2 글을 읽고 답할 수 <u>없는</u> 질문은?

① Where does horseback shrimp fishing take place?

② When do the shrimp fishers do their fishing?

③ How are the shrimp nets made?

④ What do shrimp fishers wear?

⑤ How long do the shrimp fishers do their fishing?

3 글의 밑줄 친 ⓐ와 ⓑ가 각각 가리키는 것을 글에서 찾아 쓰시오.

ⓐ : _____   ⓑ : _____

서술형✎

4 다음 빈칸에 알맞은 단어를 글에서 찾아 쓰시오.

Shrimp Festival

when	Late (1) _____ every year
what	• There is a shrimp-catching (2) _____ in the North Sea. • The winner leads the (3) _____ the next day.

Think!
What does your
family do to
remember your
dead relatives?

144 words

The Day of the Dead sounds scary. However, it is actually a joyful Mexican holiday for remembering dead relatives. Like other holidays, it is full of food.

5

Families celebrate this holiday by setting up small tables for their dead relatives. They place food and drink on these tables for

the spirits of their loved ones to eat and drink. They also decorate these tables with candles, and skulls made of sugar. These sugar skulls are not always meant to be eaten.

10

(a) However, children are often allowed to enjoy this sweet candy. (b) Sweet candy that contains a lot of sugar is bad for children's teeth. (c) The food most commonly found on these tables is Day of the Dead bread. (d) These round, sweet loaves are baked with the

15

shapes of bones on top. (e) Nearly everyone eats this bread during the holiday to remember their dead relatives.

20

▲ 멕시코 화가 Frida Kahlo를 위한 제단

Knowledge Bank 🎃 망자의 날(The Day of the Dead, Día de Muertos)

망자의 날은 죽은 이들을 기리는 멕시코 명절로, 보통 10월 31일부터 준비를 시작해 11월 2일까지 이어진다. 고대 아즈텍 사람들은 영혼이 1년에 한 번 세상에 내려온다고 믿었는데, 이런 전통이 기독교 풍습과 결합되어 오늘날의 망자의 날이 되었다. 망자의 날은 죽은 이에 대한 애도의 날인 동시에, 이들과 만날 수 있는 날이므로 사람들은 해골처럼 분장한 채 노래하고 춤을 추며 축제 분위기를 즐기기도 한다. 2008년에 유네스코 인류무형문화유산으로 등재되었다.

1 글의 주제로 가장 알맞은 것은?

① how to make sugar skulls
② famous holidays in Mexico
③ the food on the Day of the Dead
④ the origin of the Day of the Dead
⑤ the most common food in Mexico

고난도

2 글의 (a)~(e) 중, 전체 흐름과 관계없는 것은?

① (a) ② (b) ③ (c) ④ (d) ⑤ (e)

3 The Day of the Dead에 관한 글의 내용과 일치하면 T, 그렇지 않으면 F를 쓰시오.

(1) 탁자 위에 두는 음식은 친척들의 영혼을 위한 것이다. ________
(2) 설탕 해골이 항상 먹기 위해 만들어지는 것은 아니다. ________
(3) 탁자를 장식했던 음식은 먹지 않는다. ________

서술형

4 다음 빈칸에 알맞은 단어나 표현을 글에서 찾아 쓰시오.

On the Day of the Dead, a holiday to _________ _________ _________, people usually decorate tables with candles, drinks, and food such as sugar _________ and round, sweet _________.

Words joyful [형] 기쁜 holiday [명] 휴일, 명절 remember [동] 기억하다; *추모하다 relative [명] 친척 celebrate [동] 기념하다 set up ~를 놓다, 마련하다 spirit [명] 영혼, 정신 loved one (종종 *pl.*) 사랑하는 사람, (특히) 가족, 친척 skull [명] 두개골, 해골 loaf [명] 빵 한 덩이 (*pl.* loaves)

Think!

Do you know any symbols of good luck from around the world?

130 words

To most people, keys are common tools that are used to unlock doors or start cars. However, you may be surprised by the _____(A)_____ in some cultures.

In ancient Greece and Rome, people thought that keys allowed their prayers to reach the gods. They believed that keys unlocked the door between heaven and earth. They also saw them as symbols for remembering the past and looking forward to the future.

In Japan, people believed that tying three keys together created a lucky charm. The three keys were said to _____(B)_____ the doors to love, money, and well-being.

Some *Romany people in Eastern Europe hang a door key with a metal ring over their bed. They think that it helps them sleep well. They also think that <u>this</u> keeps people from having nightmares.

*Romany 로마니, 집시

96

1 글의 빈칸 (A)에 들어갈 말로 가장 알맞은 것은?

① long history of keys
② various uses of keys
③ unique shapes of keys
④ special meanings of keys
⑤ unique ways of making keys

서술형

2 글의 빈칸 (B)에 알맞은 단어를 글에서 찾아 쓰시오.

____

3 글의 내용과 일치하지 않는 것은?

① 고대 로마인들은 열쇠가 기도를 신께 닿게 한다고 생각했다.
② 고대 그리스인들은 열쇠가 과거와 미래를 잇는다고 생각했다.
③ 일본에서는 세 개의 열쇠를 함께 묶었다.
④ 열쇠는 행운의 부적으로 쓰이기도 했다.
⑤ 몇몇 집시들은 열쇠가 숙면에 도움이 된다고 생각한다.

서술형

4 글의 밑줄 친 this가 가리키는 내용을 우리말로 쓰시오.

____

Words unlock [동](잠긴 것을) 열다 prayer [명] 기도 look forward to ~을 기대하다 tie [동] 묶다 charm [명] 매력; *부적 well-being [명] 행복, 웰빙 hang [동] 걸다 metal [명] 금속 nightmare [명] 악몽

Section 08

4

Think!
What festival do you want to participate in?

145 words

You are walking down a crowded street in Bangkok. Suddenly, people throw buckets of water on you and shoot water into the crowd! It is Songkran, Thailand's traditional New Year's celebration.

This exciting festival takes place in April, when the new year 5 starts based on the Thai calendar. The festival is about cleaning and making a new start. People clean their homes and wash statues of the Buddha. They also pour water on the hands of the elderly as a sign of respect. Over time, this has evolved into a giant water fight where people splash strangers with water. People from 10 all around the world head to Thailand to watch and participate in the action.

Throwing and splashing water during Songkran is a kind of *blessing. It is supposed to chase away bad things. It also allows good things to come during the new year!

*blessing 축복

Knowledge Bank 송끄란

송끄란은 태국을 대표하는 축제로 '물의 축제'라고도 한다. 매년 4월 13일부터 15일까지 주요 도시에서 열리는데, 치앙마이 지역의 축제가 가장 유명하다. 현지인과 방문객들이 함께 어우러져 축제를 즐기고, 소원 빌기, 미인 선발대회 등 다채로운 이벤트도 마련된다. 한편, 축제 시작 전부터 교통사고가 발생하기 시작하여 매년 약 수천 명의 인명피해가 발생하는 탓에 '위험한 7일'로 불리기도 한다.

1 Which can you NOT see during Songkran according to the passage?

① people throwing water on each other

② people cleaning houses

③ people washing statues of the Buddha

④ people pouring water on older people's hands

⑤ people participating in water shooting contests

2 Write T if the statement is true or F if it is false.

(1) According to the Thai calendar, the new year begins in April. _____

(2) Many people from a variety of different countries come to Thailand for Songkran. _____

서술형🖉

3 What does the underlined the action refer to in the passage? Write it in Korean.

_____

서술형🖉

4 Fill in the blanks with the words from the passage.

During Songkran, people splash water to get rid of _____ _____ and get _____ _____ in the new year.

Words crowded 휑붐비는 (crowd 몡사람들, 군중) shoot 통쏘다 celebration 몡기념[축하] 행사 calendar 몡달력 statue 몡조각상 (the) Buddha 부처님 pour 통(물을) 붓다 respect 몡존경 evolve 통발전하다, 발달하다 splash 통(물을) 끼얹다 head 통향하다 be supposed to-v ~해야 한다; *~인 것으로 여겨지다 chase away ~를 쫓아내다 [문제] a variety of 다양한 get rid of ~을 없애다[제거하다]

Review Test

1 빈칸에 들어갈 말이 순서대로 바르게 짝지어진 것을 고르시오.

> · Get rid _____ your stress in a healthy manner.
> · I am looking forward _____ seeing you again.

① of – on   ② of – to   ③ with – on

④ with – to   ⑤ off – at

2 다음 우리말과 일치하도록 빈칸에 알맞은 표현을 쓰시오.

> Where does the competition _____ _____?
> (그 대회는 어디에서 개최되나요?)

3-4 다음 글을 읽고, 물음에 답하시오.

> On the northwest Belgian coast, you can find a 500-year-old tradition called horseback shrimp fishing. This used to be a common practice along the coast of the North Sea. However, it is now practiced by about 15 to 20 people. From late June to early September, local shrimp fishers gather twice a week. They wear rubber boots and bright yellow waterproof clothing. They ride Brabant horses into water that goes up to the horses' chest. They are ideal for this job because they are strong and calm. They pull nets through the water to catch the shrimp. The fishing takes place 90 minutes before and after *low tide.
>
> *low tide 썰물

수능유형 3 승마 새우잡이에 관한 내용과 글의 일치하지 <u>않는</u> 것을 고르시오.

① 500년 동안 이어져 왔다.   ② 지금은 약 15~20명의 사람들만 한다.

③ 6월 말부터 9월 초에 이루어진다.   ④ 사람의 가슴 높이의 물속으로 들어간다.

⑤ 썰물 전후 90분 동안 일어난다.

서술형 4 Brabant 말이 승마 새우잡이에 적합한 이유를 우리말로 쓰시오.

_____

5-6 다음 글을 읽고, 물음에 답하시오.

> The Day of the Dead sounds scary. _____, it is actually a joyful Mexican holiday for remembering dead relatives. Like other holidays, it is

full of food. Families celebrate this holiday by setting up small tables for their dead relatives. They place food and drink on these tables for the spirits of their loved ones to eat and drink. They also decorate these tables with candles, and skulls made of sugar. These sugar skulls are not always meant to be eaten. However, 아이들은 흔히 이 달콤한 사탕을 먹도록 허락된다.

5 빈칸에 들어갈 말로 가장 알맞은 것을 고르시오.

① Moreover   ② However   ③ Therefore

④ For example   ⑤ Instead

서술형 **6** 밑줄 친 우리말과 같은 뜻이 되도록 상자 안의 말을 바르게 배열하시오.

> are, to enjoy, this sweet candy, allowed, children, often

7-8 다음 글을 읽고, 물음에 답하시오.

You are walking down a crowded street in Bangkok. Suddenly, people throw buckets of water on you and shoot water into the crowd! It is Songkran, Thailand's traditional New Year's celebration. This exciting festival takes place in April, when the new year starts based on the Thai calendar. The festival is about cleaning and making a new start. People clean their homes and wash statues of the Buddha. They also pour water on the hands of the elderly as a sign of respect. Over time, this has evolved into a giant water fight where people splash strangers with water. Throwing and splashing water during Songkran is a kind of *blessing. It is supposed to chase away bad things. It also allows good things to come during the new year!

*blessing 축복

7 Songkran에서 물을 퍼붓거나 끼얹는 행동이 의미하는 바를 고르시오.

① 종교적인 의식을 행하는 것   ② 더위를 쫓는 것

③ 걱정을 잊고 지금을 즐기는 것   ④ 나쁜 것을 쫓아내고 좋은 것이 들어오게 하는 것

⑤ 사람들이 서로 문화 교류하는 것

8 다음 영영풀이가 나타내는 단어를 글에서 찾아 쓰시오.

> a large group of people

모두 같은 선물이 아니랍니다

선물로 주는 물건들이 문화마다 다른 의미를 가질 수 있다는 사실을 알고 있나요?

소금

인류에게 꼭 필요한 것 중 하나는 바로 소금입니다. 대부분의 국가에서 사용하는 조미료인 만큼, 각 문화마다 다양한 상징을 지니고 있어 선물로도 자주 쓰입니다.

예를 들어, 독일에서는 소금이 중세 시대부터 재앙을 몰아내는 신성한 힘으로 여겨졌습니다. 그래서 신혼부부에게 행복과 번영을 기원하기 위해 집들이 선물로 소금을 준다고 합니다. 폴란드에서는 결혼식 피로연에서 신랑과 신부, 그리고 하객들에게 소금을 나눠준다고 하네요. 이는 영원히 변치 않을 것을 약속하는 의미라고 해요.

칼

날카로운 칼을 선물로 받으면 어떨까요? 일부 문화권에서는 칼을 선물하는 것을 부정적으로 보기도 해요. 관계 단절의 의미로 받아들이는 경우가 있기 때문이지요. 그러나 스위스에서는 대여섯 살의 어린아이들에게 칼을 선물하는 것이 제법 흔하다고 합니다. 물론 이 칼은 길고 날카로운 것이 아니라 한 손에 들어오는 접이식 칼이에요. 숲에서 나뭇가지를 잘라 불을 피우는 등 아이들이 실생활에서 직접 칼을 다루는 법을 배우게 하기 위함이라고 하네요. 물론 매우 조심히 사용해야겠죠!

꽃

행사마다 빠지지 않는 선물인 꽃도 나라마다 그 의미가 다릅니다. 꽃은 주로 색에 따라서 의미가 달라지는데요. 미국, 영국, 캐나다에서는 장례식장에서 백합꽃이 사용되기 때문에 선물로는 잘 쓰이지 않는다고 해요. 이와 비슷하게 멕시코에서는 노란색 꽃이 죽음을 상징하여 함부로 선물하지 않습니다. 파리에서는 붉은 장미가 연인 사이에서만 주고받는 꽃으로 여겨지는 경우가 있어서 연인이 아닌 관계에서는 잘 선물하지 않는 꽃이라고 하네요!

1

Think!

Do you know any
creative ways
to protect the
environment?

154 words

Concrete is a commonly used building material. A lot of sand is needed to make concrete. However, there is a limited amount of sand on earth. Also, mining sand is bad for the environment and can lead to the loss of animals' habitat.

Scientists had a creative solution to this problem. They added used diapers to _____ some of the sand in concrete. Used diapers were collected, cleaned, and cut into small pieces. The researchers tested different mixes of sand and diaper pieces. They discovered that the safety and strength of the new concrete were as good as traditional concrete.

Adding diapers and reducing sand in concrete could make it cheaper to build houses. After all, there are too many used diapers, and they are basically free. Researchers are also trying to find out how well the new concrete can block out heat and sound. Would you be willing to live in a diaper house?

1 글의 제목으로 가장 알맞은 것은?

① How to Make Concrete Stronger
② Making New Diapers from Sand
③ Various Ways to Recycle Diapers
④ Why Concrete Is Bad for the Earth
⑤ Diapers: An Unexpected Building Material

2 글의 빈칸에 들어갈 말로 가장 알맞은 것은?

① limit ② block
③ divide ④ replace
⑤ discover

3 글의 내용과 일치하면 T, 그렇지 않으면 F를 쓰시오.

(1) Animals can lose their homes because of sand mining. _____

(2) Concrete made from diapers is weaker than traditional concrete. _____

서술형

4 다음 빈칸에 알맞은 단어를 글에서 찾아 쓰시오.

Problem	Mining sand could have negative effects on the (1) _____ .
Solution	A group of scientists created concrete with a mix of (2) _____ diapers and sand.
Advantage of the solution	Using concrete made with (2) _____ diapers is (3) _____ because the diapers are (4) _____ .

150 words

Millions of tons of plastic is produced and thrown away each year. Moreover, this plastic waste stays in *landfills for too long before breaking down. A solution to these problems, however, may have been discovered by accident.

One day, a beekeeper who is also a scientist removed some **waxworms from her beehives. Waxworms usually eat the wax in beehives. After putting them in a plastic bag, she found that they had eaten holes in the bag!

To find out more, scientists conducted an experiment. They put 100 waxworms in a plastic bag. The waxworms ate 92 milligrams of plastic in 12 hours, which is more than 1,000 times faster than any other creature. The waxworms' secret is their saliva—it causes plastic to quickly break down. Scientists hope to create sprays that work like waxworm saliva. If they are successful, it will help us get rid of our plastic waste!

*landfill 쓰레기 매립지 **waxworm 벌집 나방 애벌레

Knowledge Bank
플라스틱과 환경오염
플라스틱병 하나가 분해되려면 평균 400년 이상이 걸리지만 저렴하고 쉽게 변형할 수 있는 플라스틱은 매년 사용량이 늘어, 1950년부터 오늘날까지 약 84억 톤이 생산된 것으로 추산된다. 이는 무려 10억 마리 코끼리와 맞먹는 무게이다! 하지만 버려지는 플라스틱의 재활용률은 9%에 불과하며, 나머지는 소각되거나 그대로 버려져 대기와 땅, 바다를 오염시킨다. 현재 태평양에는 한반도 면적의 7배에 달하는 거대 쓰레기 섬(The Great Pacific Garbage Patch, GPGP)이 떠다니고 있는데, 그중 90% 이상이 플라스틱이라고 한다.

1 글의 제목으로 가장 알맞은 것은?

① How to Reduce Plastic Waste
② The Danger of Waxworm Saliva
③ A Natural Solution for Plastic Waste
④ The Process of Breaking Down Plastic
⑤ The Effects of the Chemicals Released from Plastic

2 글의 밑줄 친 these problems에 해당하는 것으로 짝지은 것은?

(A) 많은 양의 플라스틱이 버려지는 것
(B) 벌집에 벌레가 생기는 것
(C) 플라스틱 분해에 오랜 시간이 걸리는 것
(D) 플라스틱에 인체에 유해한 성분이 있는 것

① (A), (B)　② (A), (C)　③ (B), (C)　④ (B), (D)　⑤ (C), (D)

3 글을 읽고 답할 수 없는 질문은?

① Who discovered waxworms?
② What do waxworms usually eat?
③ How fast can waxworms eat plastic?
④ What can we use waxworms for?
⑤ How does waxworm saliva work on plastic?

고난도 서술형

4 글의 밑줄 친 it이 가리키는 내용을 우리말로 쓰시오.

____

Words waste [명] 낭비; *쓰레기, 폐기물　break down 분해되다[하다]　by accident 우연히　beekeeper [명] 양봉가　beehive [명] 벌집　wax [명] 밀랍, 왁스　plastic bag 비닐봉지　conduct [동] (특정한 활동을) 하다　experiment [명] 실험　work [동] 일하다; *(특정한) 작용을 하다[영향을 미치다]　[문제] release [동] 방출하다

130 words

In the 1960s, the *Soviet government made a terrible decision. They changed the direction of two rivers flowing into the Aral Sea, a salt lake. They did this in order to make water flow into nearby cotton fields.

The results were _____! The Aral Sea began to dry ⁵ up. The sea has shrunk to 10% of its original size in the past 60 years, and the region has been destroyed. As the sea dried up, it left behind salty sand. ⓐ It was picked up by the wind and carried across the land. This ruined farmers' fields and made people sick.

Today, the destruction of the Aral Sea is considered one of ¹⁰ the most tragic environmental disasters in human history. ⓑ It reminds us that we should never destroy nature for human gain.

*Soviet (구)소련의

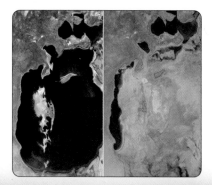

아랄 해 위성 사진(왼쪽 1989년, 오른쪽 2014년) ▶

1 글의 주제로 가장 알맞은 것은?

① farmers who harm nature

② a community ruined because of salt

③ the current condition of the Aral Sea

④ a tragic event that happened to the Aral Sea

⑤ the Soviet government's efforts to prevent disaster

2 글의 빈칸에 들어갈 말로 가장 알맞은 것은?

① indirect   ② positive   ③ shocking

④ impressive   ⑤ meaningless

서술형✐

3 글의 밑줄 친 ⓐ와 ⓑ가 각각 가리키는 것을 글에서 찾아 쓰시오.

ⓐ : _____   ⓑ : _____

✧¤✧
고난도 서술형✐

4 다음 빈칸에 알맞은 단어를 글에서 찾아 쓰시오.

What Happened to the Aral Sea?

The (1) _____ of two rivers flowing into the Aral Sea was changed.

↓

The sea has dried up and (2) _____ to 10% of its original size.

↓

(3) _____ _____ was left behind, and it was carried across the land by the wind.

↓

Farmers' fields were (4) _____ and people got sick.

Words   make a decision 결정[판단]하다   direction 영방향   flow 동흐르다   cotton 영목화   shrink 동줄어들다 (shrink-shrank-shrunk)   original 영원[본]래의   region 영지역   destruction 영파괴   leave behind 남기다   pick up ~를 집어 올리다[주워 모으다]   ruin 동망치다   consider 동숙고하다; *여기다   tragic 영비극적인   disaster 영참사, 재해   remind 동상기시키다   gain 영이득   [문제] indirect 영간접적인   positive 영긍정적인   impressive 영인상적인   meaningless 영의미 없는

109

4

Think!

What is your most valuable possession? Where do you keep it?

143 words

Seeds are one of our earth's most valuable resources. Using ⓐ them, scientists can create new crops that may solve problems of the future, like unknown plant diseases or a lack of food. Sadly, this resource is disappearing. How can we protect ⓑ them?

When we have valuable things, we put ⓒ them into a *safety ⁵ deposit box at a bank. Scientists do the same thing with seeds— they put ⓓ them in the **Svalbard Global Seed Vault.

The vault used to be an old mine in an icy mountain in Norway. The mine was renovated into a vault that can withstand extreme climate change and nuclear explosions. Deep inside the vault, seeds from around the world are kept. ⓔ They are put into special bags that are free of moisture and air. Therefore, _____ no matter what happens. For this reason, the ¹⁵ vault was nicknamed the "***doomsday vault."

▲ 스발바르 국제 종자 저장고

▲ 스발바르 국제 종자 저장고에 보낼 씨앗들
@ CIAT 유전자 은행, 콜롬비아

*safety deposit box 안전 금고
**Svalbard Global Seed Vault 스발바르 국제 종자 저장고
***doomsday 최후의 날

Knowledge Bank 종자 저장고

전 세계에는 단 두 개의 종자 저장고가 있는데, 나머지 하나는 바로 우리나라에 있다. 경북 봉화군 국립백두대간수목원 내에 있는 Seed Vault는 2016년 산림청이 만들었는데, 주로 식량 작물을 보관하는 스발바르 국제 종자 저장고와는 달리, 주로 야생식물의 종자를 보관한다. 현재 약 5,000여 종의 종자가 보관되고 있으며, 최대 200만 점까지 보관할 수 있다.

1 Which CANNOT be answered based on the passage?

① What did the vault used to be?

② Where is the vault located?

③ How many seeds are kept inside the vault?

④ How are the seeds stored in the vault?

⑤ What is the nickname of the vault?

2 Choose the one that indicates something different.

① ⓐ   ② ⓑ   ③ ⓒ   ④ ⓓ   ⑤ ⓔ

3 Which is the best choice for the blank?

① all of the seeds will be safe

② the seeds can avoid the sun

③ the seeds can be sold at high prices

④ various kinds of seeds will be collected

⑤ seeds from around the world will be studied

서술형

4 Fill in the blanks with the words from the passage.

> Seeds are valuable and should be protected from _____.
> This is because seeds are a(n) _____ needed to make new
> crops that may be the answer to future problems.

Review Test))

1
다음 우리말과 일치하도록 빈칸에 알맞은 표현을 쓰시오.

> I met my old friend at the airport _____ _____.
> (나는 공항에서 우연히 옛 친구를 만났다.)

2 다음 괄호 안에서 알맞은 단어를 고르시오.

1) The movie is about the (tragic / creative) car accident.

2) This website has helpful and (valuable / extreme) information about health.

3-4 다음 글을 읽고, 물음에 답하시오.

Concrete is a commonly used building material. A lot of sand is needed to make concrete. However, there is a limited amount of sand on earth. Also, mining sand is bad for the environment and can lead to the loss of animals' habitat. Scientists had a creative solution to this problem. They added used diapers to replace some of the sand in concrete. Used diapers were collected, cleaned, and cut into small pieces. The researchers tested different mixes of sand and diaper pieces. They discovered that the safety and strength of the new concrete were as good as traditional concrete. Adding diapers and reducing sand in concrete could 집을 짓는 것을 더 저렴하게 만들 수 있다. After all, there are too many used diapers, and they are basically free.

3 밑줄 친 to replace의 용법이 나머지와 다른 것을 고르시오.

① He studied hard to pass the exam.

② She called her friend to ask for advice.

③ He missed the chance to study abroad.

④ She brought her laptop to work on her project.

⑤ They traveled to Japan to learn about its culture.

서술형 **4** 밑줄 친 우리말과 같은 뜻이 되도록 상자 안의 말을 바르게 배열하시오.

> make, houses, it, build, cheaper, to

_____

5-6 다음 글을 읽고, 물음에 답하시오.

One day, a beekeeper who is also a scientist removed some *waxworms from her beehives. Waxworms usually eat the wax in beehives. After putting them in a plastic bag, she found that ⓐ they had eaten holes in the bag! To find out more, scientists conducted an experiment. ⓑ They put 100 waxworms in a plastic bag. The waxworms ate 92 milligrams of plastic in 12 hours, which is more than 1,000 times faster than any other creature. The waxworms' secret is their saliva—it causes plastic to quickly break down. Scientists hope to create sprays that work like waxworm saliva. If they are successful, it will help us _____ our plastic waste!

*waxworm 벌집 나방 애벌레

수능유형 **5** 빈칸에 들어갈 말로 가장 알맞은 것을 고르시오.

① produce ② preserve ③ collect ④ get rid of ⑤ store

서술형 **6** 밑줄 친 ⓐ와 ⓑ가 각각 가리키는 것을 글에서 찾아 쓰시오.

ⓐ: _____ ⓑ: _____

7-8 다음 글을 읽고, 물음에 답하시오.

In the 1960s, the *Soviet government made a terrible decision. They changed the direction of two rivers flowing into the Aral Sea, a salt lake. They did this in order to make water flow into nearby cotton fields. The results were shocking! The Aral Sea began to dry up. The sea has shrunk to 10% of its original size in the past 60 years, and the region has been destroyed. As the sea dried up, it left behind salty sand. It was picked up by the wind and carried across the land. This ruined farmers' fields and made people sick. Today, the destruction of the Aral Sea is considered one of the most tragic environmental disasters in human history. *Soviet (구)소련의

수능유형 **7** 글의 내용과 일치하지 않는 것을 고르시오.

① 소련 정부는 아랄 해로 흐르는 두 강의 방향을 바꾸었다.
② 아랄 해는 60년 동안 원래 크기의 10%로 줄어들었다.
③ 아랄 해가 마르자 소금기 있는 모래가 남았다.
④ 소금기 있는 모래는 바람에 날려 동물들의 서식지를 파괴했다.
⑤ 아랄 해의 파괴는 가장 비극적인 환경 재해 중 하나로 여겨진다.

8 다음 영영풀이가 나타내는 단어를 글에서 찾아 쓰시오.

the way toward which someone or something is moving

_____

버려지는 오렌지로 전기를 만든다?

스페인 남쪽 끝에 위치한 세비야는 열정적인 플라멩코 춤으로 유명한 대도시예요. 이 도시에는 또 하나 유명한 것이 있는데, 바로 가로수로 심어진 오렌지 나무들입니다. 약 5만 그루의 싱싱한 오렌지 나무들이 세비야 거리에 즐비해 있어요. 사계절 내내 푸르른 오렌지 나무는 때마다 향기로운 꽃을 피우고 탐스러운 열매를 맺어 관광객들의 마음을 사로잡습니다.

그러나 이 오렌지들은 보기와 달리 맛이 시고 쓴 탓에 사람들에게 외면당하고 있었어요. 일부 오렌지는 영국으로 수출되어 마멀레이드 잼으로 만들어지지만, 대부분은 길거리에 떨어져 뭉개지거나 매립지에 버려지는 것이죠. 이렇게 버려지는 오렌지가 해마다 수천 톤에 달해요. 세비야 시는 이 문제를 해결하고자 고민하던 중, 버려지는 오렌지를 활용해 친환경 에너지를 생산하기로 했습니다!

세비야 시는 **오렌지를 발효시켜 친환경 전기를 만들기**로 했어요. 발효란 미생물의 작용에 의해 유기물이 분해되는 현상을 말해요. 우선 버려져 있는 오렌지들을 수거해서 산소가 없는 곳에 둡니다. 이곳에서 미생물을 배양하고, 이 미생물들이 오렌지를 분해하도록 합니다. 분해 과정에서 메탄가스(CH_4)가 생성되는데요. 우리 배 속의 소화작용과 같은 원리예요.

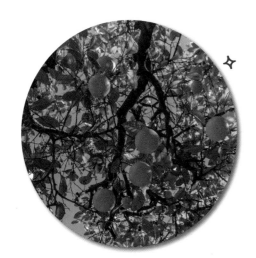

우리 배 안에도 미생물들이 살고 있어요. 이런 장내 세균들이 유기물을 분해하는 과정에서 가스를 발생시키는데, 이 가스가 바로 메탄가스예요. 이 메탄가스를 연료로 사용해 발전기를 돌려 전기를 생산하는 것이죠.

이 같은 방법은 **이산화탄소가 발생하지 않아서 매우 친환경적**이에요. 심지어 전기를 생산한 후에 **남은 오렌지 껍질을 비료로 활용**한다고 하니 이게 바로 일석이조의 효과 아니겠어요?

Section

10

Places

Think!

Do you know any unique architecture?

126 words

Setenil de las Bodegas is a Spanish town with about 3,000 residents. It is located inside a narrow river valley. Its homes were built inside the rock walls. This architectural style is believed to be based on ancient Arabic cave homes. ⓐ They were likely created by the *Moors, who established the town in the 12th century. Instead of building complete homes, ⓑ they simply added walls to natural caves.

Cave homes offer many _____. ⓒ They are cheap and easy to build. ⓓ They are unlikely to be damaged by earthquakes or fire. Moreover, ⓔ they keep the residents cool during hot summers. The rock hanging over the town's streets even provides shade. These days, Setenil de las Bodegas attracts many tourists who want to take photos of this amazing town.

*Moor 무어인(중세 이베리아 반도를 정복한 아랍계 이슬람교도들)

1 글의 제목으로 가장 알맞은 것은?

① The Oldest Arabic Village
② The Traditions of the Moors
③ A Dangerous Valley in Spain
④ Buried Alive by an Earthquake
⑤ Homes with Natural Rock Walls

2 글의 밑줄 친 ⓐ~ⓔ 중, 가리키는 대상이 나머지 넷과 다른 것은?

① ⓐ ② ⓑ ③ ⓒ ④ ⓓ ⑤ ⓔ

3 Setenil de las Bodegas에 관한 글의 내용과 일치하지 않는 것은?

① The town has about 3,000 residents.
② The houses in the town were built in an ancient Arabic style.
③ The town was founded by the Moors.
④ The houses in the town are easy to build.
⑤ The town was damaged by an earthquake.

고난도

4 글의 빈칸에 들어갈 말로 가장 알맞은 것은?

① risks ② problems ③ challenges
④ advantages ⑤ opportunities

서술형

5 다음 빈칸에 알맞은 단어를 글에서 찾아 쓰시오.

> Cave homes in Setenil de las Bodegas are cheap to make and stay at a(n) ________ temperature. Also, they are unlikely to be harmed by earthquakes or ________.

Words resident [명] 거주자 narrow [형] 좁은 valley [명] 계곡 architectural [형] 건축의 be based on ~에 기초를 두다 Arabic [형] 아랍의 establish [동] 설립하다 complete [형] 완전한 offer [동] 제공하다 earthquake [명] 지진 shade [명] 그늘 attract [동] 끌어들이다, 끌어 모으다 take a photo of ~의 사진을 찍다 [문제] bury [동] 묻다[매장하다] alive [형] 살아있는 found [동] 설립하다 risk [명] 위험 challenge [명] 도전

Think!

How long do you think it takes to build a house?

131 words

Imagine houses that you can take apart and then put back together. You can see houses like this, called *trulli*, in Alberobello, Italy. They were built with rocks but without cement or other materials for holding the rocks together. Builders simply placed the rocks on top of each other!

(①) There is an interesting story behind this unique style. (②) In the 17th century, people had to pay a high tax on their houses. (③) Common people could not afford it. (④) In order to trick the government, they built these special houses. (⑤) Then, after the workers left, they put the houses back together.

Today, *trulli* are so well preserved that they are still used as homes. Thousands of tourists go to Alberobello to see them. They have even been designated a World Heritage Site.

1 다음 문장이 들어갈 위치로 가장 알맞은 곳은?

> When they heard government workers were coming to the town, they quickly took their houses apart.

①   ②   ③   ④   ⑤

2 글에 따르면, Alberobello 사람들이 *trulli*를 지은 목적은?

① 종교 집회를 열기 위해
② 주변에 흔한 돌을 사용하기 위해
③ 집에 부과되는 높은 세금을 피하기 위해
④ 정부에서 권장하는 튼튼한 집을 짓기 위해
⑤ 정부 관료들을 위한 거주지로 사용하기 위해

서술형✍

3 글의 밑줄 친 these special houses의 특징을 우리말로 쓰시오.

_____

고난도 서술형✍

4 다음 빈칸에 알맞은 단어나 표현을 글에서 찾아 쓰시오.

> In the 17th century, common people in Alberobello could not afford a(n) _____ _____ on their houses. So they built *trulli* with rocks but without cement or other materials. They fooled the _____ by taking their houses _____ and putting them back _____ later.

 Words   take apart 분해하다   put together 합하다, 조립하다   hold together 결합하다, 접합하다   tax 몡 세금   common people 일반인, 서민   afford 똥 ~를 살[감당할] 여유가 있다   trick 똥 속이다   preserved 혱 보존된   designate 똥 지정하다
[문제] fool 몡 바보; 똥 *속이다

119

Section 10

3

Think!
What do you
need to survive in
an underground
city?

144 words

In 1963, a man found a secret room beneath his house in Cappadocia, Türkiye. Surprisingly, the room led to another and another. This was the discovery of Derinkuyu, an ancient ⁵ underground city.

ⓐ The city has eighteen floors and reaches a depth of 85 meters. ⓑ It is big enough to hold about 30,000 people. Why was this huge city built? Some researchers think ⓒ it was a place to hide from enemies because it has special doors. The doors, made ¹⁰ of heavy stones, can be rolled like wheels to seal the city from the inside.

Unlike what you might expect, ⓓ the old underground city was probably quite _____. There was fresh, flowing water, and 1,500 tunnels brought fresh air to even the deepest floor. ¹⁵ It also included shops, schools, churches, and ⓔ space for farm animals. The city is so big that archaeologists are still finding new parts!

1 글의 빈칸에 들어갈 말로 가장 알맞은 것은?

① safe   ② popular   ③ ancient

④ comfortable   ⑤ beautiful

2 글을 읽고 Derinkuyu에 관해 답할 수 <u>없는</u> 질문은?

① When was it discovered?

② Where is it?

③ How big is it?

④ How many people have visited it?

⑤ What kind of rooms does it have?

3 글의 밑줄 친 ⓐ~ⓔ 중, 가리키는 대상이 나머지 넷과 <u>다른</u> 것은?

① ⓐ   ② ⓑ   ③ ⓒ   ④ ⓓ   ⑤ ⓔ

서술형 ✍

4 글의 밑줄 친 special doors의 기능과 2가지 특징을 우리말로 쓰시오.

• 기능: ＿＿＿＿＿＿＿＿＿＿＿＿＿＿＿＿＿＿＿＿＿＿＿＿＿＿

• 특징: ＿＿＿＿＿＿＿＿＿＿＿＿＿＿＿＿＿＿＿＿＿＿＿＿＿＿

Knowledge Bank 🖐️ **카파도키아(Cappadocia)**

유네스코 세계 문화유산으로 등재된 튀르키예의 대표적인 관광지 카파도키아는 '요정의 굴뚝'이라고 불리는 기묘하고 환상적인 기암(기이하게 생긴 바위)과 수십 개의 지하 도시로 유명하다. 뿐만 아니라 바위를 깎아 만든 비잔틴 양식의 교회들과 내부의 화려한 벽화, 붉은 사암(모래가 굳어져 생긴 바위)으로 이루어진 계곡 트래킹 코스 등 아름다운 명소가 많아 전 세계의 관광객을 끌어들인다.

Words   beneath 젠 아래에   discovery 명 발견   underground 형 지하의   depth 명 깊이   hold 통 잡다; *수용하다   enemy 명 적   roll 통 굴리다   wheel 명 바퀴   seal 통 봉하다; *봉쇄하다   quite 부 꽤, 상당히   tunnel 명 터널, 굴   space 명 우주; *공간   farm animal 가축   archaeologist 명 고고학자

Think!

Do you know any famous places made by volcanoes?

153 words

On the northeast coast of Northern Ireland, about 40,000 *hexagonal columns of **basalt make an amazing landscape of cliffs. This area is called the Giant's ***Causeway, a name that is based on an Irish legend.

According to the legend, Finn MacCool, an Irish giant, ⁵ decided to go to fight his Scottish rival, Benadonner. There is a sea between Scotland and Ireland. So Finn built a causeway and started to cross it. On the way to Scotland, he saw Benadonner and realized that his rival was too large to defeat! Finn came back and told his wife. _____, she dressed him like a ¹⁰ baby and laid him in a huge cradle. When Benadonner came to Ireland and found the baby, he thought the baby was Finn's son. "What a gigantic baby!" he cried. "His father must be even more enormous!" Benadonner ran home quickly, destroying the causeway behind him. The Giant's Causeway is what remains. ¹⁵

*hexagonal 육각형의   **basalt 현무암   ***causeway 둑길

Knowledge Bank 주상절리

용암은 분출 후 공기와 만나면 온도가 떨어지므로 수축한다. 이때 수축 속도가 빠르면 기둥 모양으로 굳는데, 이런 지형을 주상절리라고 한다. 식는 속도와 방향에 따라 단면이 4~6각형으로 달라지는데, 기둥 사이사이 틈이 오랜 시간을 거쳐 풍화되어 절벽을 이루는 경우가 많다. Giant's Causeway는 대표적인 주상절리이며, 제주도에서도 주상절리를 볼 수 있다.

1 What is the passage mainly about?

① an Irish giant's work of art
② the legend of the Giant's Causeway
③ a popular place for tourists in Scotland
④ how the Giant's Causeway is used today
⑤ the history of a fight between two giants

2 Which is the best choice for the blank?

① Sadly ② Safely ③ Cleverly
④ Foolishly ⑤ Fortunately

3 Which CANNOT be answered based on the passage?

① Why did Finn build the causeway?
② What did Finn think about Benadonner?
③ How did Finn help his wife?
④ Where was Finn when Benadonner came to Ireland?
⑤ What made Benadonner think Finn must be enormous?

고난도 서술형
4 Why did Finn's wife make Finn look like a baby? Write it in Korean.

____

____

Words column [명] 기둥 cliff [명] 절벽 legend [명] 전설 defeat [동] 패배시키다 dress [동] 옷을 입히다 lay [동] 놓다, 눕히다 (lay-laid-laid) cradle [명] 요람, 아기 침대 gigantic [형] 거대한 enormous [형] 거대한 remain [동] 계속[여전히] ~이다; *남다
[문제] cleverly [부] 영리하게 foolishly [부] 어리석게도

Review Test

1 다음 빈칸에 알맞은 단어를 보기에서 골라 쓰시오.

> 보기 | hold remain seal

1) This room can _____ about 20 people.

2) The police officer ordered him to _____ the gate.

2 다음 밑줄 친 단어와 비슷한 의미의 단어를 고르시오.

> Don't let the dishonest man trick you.

① lay ② fool ③ found ④ hide ⑤ roll

3-4 다음 글을 읽고, 물음에 답하시오.

Setenil de las Bodegas is a Spanish town with about 3,000 residents. It is located inside a narrow river valley. Its homes were built inside the rock walls. They were likely created by the *Moors, who established the town in the 12th century. Instead of building complete homes, they simply added walls to natural caves. Cave homes offer many advantages. They are cheap and easy to build. They are unlikely to be damaged by earthquakes or fire. Moreover, they keep the residents cool during hot summers. The rock hanging over the town's streets even provides shade. 요즘, Setenil de las Bodegas는 이 놀라운 마을의 사진을 찍고 싶어하는 많은 관광객들을 유치한다.

*Moor 무어인(중세 이베리아 반도를 정복한 아랍계 이슬람교도들)

3 동굴 집의 장점으로 글에서 언급되지 않은 것을 고르시오.

① 저렴하고 쉽게 지을 수 있다. ② 지진이나 화재로 인한 피해가 적다.

③ 여름에 시원하다. ④ 주변에 아름다운 식물이 많다.

⑤ 거리에 그늘을 제공한다.

서술형 **4** 밑줄 친 우리말과 같은 뜻이 되도록 상자 안의 말을 바르게 배열하시오.

> want, who, to, this amazing town, take photos of

These days, Setenil de las Bodegas attracts many tourists _____

_____.

5-6 다음 글을 읽고, 물음에 답하시오.

In 1963, a man found a secret room beneath his house in Cappadocia, Türkiye. Surprisingly, the room led to another and another. This was the discovery of Derinkuyu, an ancient underground city. The city has eighteen floors and reaches a depth of 85 meters. It is big enough to hold about 30,000 people. Some researchers think it was a place to hide from enemies because it has special doors. The doors, made of heavy stones, can be rolled like wheels to seal the city from the inside. Unlike what you might expect, the old underground city was probably quite comfortable. There was fresh, flowing water, and 1,500 tunnels brought fresh air to even the deepest floor.

수능유형 5 Derinkuyu에 관한 글의 내용과 일치하지 <u>않는</u> 것을 고르시오.

① 고대 지하 도시이다.　　　　　　　　② 18개의 층이 있고 85미터 깊이에 이른다.

③ 약 30,000명의 사람들을 수용할 수 있다.　④ 무거운 바위로 만들어진 문이 있다.

⑤ 맑은 공기는 통하지 않았다고 추정한다.

6 다음 영영풀이가 나타내는 단어를 글에서 찾아 쓰시오.

to get to a particular level

_____

7-8 다음 글을 읽고, 물음에 답하시오.

According to the legend, Finn MacCool, an Irish giant, decided to go to fight his Scottish rival, Benadonner. There is a sea between Scotland and Ireland. So Finn built a *causeway and started to cross it. (A) Cleverly, she dressed him like a baby and laid him in a huge cradle. (B) Finn came back and told his wife. (C) On the way to Scotland, he saw Benadonner and realized that ⓐ his rival was too large to defeat! When Benadonner came to Ireland and found the baby, he thought the baby was Finn's son. "What a gigantic baby!" he cried. "ⓑ His father must be even more enormous!" Benadonner ran home quickly, destroying the causeway behind him.　　*causeway 둑길

7 문장 (A)~(C)를 글의 흐름에 알맞게 배열한 것을 고르시오.

① (A) – (B) – (C)　　　② (B) – (A) – (C)　　　③ (B) – (C) – (A)

④ (C) – (A) – (B)　　　⑤ (C) – (B) – (A)

서술형 8 밑줄 친 ⓐ와 ⓑ가 각각 가리키는 것을 글에서 찾아 쓰시오.

ⓐ: _____　　ⓑ: _____

직접 봐도 믿기지 않을 신기한 자연 명소 Top 3

'자연이 가장 위대한 예술가'라는 말이 실감나는 곳곳을 소개합니다!

해발 5,200m에 뜬 무지개,
비니쿤카(Vinicunca)

페루 안데스산맥에 위치한 도시 Cusco에는 '무지개 산'이 있다. 원주민 언어인 케추아어로 '일곱 색깔 산'이라는 뜻의 비니쿤카는 몇 년 전까지만 해도 만년설로 덮여 있었다. 빙하가 녹아내리며 형형색색의 빛깔을 드러냈는데, 각 토양층에 함유된 미네랄 성분에 따라 다른 색을 띤다. 맑은 날에는 햇빛에 반사되어 더 선명한 빛깔을 볼 수 있는데, 푸른 하늘과 대비되어 장관을 선사한다.

호수 속 우주,
아브라함 호수(Abraham Lake)

캐나다 알버타주 로키산맥 자락에는 바라보다 빠져드는 신기한 호수가 있다. 마치 작은 우주를 보는 듯한 느낌이 드는, 전 세계적으로 보기 힘든 아이스 버블을 볼 수 있다. 겨울에 호수 바닥에서 자라는 식물이 메탄가스를 뿜으면, 메탄가스가 올라오는 도중 얼어서 멋진 경관을 만들어낸다고 한다.

여름에만 동글동글,
점박이 호수(Spotted Lake)

캐나다 브리티시컬럼비아 주에 위치한 작은 도시Osoyoos에 여름만 되면 물방울무늬를 뽐내는 호수가 있다. 다른 계절에는 여느 호수와 같이 평범한 모습이지만, 여름에는 물이 증발하여 수백 개의 작은 염분 웅덩이가 노란색, 초록색, 파란색으로 변한다. 이는 황산 마그네슘, 칼슘, 황산 소다 등의 미네랄 성분이 고농도로 응축되어 있기 때문인데, 미네랄에 따라 다른 색을 띤다.

Reading TUTOR 리딩튜터

Junior
3

직독직해 Worksheet

1 프랑스의 급식은 어떨까?

① Childhood obesity is becoming a serious problem / around the world. / ② In

France, / the government is addressing this issue / by serving healthy school lunches /

with four courses. / ③ French school lunches begin / with a vegetable dish, such as

salad. / ④ The main course is a warm dish / like roasted beef. / ⑤ Next comes cheese, /

and finally dessert. / ⑥ Dessert is normally fresh fruit. / ⑦ But / sometimes / sweet

treats like pies may be served. / ⑧ Unhealthy foods are banned / or only served

occasionally. / ⑨ For example, / fried food can only be served / a few times / each

month. / ⑩ Also, / drinks containing large amounts of sugar / are usually not allowed. /

⑪ Even ketchup is rarely served / because of its high sugar content. / ⑫ In order to

limit children's access / to unhealthy snacks and soft drinks, / vending machines

have been banned. / ⑬ This program might be strict, / but / it provides students with

healthy meals / and / encourages them to develop healthy eating habits. /

2 응원이 필요해!

① If you're having a hard day, / pick up your phone and call Peptoc! /

② Peptoc is a project / created by two teachers in California / who were inspired

by the pure joy of their students. / ③ They decided to use the kids' words / to cheer

people up. / (④ Many kids / around the world / aren't getting a proper education. /)

⑤ The kids came up with various supportive messages / and recorded them. / ⑥ When

you call Peptoc, / you can pick a number / and listen to a message from the children. /

⑦ If you are frustrated, / press 1. / ⑧ If you need encouragement, / press 2. / ⑨ If you

want a pep talk, / press 3. / ⑩ And if you want / to hear kids laughing happily, / press 4. /

⑪ People quickly learned about Peptoc / through social media. / ⑫ Two days

after the project started, / it was getting more than 700 calls / per hour. / ⑬ Countless

people have received joy / from the kids' messages, / and the kids have learned / about

the power of kind words. /

3 100년 동안의 비밀 이야기

① A library in Norway is working / on a fascinating century-long project. /

② Throughout the next 100 years, / famous and well-respected authors / will add an

unread manuscript to a time capsule, / which won't be opened / until 2114! /

③ The Future Library Trust is inviting different outstanding writers / to participate

in the project / annually. / ④ When the writers submit the manuscripts, / they only

reveal the title. / ⑤ The length and genre of the work / are up to them. / <u>The only rule

is</u> / <u>that they cannot share their manuscripts with anyone,</u> / <u>not even family members</u>

<u>or editors.</u> / ⑥ The content isn't known / by the staff at the Future Library Trust either. /

⑦ The library has a forest nearby, / and its trees will provide paper for the

manuscripts / when they are eventually printed out. / ⑧ The hope is / that in 100 years

our society will still exist / and still enjoy reading. / ⑨ What stories may be waiting for

future readers? /

4 당신은 혼자가 아니에요

① Happiness is a common goal / around the world. ② In fact, / some national

governments are working / to make their citizens happier. / ③ The United Arab

Emirates, Bhutan, and India, / for example, / have official ministries of happiness. /

④ In the UK, / on the other hand, / the government is taking a slightly different

approach. / ⑤ Rather than promoting happiness, / it is fighting unhappiness. / ⑥ In

2018, the prime minister noted / that loneliness affects millions of British people. /

⑦ So she appointed / the first minister for loneliness. /

⑧ The job of the minister for loneliness / is to find ways / to reach out to lonely

people. / ⑨ According to a study, / about 200,000 elderly people in the UK / haven't

spoken to any friends or relatives / in more than a month. / <u>Of course, / loneliness</u>

<u>doesn't only affect older people.</u> / ⑩ Because our high-tech society leads / to less face-

to-face contact, / it threatens everyone. / ⑪ The British government is working hard /

to create a healthier, happier future / for its citizens. /

1 이게 무슨 느낌이지?

① When you're about to cry, / you may get a strange feeling / like there's

a lump in your throat. / ② The reason for this / is your body's fight-or-

flight response. / ③ This response is activated by stress, / including extreme

sadness. / ④ Your brain thinks / you might need to fight or run away / soon, /

so it wants to deliver oxygen / to your muscles. / ⑤ To do this, / it must / first /

bring oxygen into your body. / ⑥ Your brain sends a message to your throat, /

telling it to open wide. / ⑦ This will allow more oxygen to enter. / ⑧ You don't actually

feel this happen, / but you can sense a change / in the throat's muscles. / ⑨ This is /

what causes the lump-like sensation. / ⑩ So / the next time this occurs, / don't worry. /

⑪ There isn't anything / in your throat. / ⑫ Your body is just doing its job. /

2 아기들에게 더 많은 것은?

① Do you know / how many bones are / in your body? / ② If you are a teenager

or older, / you probably have 206. / ③ However, / when you were born, / you had a lot

more bones! /

④ A newborn baby has about 300 bones. / ⑤ Surprisingly, / the more you grow, /

the fewer bones you have. / ⑥ As a baby grows, / some bones join together / and

become one bone. / ⑦ For example, / a baby's skull has many bones. / ⑧ This protects

the baby's head / when it gets pressed and squeezed / during childbirth. / ⑨ However, /

over time, / the skull slowly grows together. / ⑩ This also happens / in other places, /

such as the spine. / ⑪ Because of these changes, / the number of bones / continues

decreasing / until you have about 206. /

⑫ Don't be too sad. / ⑬ Even though the number has decreased, / your bones have

surely gotten stronger! /

3 내 미모의 비결은 새우

① Because of their beautiful feathers, / flamingos are one of the most recognizable

birds / on Earth. / ② However, they are born / with gray feathers. / ③ What changes

their color? /

④ Adult flamingos are pink, orange, or white / depending on the type of food /

that they eat. / ⑤ Some of their favorite foods / are small sea creatures and plants /

such as shrimp and seaweed. / ⑥ These foods contain a special pigment / that gives

plants and animals their color. / ⑦ After flamingos eat these foods, / this pigment

becomes a pink or orange color / and then gets stored / in the flamingos' legs, bills,

and feathers. / (⑧ Flamingos can stand on one leg / for far longer / than humans can. /)

⑨ The more of these sea creatures and plants flamingos eat, / the pinker or more

orange they become. / ⑩ So you can see / more colorful flamingos / near the sea / than

near lakes. /

⑪ Many other foods / that people eat, / like carrots and watermelons, / also

contain this pigment. / ⑫ However, people do not eat / enough of them / to change

their skin color. / ⑬ What a relief! /

4 눈으로 말해요

① When you see bodyguards, / you'll notice / that they often wear dark sunglasses. /

② But why? / ③ Our eyes clearly show / where our focus lies. / ④ So, / one of the

reasons / they wear sunglasses / may be that they don't want people to know / where

they are looking. /

⑤ However, / if chimpanzees were bodyguards, / they wouldn't need sunglasses! /

⑥ This is because / the white parts of other primates' eyes / are so small / that we can't

easily see their eye movements. / <u>On the other hand, / the white parts of humans' eyes</u>

<u>are large.</u> / ⑦ This allows us to see / where a person's eyes are pointed. / ⑧ When we

see / what a person is looking at, / we can guess / what they are thinking / and what

they plan to do next. / ⑨ This helps us / work together more easily. / ⑩ That's probably

why / human eyes evolved / to have large white parts. /

1 어디선가 진동이!

① Your phone is vibrating / in your pocket, / so you reach in / and take it out. /

② However, / the screen shows / no phone calls, no messages, and no notifications. /

③ So what happened? / ④ You may have experienced "phantom vibration syndrome." /

⑤ Phantom vibration syndrome is a kind of illusion / that fools the brain and body. /

⑥ Scientists aren't sure / why it happens. / ⑦ One theory says / that it is caused / by excessive smartphone use. / ⑧ Some people check their phone / too often / because they don't want / to miss a text message or a call. / ⑨ They feel / that they must always respond / to others. / ⑩ So / their brain starts making mistakes. / ⑪ When their clothes move / against their skin, / their brain thinks / it's a vibration. / ⑫ If this is happening / to you, / maybe / you are worrying / about your phone / too much. /

⑬ Try turning it off / once in a while, / and the phantom vibrations might disappear. /

2 감자의 활약

① Potatoes are used to make ink, medicine, and beauty products, / as well as food. /

② But did you know / that potatoes have also helped improve Wi-Fi signals / on airplanes? /

③ Many airlines allow passengers to connect to the Internet / through Wi-Fi. /

④ However, this signal was not always very strong. / ⑤ To improve this technology, / engineers decided to run some tests. / ⑥ They needed a plane / full of passengers / for several weeks / because the human body absorbs and reflects Wi-Fi signals. /

⑦ Of course, / people can't sit on a plane / that long. / (⑧ A large airplane can seat over 500 passengers. /) ⑨ But potatoes can! / ⑩ Potatoes contain water and minerals / in amounts / that are similar to those of the human body. / ⑪ Therefore, / they affect Wi-Fi signals / in the same way / as a human passenger. / ⑫ So, / the engineers decided to fill / the seats of their plane / with bags of potatoes. / ⑬ Thanks to those patient potatoes, / the engineers discovered ways / to provide stronger Wi-Fi signals. /

3 공중의 저 공은 뭐지?

① Have you ever seen colorful balls / attached to power lines? / ② You may have

noticed them / over highways, / in the mountains, / near airports, / or across rivers

and valleys. / ③ They are known / as "marker balls." /

④ The purpose of the balls / is to help pilots / spot the power lines / and avoid

hitting them. / ⑤ Without them, / the lines are nearly invisible. / ⑦ This is a problem /

for low-flying planes and helicopters. / ⑧ Even birds can run into power lines /

because they are so hard to spot. / ⑥ For this reason, / using colorful balls is

important. / ⑨ The most frequently used colors / are orange and white, / as they stand

out the most. / ⑩ However, / if the colors don't stand out / from the landscape, / other

colors may be used / instead. /

⑪ So, / what can be found / inside these useful balls? / ⑫ Actually, / they are

empty! / ⑬ That's because / they need to be / as light as possible. /

4 아름다운 파란 일몰

① Sunsets on Earth are beautiful shades of red and orange. / ② But / sunsets on

Mars look very different / —they are blue. / ③ Although Earth and Mars are different

planets, / they share the same sun. / So / why are the colors of their sunsets different? /

④ The answer lies / in their atmospheres. /

⑤ When light travels / from the sun to our eyes, / it passes through the air / in

the atmosphere. / ⑥ The air is filled with particles. / ⑦ Tiny particles make blue light

spread out, / while bigger particles make red light spread out. / ⑧ On Earth, / the

particles in the air are small. / ⑨ By the time the light reaches our eyes, / blue light is

spread everywhere, / and only red light is left. / ⑩ Mars has a different kind of air. /

⑪ It's filled with larger dust particles. / ⑫ These bigger particles make red light spread

out, / so only blue light can be seen / during a sunset.

1 마네킹 대신에 사람을!

① People have been interested in fashion / for centuries. / ② But / in the past, /

there were no fashion shows. / ③ Clothes were displayed / only on mannequins. /

④ So / there was no way / to know / how the clothes would look on an actual person. /

⑤ That changed / in Paris / in the 1860s. / ⑥ An English designer / named Charles

Frederick Worth / decided to show his clothes / on real people. / ⑦ So / he organized

events / called fashion parades, / where models wearing his clothes / walked past an

audience. / ⑧ However, / there was no music, / no fancy stage designs, / and no special

effects. / ⑨ Instead, / they were small, private gatherings, / with only buyers from

stores / in the audience. / ⑩ Photographers weren't allowed to attend. / ⑪ This was

because / the designers didn't want anyone to steal their ideas. / ⑫ After World War II, /

fashion shows began to change. / ⑬ Soon / they became exciting events / with larger

audiences.

2 널 꼭 지켜줄게

① It was World War II, / and / many European cities / were being destroyed. /

④ Many buildings and artwork / that had great artistic and historic value / were being

destroyed, / too. / ③ So, / the Monuments Men, / a group of more than 300 people, /

was formed / to protect these items. / ② They were museum directors, historians,

artists, and architects. / ⑤ Although they had never received / basic military training, /

they entered dangerous war zones / and performed their duties. / ⑥ Many group

members were hurt / and others were even killed. / ⑦ However, / their belief was

strong. / ⑧ "Cultural assets are the evidence / that we have existed and developed," /

a group member said. / ⑨ He continued, / "If these things are destroyed, / it will be

like / we never existed." / ⑩ Even after returning from the war, / many of the members

continued / to preserve important works. / ⑪ Thanks to the Monuments Men, / many

items of great cultural value / were saved. /

3 바다 위 패셔니스타

① The Guernsey sweater, / also known as a fisherman's sweater, / is a good fashion

choice for winter. / ② It is made of coated wool, / has a tight fit, / and is covered in

knitted patterns. /

③ This sweater has a long history. / ④ It got its name / from the British island

of Guernsey. / ⑤ Local fishermen wore these sweaters, / which were hand-knitted. /

⑥ Since the fishermen worked on boats / year round, / they needed clothes / that were

both warm and comfortable. / ⑦ They also had to be protected / from the cold water /

splashing across their boats. / ⑧ The Guernsey sweater was perfect for them / because

it was waterproof / thanks to its coated wool. /

⑨ The sweater played another role, too. / ⑩ Traditionally, / each family had its

own unique pattern. / ⑪ This was not merely for fashion. / ⑫ Fishing was more

dangerous in the past. / ⑬ If a fisherman's dead body washed / onto the shore, / his

sweater would help / people identify him. /

4 관객의 속삭임이 음악?!

① In August of 1952, / a pianist sat down / to give a performance. / ② He checked

his watch / and / waited for four minutes and thirty-three seconds. / ③ Afterward, / he

bowed to the audience / and walked away! /

④ The pianist did not seem to be doing anything, / but he was actually performing /

a piece of music called *4′33″*, / composed by John Cage. / ⑤ For four minutes and

thirty-three seconds, / the performer plays nothing at all! /

⑥ The audience was surprised. / ⑦ To some people, / it seemed / something had

gone wrong. / ⑧ However, / others were impressed / because they understood / what

Cage wanted to tell them. /

⑩ Cage believed / that music could be made / with any sounds, / including the

whispers of the audience / or the sound of hearts beating. / ⑨ He wanted the audience

to hear / these sounds. / ⑪ By having the musician play nothing, / he let them do so. /

⑫ Nowadays / *4′33″* is famous for challenging / the way / people think about

music. /

1 콩과 비밀 사이에 무슨 관련이?

① Have you ever revealed information / that was supposed to be kept secret? /

② If so, / then you've spilled the beans! /

③ The origin of this phrase is not exactly clear. / ④ However, / according to one

popular story, / it refers to an ancient Greek voting system. / ⑤ In this system, / each

person would vote / by putting a bean into a large jar. / ⑥ White beans were used

to vote "yes," / and black beans were used to vote "no." / ⑦ Nobody knew / what the

result would be / during the voting process. / ⑧ However, / if someone spilled the

beans in the jar / onto the floor, / then / the votes would no longer be hidden. /

⑨ Whether this story is true or not, / it helps us remember the phrase's meaning. /

⑩ If you discover the phrase's true origin, / please spill the beans! /

2 있을 때 잘해

① Look at the picture below. / ② You can see a man / with an unusual hairstyle. /

③ That is Kairos, / the god of opportunity / in Greek myths. / ④ He has long hair /

on the front of his head, / yet / the back of his head is completely bald. / ⑤ So, / when

he approaches, / you can easily catch him / by grabbing his long hair. / ⑥ However, /

once he passes, / there is nothing / to hold on to. / ⑦ You may also notice / that he has

wings / on his feet. / <u>This means / he comes and goes / very quickly.</u> /

⑧ His appearance teaches you / what to do / when an opportunity is / in front of

you. / ⑨ You need to grab it / right away. / ⑩ This may seem difficult or dangerous. /

⑪ However, / if you are afraid and hesitate / even for a moment, / it will pass you by /

and fly away. /

3 바닐라 비하인드 스토리

① Vanilla was once / one of the rarest and most expensive spices. / ② This was because / vanilla fruit only grew in and around Mexico. / ③ Many people brought vanilla plants / to their own countries, / but no insects pollinated them. / ④ Scientists tried to find a solution / to this problem, / but they all failed. / ⑤ Finally, in 1841, / a 12-year-old boy / named Edmond Albius / invented a method / for pollinating vanilla plants. /

⑥ The boy was a slave / on a farm / on an island / near Africa. / ⑦ The farmer owned / some vanilla plants. / ⑧ However, they never grew any fruit. / ⑨ One day, / the farmer noticed a fruit / on one of the plants. / ⑩ Albius proudly explained / that he had pollinated it / using his thumb and a stick. / ⑪ Amazed, / the farmer made / Albius share the method / with others. / ⑫ Eventually, / thanks to Albius's method, / vanilla became common / around the world. / ⑬ Without Albius, / delicious chocolate, / ice cream, and cola / would be too expensive to buy. /

4 구기 종목 삼 형제

① Long ago, / people in many British towns / played a game / with a ball. / ② The

goal / was to kick or carry the ball / to a particular place. / ③ The teams could use / as

many players as they wanted / in a game. / ④ This game eventually became / a sport

called "football." / ⑤ Each community developed / their own form of the sport. /

⑥ In the early 19th century, / football was divided / into two major

categories / in British public schools. / ⑦ One type / allowed the players

to carry the ball / with their hands. / ⑧ This sport later / became rugby. /

⑨ In the other type, / which became soccer, / players kicked the ball. /

⑩ Both were introduced / to North America, / but North Americans enjoyed

the rugby-type game / more. / ⑪ As time went by, / they changed some of

the rules, / and the game became / what is called "American football" today. /

⑫ The three sports originated / from the same game, / but each one developed / in

its own way. /

1 내 말이 들리나요?

① For a long time, / scientists have known / that plants respond to sound. /

② However, / recent discoveries have shown / that plants also make sounds of their

own. /

③ Researchers used microphones / to listen to the sounds / around tomatoes. /

④ They discovered / that plants make sounds / that humans cannot hear with their

own ears. / ⑤ What is more, / the researchers noticed some patterns / in the sounds, /

which resembled clicking or popping noises. / ⑧ When the plants had plenty of water, /

they hardly made any noise. / ⑦ However, / as their soil became drier, / they made

more sounds. / ⑥ They also made more sounds / when one of their stems was cut off. /

⑨ In other words, / the plants made sounds / when they were stressed. /

⑩ Researchers hope / to continue studying / what plants say / so that they can help

people / who work with plants, / such as farmers. /

2 루시퍼를 만나러 가볼까요?

① Imagine a burning hole / that is about 70 meters wide / and 30 meters deep!

② Is it the door to hell? / ③ Actually, / it is called / the "door to hell," / but / it's just a

famous tourist attraction / in Darvaza, / a village in Turkmenistan's Karakum Desert. /

④ In 1971, / scientists started digging / for natural gas / in this area. / ⑤ However, /

the ground around the site / soon collapsed, / creating a huge hole. / ⑥ Then /

poisonous gas began escaping / through the hole. / ⑦ In order to protect people in

the area, / the scientists decided to burn off the gas. / ⑧ They thought / that it would

take only a few days. / ⑨ Even more than 40 years later, / however / the hole is still

burning. / ⑩ No one knows / when this huge fire will stop. / ⑪ Maybe you should

visit the door to hell / before it stops burning. /

3 깜깜할수록 잘 보입니다

① A rainbow in a bright blue sky / is a beautiful sight. / ② But / did you know /

there are also rainbows / at night? / ③ Just as sunlight produces rainbows, / moonlight

produces rainbows, / too. / ④ These lunar rainbows / are known as "moonbows." /

⑤ The basic principle of a moonbow / is just like / that of a rainbow. / ⑥ However, /

because moonlight is weaker than sunlight, / moonbows look white / instead of

colored / to human eyes. /

⑦ So / when can we see a moonbow? / ⑧ First, / the air needs to have / enough

moisture in it, / like when or right after it rains, / or when you are near a waterfall or

the sea. / ⑨ Second, / there must be a bright moon / that is low / and almost full. /

⑩ Also, / a dark sky is necessary. / ⑪ Finally, / the moon must be behind the viewer. /

⑫ Because of all these requirements, / moonbows are much less common / than

rainbows. / ⑬ That is why / we do not see them often. /

4 세계 지도를 바꾸는 바닷속 화산

① Did you know / Earth is still developing? / ② Every day, / earthquakes and

volcanoes / are creating new land / or changing the existing landscape. / ③ One

example is Surtsey, / a volcanic island near Iceland. /

⑥ A fisherman first saw / volcanic activity there / on November 14, 1963. / ⑤ He

saw hot lava coming up / to the surface of the water. / ④ This formed a small island /

in the sea. / ⑦ The eruption lasted / for more than three years, / and the island grew /

to a size of 2.7 km². / ⑧ It was named after the god of fire / in Nordic myths, / Surtr. /

⑨ From the start, / Surtsey has been a place of study / for scientists. / ⑩ It has

provided information / on how islands form and develop. / ⑪ Also, / it has been

protected / since its birth / because it allows scientists to observe / how plants and

animals from other places / settle on new land. / ⑫ Because of the island's great

scientific value, / UNESCO named it / a World Heritage Site / in 2008. /

1 귀여운 건 못 참지!

① How do you feel / when you see a cute little puppy? / ② Do you want / to squeeze its ears or paws? / ③ If so, / you may have experienced something / known as cute aggression. /

④ Cute aggression is normal and harmless. / ⑤ It is actually a common reaction / to seeing something adorable. / ⑥ But why do we feel this way? / ⑦ Our brain wants / to keep our emotions balanced / at all times. / ⑧ When one emotion becomes too intense, / it makes us express the opposite feeling. / (⑨ It is unhealthy to hide our feelings. /) ⑩ This is what is happening / when we cry tears of joy / or burst into nervous laughter. / ⑪ It's simply our brain / balancing our feelings. / ⑫ So, / when we see something extremely cute, / our brain creates feelings of aggression / to prevent / us / from being overwhelmed by the cuteness. /

⑬ Don't be surprised / if you feel like pinching a cute puppy's cheek. / ⑭ Your brain is just helping you out!

2 내 둥지를 받아줘!

① Most birds attract mates / with their beautiful feathers or songs. / ② However, /

the bowerbird does something very different. /

③ It builds and decorates a special structure / called a bower. / ④ At the start of

mating season, / the male bowerbird begins to gather small sticks. / ⑤ It then arranges

them into a bower / and sometimes even makes a path / leading up to it. / ⑥ Next, / it

chews berries or charcoal, / mixing them with saliva. / ⑦ Then, this mixture is used /

as paint for the bower's walls. / ⑧ Finally, / it begins to decorate its bower / with

brightly colored objects. / ⑨ The male bowerbird spends hours collecting / things

like seashells, flowers, stones, and berries. / ⑩ Some will even gather / small pieces of

colorful plastic or glass. / ⑪ Female bowerbirds then wander around / from bower to

bower. / ⑫ They look at the decorations / and taste the paint. / ⑬ When they find a

bower / that they like, / they choose that male to be their mate! /

3 4kg을 먹어 치우는 0.1cm의 그들

① Britain's Natural History Museum has / some unique workers. / ② What is their

job? / ③ It is eating animals' dead bodies! / ④ It sounds scary, / but the workers never

complain. / ⑤ That is because they are beetles. /

⑥ Beetles are natural cleaners / that have been around / for over 200 million years. /

⑦ They eat animal waste. / ⑧ Moreover, / they eat the dead bodies of animals, /

except for the bones. / ⑨ The beetles used by the museum / are only about 10 mm

long, / but surprisingly they can eat about 4 kg / a week! /

⑩ In addition to working at museums, / these beetles also work for scientists. /

⑪ In the past, / scientists used strong chemicals / to remove the skin and muscle /

from the bones of animals / they wanted to study. / ⑫ Unfortunately, / those chemicals

could damage the bones. / ⑬ However, / the beetles eat all the other body parts / and

leave the bones untouched. / ⑭ Thanks to these new workers, / scientists can get /

clean and undamaged bones. /

4 변신 완료! 정말 감쪽같죠?

① Many animals change color / to hide from predators. / ② However, / there is

one animal / that changes more dramatically. / ③ This animal is the mimic octopus, /

and it lives in the sea / near Indonesia. /

④ The mimic octopus does not have a shell or bones. / ⑤ This is one reason /

why it has developed a unique way / of protecting itself; / it tries to look like other sea

animals. / ⑥ It mimics different creatures / in different situations / by changing / not

only its color / but also its shape. / ⑦ For example, / when it wants to move around

quickly, / it takes the shape of a poisonous flatfish / to avoid any sudden attacks. /

⑧ Also, / when a damselfish comes near, / it will change its shape / into that of a sea

snake. / ⑨ The damselfish swim away / because they are often eaten / by sea snakes. /

⑩ In this way, / the mimic octopus can stay safe / from predators. / ⑪ Surely / "master

of transformation" is a great nickname / for it. /

1 말을 타는 어부들?

① On the northwest Belgian coast, / you can find a 500-year-old tradition / called

horseback shrimp fishing. / ② This used to be a common practice / along the coast of

the North Sea. / ③ However, / it is now practiced / by about 15 to 20 people. /

④ From late June to early September, / local shrimp fishers gather / twice a week. /

⑤ They wear / rubber boots and bright yellow waterproof clothing. / ⑥ They ride

Brabant horses / into water / that goes up to the horses' chest. / ⑦ They are ideal / for

this job / because they are strong and calm. / ⑧ They pull nets / through the water / to

catch the shrimp. / ⑨ The fishing takes place / 90 minutes before and after low tide. /

⑩ Every year, / a two-day Shrimp Festival is held / in late June. / ⑪ On the first

day, / there is a shrimp-catching competition. / ⑫ The participant / who catches the

most shrimp / gets to lead the next day's parade! /

2 일 년에 한 번, 영혼과 만나자

① The Day of the Dead sounds scary. / ② However, / it is actually a joyful Mexican

holiday / for remembering dead relatives. / ③ Like other holidays, / it is full of food. /

④ Families celebrate this holiday / by setting up small tables / for their dead

relatives. / ⑤ They place food and drink / on these tables / for the spirits of their

loved ones / to eat and drink. / ⑥ They also decorate these tables / with candles, / and

skulls / made of sugar. / ⑦ These sugar skulls are not always meant / to be eaten. /

⑧ However, / children are often allowed / to enjoy this sweet candy. / (⑨ Sweet candy /

that contains a lot of sugar / is bad for children's teeth. /) ⑩ The food / most commonly

found on these tables / is Day of the Dead bread. / ⑪ These round, sweet loaves

are baked / with the shapes of bones on top. / ⑫ Nearly everyone eats this bread /

during the holiday / to remember their dead relatives. /

3 문만 여는 것이 아니야

① To most people, / keys are common tools / that are used / to unlock doors / or start cars. / ② However, / you may be surprised / by the special meanings of keys / in some cultures. /

③ In ancient Greece and Rome, / people thought / that keys allowed / their prayers to reach the gods. / ④ They believed / that keys unlocked the door / between heaven and earth. / ⑤ They also saw them as symbols / for remembering the past / and looking forward to the future. /

⑥ In Japan, / people believed / that tying three keys together / created a lucky charm. / ⑦ The three keys were said to unlock the doors / to love, money, and well-being. /

⑧ Some Romany people / in Eastern Europe / hang a door key / with a metal ring / over their bed. / ⑨ They think / that it helps them sleep well. / ⑩ They also think / that this keeps / people from having nightmares. /

4 물 맞으면 복이 와요

① You are walking down a crowded street / in Bangkok. / ② Suddenly, / people

throw buckets of water / on you / and shoot water / into the crowd! / ③ It is Songkran, /

Thailand's traditional New Year's celebration. /

④ This exciting festival / takes place in April, / when the new year starts / based

on the Thai calendar. / ⑤ The festival is about cleaning / and making a new start. /

⑥ People clean their homes / and wash statues of the Buddha. / ⑦ They also pour

water / on the hands of the elderly / as a sign of respect. / ⑧ Over time, / this has

evolved / into a giant water fight / where people splash strangers with water. /

⑨ People from all around the world / head to Thailand / to watch and participate in

the action. /

⑩ Throwing and splashing water / during Songkran / is a kind of blessing. / ⑪ It is

supposed / to chase away bad things. / ⑫ It also allows good things to come / during

the new year! /

1 기저귀의 대변신!

① Concrete is a commonly used building material. / ② A lot of sand is needed / to

make concrete. / ③ However, / there is a limited amount of sand / on earth. / ④ Also, /

mining sand is bad for the environment / and can lead to the loss of animals' habitat. /

⑤ Scientists had a creative solution / to this problem. / ⑥ They added used diapers /

to replace some of the sand in concrete. / ⑦ Used diapers were collected, / cleaned, /

and cut into small pieces. / ⑧ The researchers tested / different mixes of sand and

diaper pieces. / ⑨ They discovered / that the safety and strength of the new concrete

were as good as traditional concrete. /

⑩ Adding diapers and reducing sand in concrete / could make it cheaper to build

houses. / ⑪ After all, / there are too many used diapers, / and they are basically free. /

⑫ Researchers are also trying to find out / how well the new concrete can block out

heat and sound. / ⑬ Would you be willing to live / in a diaper house? /

2 지구를 살릴 조그만 영웅

① Millions of tons of plastic / is produced and thrown away / each year. /

② Moreover, / this plastic waste stays in landfills, / for too long / before breaking down. / ③ A solution to these problems, / however, / may have been discovered / by accident. /

④ One day, / a beekeeper / who is also a scientist / removed some waxworms from her beehives. / ⑤ Waxworms usually eat the wax in beehives. / ⑥ After putting them / in a plastic bag, / she found / that they had eaten holes / in the bag! /

⑦ To find out more, / scientists conducted an experiment. / ⑧ They put 100 waxworms / in a plastic bag. / ⑨ The waxworms ate 92 milligrams of plastic / in 12 hours, / which is more than 1,000 times faster / than any other creature. /

⑩ The waxworms' secret is their saliva / —it causes plastic to quickly break down. /

⑪ Scientists hope to create sprays / that work like waxworm saliva. / ⑫ If they are successful, / it will help us / get rid of our plastic waste! /

3 결국, 되돌아온다

① In the 1960s, / the Soviet government / made a terrible decision. / ② They

changed / the direction of two rivers / flowing into the Aral Sea, / a salt lake. / ③ They

did this / in order to make water flow / into nearby cotton fields. /

④ The results were shocking! / ⑤ The Aral Sea began to dry up. / ⑥ The sea has

shrunk to 10% / of its original size / in the past 60 years, / and the region has been

destroyed. / ⑦ As the sea dried up, / it left behind salty sand. / ⑧ It was picked up /

by the wind / and carried across the land. / ⑨ This ruined farmers' fields / and made

people sick. /

⑩ Today, / the destruction of the Aral Sea / is considered / one of the most tragic

environmental disasters / in human history. / ⑪ It reminds us / that we should never

destroy nature / for human gain. /

4 인류의 미래가 바로 이곳에

① Seeds are one / of our earth's most valuable resources. / ② Using them, /

scientists can create new crops / that may solve problems of the future, / like unknown

plant diseases or a lack of food. / ③ Sadly, / this resource is disappearing. / ④ How can

we protect them? /

⑤ When we have valuable things, / we put them into a safety deposit box / at a

bank. / ⑥ Scientists do the same thing / with seeds / —they put them / in the Svalbard

Global Seed Vault. /

⑦ The vault used to be an old mine / in an icy mountain / in Norway. /

⑧ The mine was renovated / into a vault / that can withstand extreme climate change

and nuclear explosions. / ⑨ Deep inside the vault, / seeds from around the world /

are kept. / ⑩ They are put into special bags / that are free of moisture and air. /

⑪ Therefore, / all of the seeds will be safe / no matter what happens. / ⑫ For this

reason, / the vault was nicknamed / the "doomsday vault." /

1 스페인의 특별한 마을

① Setenil de las Bodegas is a Spanish town / with about 3,000 residents. / ② It is located / inside a narrow river valley. / ③ Its homes were built / inside the rock walls. /

④ This architectural style is believed / to be based on ancient Arabic cave homes. /

⑤ They were likely created / by the Moors, / who established the town / in the 12th century. / ⑥ Instead of building complete homes, / they simply added walls to natural caves. /

⑦ Cave homes offer many advantages. / ⑧ They are cheap and easy to build. /

⑨ They are unlikely to be damaged / by earthquakes or fire. / ⑩ Moreover, / they keep the residents cool / during hot summers. / ⑪ The rock hanging over the town's streets / even provides shade. / ⑫ These days, / Setenil de las Bodegas attracts many tourists / who want to take photos of this amazing town. /

2 우리 집이 사라졌어

① Imagine houses / that you can take apart / and then put back together. / ② You

can see houses like this, / *called trulli*, / in Alberobello, Italy. / ③ They were built /

with rocks / but without cement or other materials / for holding the rocks together. /

④ Builders simply placed the rocks / on top of each other! /

⑤ There is an interesting story / behind this unique style. / ⑥ In the 17th century, /

people had to pay a high tax / on their houses. / ⑦ Common people could not afford

it. / ⑧ In order to trick the government, / they built these special houses. / <u>When they</u>

<u>heard</u> / <u>the government workers were coming to the town,</u> / <u>they quickly took their</u>

<u>houses apart.</u> / ⑨ Then, / after the workers left, / they put the houses back together. /

⑩ Today, / *trulli* are so well preserved / that they are still used as homes. /

⑪ Thousands of tourists go to Alberobello / to see them. / ⑫ They have even been

designated / a World Heritage Site. /

3 두 발 아래 3만 명이!

① In 1963, / a man found a secret room / beneath his house / in Cappadocia,

Türkiye. / ② Surprisingly, / the room led / to another and another. / ③ This was the

discovery / of Derinkuyu, an ancient underground city. /

④ The city has eighteen floors / and reaches a depth of 85 meters. / ⑤ It is big

enough / to hold about 30,000 people. / ⑥ Why was this huge city built? / ⑦ Some

researchers think / it was a place / to hide from enemies / because it has special doors. /

⑧ The doors, made of heavy stones, / can be rolled like wheels / to seal the city / from

the inside. /

⑨ Unlike what you might expect, / the old underground city / was probably quite

comfortable. / ⑩ There was fresh, flowing water, / and 1,500 tunnels brought fresh air /

to even the deepest floor. / ⑪ It also included / shops, schools, churches, and space for

farm animals. / ⑫ The city is so big / that archaeologists are still finding new parts! /

4 싸워보지도 못하고 지다니

① On the northeast coast / of Northern Ireland, / about 40,000 hexagonal columns

of basalt / make an amazing landscape of cliffs. / ② This area is called / the Giant's

Causeway, / a name / that is based on an Irish legend. /

③ According to the legend, / Finn MacCool, an Irish giant, / decided to go / to fight

his Scottish rival, Benadonner. / ④ There is a sea / between Scotland and Ireland. /

⑤ So Finn built a causeway / and started to cross it. / ⑥ On the way to Scotland, / he

saw Benadonner / and realized / that his rival was too large to defeat! / ⑦ Finn came

back / and told his wife. / ⑧ Cleverly, / she dressed him like a baby / and laid him in a

huge cradle. / ⑨ When Benadonner came to Ireland / and found the baby, / he thought /

the baby was Finn's son. / ⑩ "What a gigantic baby!" / he cried. / ⑪ "His father must be

even more enormous!" / ⑫ Benadonner ran home quickly, / destroying the causeway /

behind him. / ⑬ The Giant's Causeway is what remains. /

Photo Credits

필수 문법부터 서술형까지
한 권에 다 담다!

with **workbook**

GRAMMAR
Inside

LEVEL 2

A 4-level grammar course
with abundant writing practice

A Best-Selling
Grammar
Book

NE _ Neungyule

교재구성
**미리
보기**

시리즈 구성

STARTER

LEVEL 1

LEVEL 2

LEVEL 3

1 **간결하고 명확한 핵심 문법 설명**

꼭! 알아야 할 중학 영문법
필수 개념만 담은 4단계 구성

2 **철저한 학교 내신 대비**

실제 학교 시험과 가장 유사한 유형의 문제와
서술형 문제 대폭 수록

3 **풍부한 양의 문제 수록**

수업용 및 과제용으로 이용할 수 있는
두꺼운 Workbook 제공

BOOK LIST

중등

도/서/목/록

문법

GRAMMAR Inside

많은 양의 문제로 체계적으로
학습하는 중학 영문법
Starter | Level 1 | Level 2 | Level 3
🔗 Reading Inside

문제로 마스터하는 중학영문법

많은 문제로 확실히 끝내는 중학 영문법
Level 1 | Level 2 | Level 3
🔗 문제로 마스터하는 고등 영문법

1316 GRAMMAR

기초부터 내신까지 중학 영문법 완성
Level 1 | Level 2 | Level 3
🔗 1316 Reading | 1316 Listening

GRAMMAR ZONE

대한민국 영문법 교재의 표준
입문 | 기초 | 기본 1 | 기본 2 | 종합
(각 Workbook 별매)

·중학영문법· 총정리 모의고사

내신 상위권을 위한 학교 문법 통합형 모의고사
Level 1 | Level 2 | Level 3

구문·서술형

중학 천문장

구문이 독해로 연결되는 해석 공식
Level 1 | Level 2 | Level 3
🔗 천문장

정말 기특한 구문독해

독해가 쉬워지는 중등 구문 독해서
입문 | 기본 | 완성

쓰기로 마스터하는 중학서술형

최신 중간·기말고사 빈출 서술형 마스터
1학년 | 2학년 | 3학년

어휘

주니어 능률 VOCA

대한민국 중등 어휘 교재의 표준
Starter 1 | Starter 2 | 입문 |
기본 | 실력 | 숙어

능률VOCA

대한민국 어휘서의 표준
어원편 Lite | 어원편 | 고교기본 |
고교필수 2000 | 수능완성 2200 | 숙어 | 고난도

🔗 해당 교재와 연계되는 시리즈

Reading TUTOR 리딩튜터

Junior **3**

정답 및 해설

NE 능률

Reading TUTOR 리딩 튜터

Junior 3

정답 및 해설

Section 01 Society

1

정답 1 ⑤   2 ⑤   3 (1) F (2) T   4 케첩의 설탕 함유량이 높아서   5 obesity, ban, habits

문제 해설

1 아동 비만을 억제하기 위해 행해지는 프랑스의 학교 점심 정책에 관한 글이므로, 제목으로는 ⑤ '더 건강한 학교 점심을 통한 더 건강한 아이들'이 가장 알맞다.

① 건강한 학교 점심 프로그램은 너무 엄격한가?

② 프랑스의 학교 점심 프로그램이 실패한 이유

③ 아동 비만: 프랑스의 심각한 문제

④ 네 가지 코스는 학교 점심에 너무 많을까?

2 문장 ⑩에서 어린이들이 건강에 좋지 않은 간식과 탄산음료에 접근하는 것을 제한하기 위해, 자동판매기는 금지되었다고 했다.

① 채소 요리   ② 따뜻한 요리   ③ 치즈   ④ 디저트   ⑤ 탄산음료

3 (1) 문장 ①에서 아동 비만은 전 세계에서 심각한 문제가 되고 있다고 했다.

(2) 문장 ⑫에 언급되어 있다.

4 문장 ⑪에 언급되어 있다.

> Q: 왜 케첩은 프랑스 학교에서 좀처럼 제공되지 않는가?

5

| 보기 | 습관   접근   금지하다   비만   허락하다   코스 |

> 아동 비만을 물리치기 위해, 프랑스 학교들은 건강에 좋은 점심을 제공하고, 건강에 좋지 않은 음식과 음료를 제한하거나 금지한다. 이것은 어린이들이 건강한 식습관을 기르도록 격려한다.

본문 직독 직해

① Childhood obesity is becoming a serious problem / around the world. / ② In France, /
아동 비만은 심각한 문제가 되고 있다 　　　　　전 세계에서 　　　　프랑스에서

the government is addressing this issue / by serving healthy school lunches / with four
정부는 이 문제를 다루고 있다 　　　　건강한 학교 점심을 제공함으로써 　　네 가지

courses. / ③ French school lunches begin / with a vegetable dish, such as salad. / ④ The
코스로 　　프랑스 학교 점심은 시작한다 　　샐러드와 같은 채소 요리로

main course is a warm dish / like roasted beef. / ⑤ Next comes cheese, and finally dessert. /
주요리는 따뜻한 요리이다 　　구운 쇠고기와 같은 　　다음은 치즈이다 　　그리고 마지막은 디저트이다

⑥ Dessert is normally fresh fruit. / ⑦ But / sometimes / sweet treats like pies may be served. /
디저트는 보통 신선한 과일이다 　　하지만 　가끔 　파이와 같은 달콤한 간식이 제공될 수도 있다

⑧ Unhealthy foods are banned / or only served occasionally. / ⑨ For example, / fried food
건강에 좋지 않은 음식은 금지된다 　또는 단지 가끔 제공된다 　　예를 들어 　튀긴 음식은

can only be served / a few times / each month. / ⑩ Also, / drinks containing large amounts of
단지 제공될 수 있다 　　몇 번만 　한 달에 　　또한 　많은 양의 설탕이 포함된 음료는

sugar / are usually not allowed. / ⑪ Even ketchup is rarely served / because of its high sugar
보통 허용되지 않는다 　　심지어 케첩은 좀처럼 제공되지 않는다 　높은 설탕 함유량 때문에

content. / ⑫ In order to limit children's access / to unhealthy snacks and soft drinks, /
어린이들이 접근하는 것을 제한하기 위해   건강에 좋지 않은 간식과 탄산음료에

vending machines have been banned. / ⑬ This program might be strict, / but / it provides
자동판매기는 금지되었다   이 프로그램은 엄격할 수도 있다   하지만   그것은

students with healthy meals / and / encourages them to develop healthy eating habits. /
학생들에게 건강한 식사를 제공한다   그리고   그들이 건강한 식습관을 기르도록 장려한다

본문 해석

아동 비만은 전 세계에서 심각한 문제가 되고 있다. 프랑스에서 정부는 건강한 학교 점심을 네 가지 코스로 제공함으로써 이 문제를 다루고 있다. 프랑스 학교 점심은 샐러드와 같은 채소 요리로 시작한다. 주요리는 구운 쇠고기와 같은 따뜻한 요리이다. 다음은 치즈이고 마지막은 디저트이다. 디저트는 보통 신선한 과일이다. 하지만 가끔 파이와 같은 달콤한 간식이 제공될 수도 있다. 건강에 좋지 않은 음식은 금지되거나 단지 가끔 제공된다. 예를 들어, 튀긴 음식은 단지 한 달에 몇 번만 제공될 수 있다. 또한, 많은 양의 설탕이 포함된 음료는 보통 허용되지 않는다. 심지어 케첩은 높은 설탕 함유량 때문에 좀처럼 제공되지 않는다. 어린이들이 건강에 좋지 않은 간식과 탄산음료에 접근하는 것을 제한하기 위해, 자동판매기는 금지되었다. 이 프로그램은 엄격할 수도 있지만, 그것은 학생들에게 건강한 식사를 제공하고 그들이 건강한 식습관을 기르도록 장려한다.

구문 해설

⑤ **Next comes cheese**, and **finally (comes) dessert.**
  ➜ 음식이 나오는 순서를 강조하기 위해 부사 Next와 finally가 문장 맨 앞에 위치하면서 주어(cheese와 dessert)와 동사(comes)가 도치되었다. 반복을 피하기 위해 동사 comes가 생략되었다.

⑩ Also, drinks [**containing** large amounts of sugar] **are** usually **not allowed.**
  ➜ [ ]는 drinks를 수식하는 현재분사구이다. 주어가 복수명사 drinks이므로 복수형 동사 are not allowed가 왔다.

⑫ **In order to limit** children's *access to unhealthy snacks* and *soft drinks*, vending machines have been banned.
  ➜ 「in order+to-v」는 '~하기 위해'의 의미이다.
  ➜ 「access to」는 '~에 대한 접근'의 의미이다. to가 전치사로 쓰여 뒤에 명사(구)가 오며, 여기서는 unhealthy snacks와 soft drinks가 접속사 and로 병렬 연결되어 있다.
  ➜ 「have[has] been+p.p.」는 '~되었다', '~당했다'의 의미인 현재완료 수동태이다.

⑬ This program might be strict, but it **provides students with healthy meals** and *encourages them to develop* healthy eating habits.
  ➜ 「provide A with B」는 'A에게 B를 제공하다'의 의미이다.
  ➜ 「encourage+목적어+to-v」는 '~가 …하도록 장려하다'의 의미이다.

본책 · pp. 10-11

2

정답   1 ②   2 ④   3 ③   **4** frustrated, encouragement, laughing

문제 해설

1 아이들의 친절한 말을 통해 사람들을 격려하는 Peptoc 프로젝트에 관한 글이므로, 주제로는 ② '행복을 퍼트리도록 고안된 프로젝트'가 가장 알맞다.
   ① 재미있는 메시지를 공유하는 데 사용되는 앱

③ 당신의 나쁜 기분을 향상시킬 수 있는 몇 가지 방법

④ 어른들이 아이들을 긍정적이 되도록 가르칠 수 있는 방법

⑤ 학생들이 자신의 삶의 어려움을 다루는 방법

2 ④: 얼마나 오랜 시간동안 Peptoc을 만들었는지에 대한 언급은 없다.

①은 문장 ②에서 캘리포니아의 두 선생님이 만들었다고 했고, ②는 문장 ②에서 학생들의 순수한 기쁨에서 영감을 받았다고 했다. ③은 문장 ⑤에서 아이들이 메시지를 녹음했다고 했고, ⑤는 문장 ⑬에서 친절한 말의 힘에 대해 배웠다고 했다.

① 누가 그것을 만들었는가?

② 그것에 대한 영감은 무엇이었는가?

③ 누가 그것의 메시지를 녹음했는가?

④ 그것을 만드는 데 얼마나 오랜 시간이 걸렸는가?

⑤ 학생들은 그것으로부터 무엇을 배웠는가?

3 Peptoc이 만들어지게 된 계기와 메시지를 만든 방법에 대해 설명하는 내용 중에, 많은 아이들이 적절한 교육을 받지 못하고 있다는 내용의 (c)는 글의 흐름과 무관하다.

4

> **Peptoc에 전화주셔서 감사합니다! 다음 선택 사항을 주의 깊게 들어주세요.**
> • 좌절감을 느끼고 있다면, 1번을 누르세요.
> • 격려가 필요한가요? 그렇다면 2번을 누르세요.
> • 응원 연설은 3번을 누르세요.
> • 아이들이 웃고 있는 것을 듣고 싶으시다면 4번을 누르세요.

**본문
직독
직해**

① If you're having a hard day, / pick up your phone and call Peptoc! /
만약 힘든 하루를 보내고 있다면　　　당신의 전화기를 들어 Peptoc에 전화해라

② Peptoc is a project / created by two teachers in California / who were inspired by the
Peptoc은 프로젝트이다　　캘리포니아의 두 선생님이 만든　　　　　그들의 학생들의

pure joy of their students. / ③ They decided to use the kids' words / to cheer people up. /
순수한 기쁨에 영감을 받은　　　그들은 아이들의 말을 사용하기로 결정했다　　　사람들을 격려하기 위해

(④ Many kids / around the world / aren't getting a proper education.) / ⑤ The kids came up
많은 아이들이　전 세계의　　　제대로 된 교육을 받지 못하고 있다　　　　아이들은

with various supportive messages / and recorded them. / ⑥ When you call Peptoc, / you can
다양한 힘을 주는 메시지를 생각해 냈다　　　그리고 그것들을 녹음했다　　당신이 Peptoc에 전화를 걸면　　당신은

pick a number / and listen to a message from the children. / ⑦ If you are frustrated, / press 1. /
번호를 선택할 수 있고　아이들의 메시지를 들을 수 있다　　　　　좌절감을 느낀다면　　　1번을 눌러라

⑧ If you need encouragement, / press 2. / ⑨ If you want a pep talk, / press 3. / ⑩ And if you
격려가 필요하다면　　　2번을 눌러라　응원 연설을 원한다면　　3번을 눌러라　그리고 당신이

want / to hear kids laughing happily, / press 4. /
원한다면　아이들이 행복하게 웃고 있는 것을 듣기를　4번을 눌러라

⑪ People quickly learned about Peptoc / through social media. / ⑫ Two days after the
사람들은 Peptoc에 대해 빠르게 알게 되었다　　　소셜 미디어를 통해　　　　프로젝트가 시작된 지

project started, / it was getting more than 700 calls / per hour. / ⑬ Countless people have
이틀 후　　　그것은 700통이 넘는 전화를 받았다　　　시간당　　　셀 수 없이 많은 사람들이

received joy / from the kids' messages, / and the kids have learned / about the power of kind
기쁨을 받았다　　　아이들의 메시지로부터　　　그리고 아이들은 배우게 되었다　　　친절한 말의 힘에 대해
words. /

본문 해석

만약 힘든 하루를 보내고 있다면, 당신의 전화기를 들어 Peptoc에 전화해라!

Peptoc은 학생들의 순수한 기쁨에 영감을 받은 캘리포니아의 두 선생님이 만든 프로젝트이다. 그들은 사람들을 격려하기 위해 아이들의 말을 사용하기로 결정했다. (전 세계의 많은 아이들이 제대로 된 교육을 받지 못하고 있다.) 아이들은 다양한 힘을 주는 메시지를 생각해 내고 그것들을 녹음했다. Peptoc에 전화를 걸면 당신은 번호를 선택해 아이들의 메시지를 들을 수 있다. 좌절감을 느낀다면, 1번을 눌러라. 격려가 필요하다면, 2번을 눌러라. 응원 연설을 원한다면, 3번을 눌러라. 그리고 아이들이 행복하게 웃고 있는 것을 듣고 싶다면, 4번을 눌러라.

사람들은 소셜 미디어를 통해 Peptoc에 대해 빠르게 알게 되었다. 프로젝트가 시작된 지 이틀 후, 그것은 시간당 700통이 넘는 전화를 받았다. 셀 수 없이 많은 사람들이 아이들의 메시지로부터 기쁨을 받았고, 아이들은 친절한 말의 힘에 대해 배우게 되었다.

구문 해설

② Peptoc is a project [**created** by *two teachers* in California {who <u>were inspired</u> by the pure joy of their students}].
→ [ ]는 a project를 수식하는 과거분사구이다.
→ { }는 선행사 **two teachers**를 수식하는 주격 관계대명사절이다.
→ were inspired는 '영감을 받았다'의 의미로, 「be+p.p.」의 수동태이다.

③ They **decided to use** the kids' words *to cheer* people *up*.
→ 「decide+to-v」는 '~하기로 결정[결심]하다'의 의미이다.
→ to cheer up은 '격려하기 위해'의 의미로, 〈목적〉을 나타내는 부사적 용법의 to부정사이다.

⑩ And if you **want to** *hear* kids laughing happily, press 4.
→ 「want+to-v」는 '~하기를 원하다'의 의미이다.
→ 「hear+목적어+v-ing」는 '~가 …하고 있는 것을 듣다'의 의미이다.

⑬ Countless people **have received** joy from the kids' messages, and the kids *have learned* about the power of kind words.
→ have received는 '받아왔다'의 의미로 〈계속〉을 나타내는 현재완료(have[has]+p.p.)이다.
→ have learned는 '배웠다'의 의미로 〈결과〉를 나타내는 현재완료(have[has]+p.p.)이다.

본책 · pp. 12-13

3

정답　　1 ⑤　　2 ②　　3 ④　　**4** manuscripts, opened

문제 해설

1 타임캡슐에 유명한 작가들의 글을 넣고 100년 동안 보관해 다음 세대들이 꺼내어 읽도록 하는 한 노르웨이 도서관의 흥미로운 프로젝트에 관한 글이므로, 제목으로는 ⑤ '미래 세대에게 좋은 글을 선물하기'가 가장 알맞다.
① 노르웨이 사람들이 독서를 좋아하는 이유　　　② 타임캡슐에 담기 가장 좋은 것들
③ 독자와의 연결에 도움이 되는 글쓰기 습관　　　④ 100년 동안 글쓰기는 어떻게 변했는가

2 '유일한 규칙은 그들이 원고를 누구와도, 심지어 가족 구성원이나 편집자에게조차 공유할 수 없다는 것이다.'는 내

용의 주어진 문장은 작품의 길이나 장르는 작가들이 자유롭게 결정한다는 내용의 문장 ⑤와 작품 내용은 직원에게도 비밀이라는 내용의 문장 ⑥사이인 ②에 오는 것이 가장 알맞다.

3 ④: 문장 ⑦에서 도서관 근처 숲의 나무들은 원고가 인쇄될 때 종이를 제공할 것이라는 언급이 있을 뿐, 도서관이 어떤 건축 재료로 지어졌는지는 알 수 없다. ①은 문장 ②-③, ②는 문장 ⑤, ③은 문장 ⑥, ⑤는 문장 ⑦에 언급되어 있다.
① 타임캡슐에는 매년 새로운 글이 추가될 예정이다.
② 작가는 원고 장르에 제한받지 않는다.
③ 미래 도서관 단체 직원은 원고를 미리 읽을 수 없다.
④ 도서관은 그 지역에서 자란 나무들로 지어졌다.
⑤ 참가자들의 글은 나중에 종이에 인쇄될 것이다.

4 노르웨이의 한 도서관이 100년 후에 열릴 타임캡슐에 <u>원고</u>를 넣고 있다.

본문
직독
직해

① A library in Norway is working / on a fascinating century-long project. / ② Throughout
노르웨이의 한 도서관이 진행하고 있다　　한 세기 동안 지속되는 흥미로운 프로젝트를　　앞으로

the next 100 years, / famous and well-respected authors / will add an unread manuscript to a
100년 동안　　유명하고 존경받는 작가들이　　읽지 않은 원고를 타임캡슐에 추가할 것인데

time capsule, / which won't be opened / until 2114! /
　　그것은 열리지 않을 것이다　　2114년까지

③ The Future Library Trust is inviting different outstanding writers / to participate in the
미래 도서관 단체는 다양한 우수한 작가들을 초대하고 있다　　이 프로젝트에 참여하도록

project / annually. / ④ When the writers submit the manuscripts, / they only reveal the title. /
매년　　그 작가들이 원고를 제출할 때　　그들은 제목만 밝힌다

⑤ The length and genre of the work / are up to them. / <u>The only rule is / that they cannot</u>
작품의 길이와 장르는　　그들에게 달려 있다　　유일한 규칙은　　그들이

<u>share their manuscripts with anyone,</u> / not even family members or editors. / ⑥ The content
원고를 누구와도 공유할 수 없다는 것이다　　심지어 가족 구성원이나 편집자에게조차　　그 내용은

isn't known / by the staff at the Future Library Trust either. /
알려져 있지 않다　　미래 도서관 단체의 직원에게도

⑦ The library has a forest nearby, / and its trees will provide paper for the manuscripts /
도서관 근처에 숲이 있다　　그리고 그 숲의 나무들은 원고에 종이를 제공할 것이다

when they are eventually printed out. / ⑧ The hope is / that in 100 years our society will still
원고가 마침내 인쇄될 때　　바라는 바는　　100년 후에 우리 사회가 여전히 존재하는 것이다

exist / and still enjoy reading. / ⑨ What stories may be waiting for future readers? /
　　그리고 책을 읽는 것을 즐기는 것이다　　어떤 이야기들이 미래의 독자들을 기다리고 있을까?

본문
해석

　　노르웨이의 한 도서관이 한 세기 동안 지속되는 흥미로운 프로젝트를 진행하고 있다. 앞으로 100년 동안, 유명하고 존경받는 작가들이 읽지 않은 원고를 타임캡슐에 추가할 것인데, 그 타임캡슐은 2114년까지 열리지 않을 것이다!
　　미래 도서관 단체는 매년 다양한 우수한 작가들을 이 프로젝트에 참여하도록 초대하고 있다. 그 작가들이 원고를 제출할 때, 그들은 제목만 밝힌다. 작품의 길이와 장르는 그들에게 달려 있다. <u>유일한 규칙은 그들이 원고를 누구와도, 심지어 가족 구성원이나 편집자에게조차 공유할 수 없다는 것이다.</u> 미래 도서관 단체의 직원도 그 내용을

알지 못한다.

도서관 근처에 숲이 있는데, 그 숲의 나무들은 원고가 마침내 인쇄될 때 종이를 제공할 것이다. 바라는 바는 100년 후에 우리 사회가 여전히 존재하고 책을 읽는 것을 즐기는 것이다. 어떤 이야기들이 미래의 독자들을 기다리고 있을까?

구문 해설

② Throughout the next 100 years, famous and well-respected authors will add an unread manuscript to **a time capsule, which** *won't be opened* until 2114!
  ➡ 「, which」는 선행사 a time capsule을 부연 설명하는 계속적 용법의 주격 관계대명사로, '그리고 그것은'의 의미이다.
  ➡ be opened는 '열리다'의 의미인 수동태(be+p.p.)로, 여기서는 won't(= will not)와 함께 쓰여 '열리지 않을 것이다'의 의미이다.

⑤ **The length and genre** [of the work] *are up to* them.
  ➡ [ ]는 The length and genre를 수식하는 전치사구이다.
  ➡ 「be up to ~」는 '~에 달려 있다'의 의미이다.

⑦ The library has a forest **nearby**, and its trees will *provide paper for the manuscripts* when they are eventually printed out.
  ➡ nearby는 부사로, '인근에, 가까운 곳에'의 의미이다.
  ➡ 「provide B for A」는 'A에게 B를 제공하다'의 의미이다.
  ➡ are printed out은 '인쇄되다'의 의미인 수동태(be+p.p.)이다.

⑧ The hope is [**that** in 100 years our society *will* still *exist* and *(will)* still *enjoy* reading].
  ➡ that은 명사절을 이끄는 접속사로, [ ]는 동사 is의 보어 역할을 한다.
  ➡ still enjoy 앞에 will이 반복을 피하기 위해 생략되었으며, 명사절의 동사 will exist와 (will) enjoy가 접속사 and로 병렬 연결되어 있다.
  ➡ 「enjoy+v-ing」는 '~하는 것을 즐기다'의 의미로, enjoy는 목적어로 동명사를 취한다.

본책 · pp. 14-15

정답 1 ① 2 ③ 3 ④ 4 affects[threatens], unhappiness[loneliness], minister for loneliness

문제 해설

1 영국 정부가 외로움 담당 장관을 임명하여 시민들의 외로움을 감소시키려 노력한다는 내용의 글이므로, 주제로 ① '외로움과 맞서 싸우기 위한 영국의 노력'이 가장 알맞다.
[문제] 글의 주제로 가장 알맞은 것은?
② 행복이 어떻게 외로움으로 이어질 수 있는가   ③ 정치에 관여하는 외로운 사람들
④ 영국이 왜 세계에서 가장 외로운 나라인가   ⑤ 각기 다른 문화에서의 행복의 정의

2 (A) 빈칸 앞 문장에서 행복이 공통의 목표라는 광범위한 내용을 제시한 후에, 빈칸이 있는 문장에서 일부 중앙 정부가 하고 있는 것을 부연 설명하고 있으므로, 빈칸에는 In fact(사실)가 가장 알맞다.
(B) 빈칸 앞 문장에 시민의 행복을 위해 정부가 노력한다는 내용이 오고, 빈칸이 있는 문장에 아랍에미리트와 부탄, 그리고 인도가 노력한 사례가 이어지므로, 빈칸에는 for example(예를 들어)이 가장 알맞다.
[문제] 빈칸 (A)와 (B)에 들어갈 말로 가장 알맞은 것은?

① 따라서 …… 하지만　　② 사실 …… 하지만

④ 그에 반해 …… 예를 들어　　⑤ 그에 반해 …… 따라서

3 '물론, 외로움이 노인들에게만 영향을 미치는 것은 아니다.'라는 주어진 문장은 노인의 외로움이 언급되는 문장 ⑨와 외로움이 모든 사람을 위협한다는 문장 ⑩의 사이인 ④에 들어가는 것이 가장 알맞다.

[문제] 다음 문장이 들어갈 위치로 가장 알맞은 곳은?

4 [문제] 다음 빈칸에 알맞은 단어를 글에서 찾아 쓰시오.

> 외로움은 노인들뿐만 아니라 젊은이들에게도 영향을 미친다[도 위협한다]. 이와 맞서 싸우기 위해, 영국은 외로움 담당 장관을 임명함으로써 불행[외로움]에 대처하려고 노력하고 있다.

본문 직독 직해

① Happiness is a common goal / around the world. ② In fact, / some national governments
행복은 공통의 목표이다　　　세계적으로　　　사실　　일부 중앙 정부는 애쓰고 있다

are working / to make their citizens happier. / ③ The United Arab Emirates, Bhutan, and
그들의 시민들을 더 행복하게 만들기 위해　　아랍에미리트와 부탄, 인도는

India, / for example, / have official ministries of happiness. / ④ In the UK, / on the other
예를 들어　　공식 행복 부처가 있다　　　영국에서는　　반면에

hand, / the government is taking a slightly different approach. / ⑤ Rather than promoting
정부가 약간 다른 접근 방식을 취하고 있다　　　행복을 고취하는 대신에

happiness, / it is fighting unhappiness. / ⑥ In 2018, the prime minister noted / that loneliness
그것은 불행과 맞서 싸우고 있다　　2018년에 수상은 주목했다　　외로움이

affects millions of British people. / ⑦ So she appointed / the first minister for loneliness. /
수백만 명의 영국인들에게 영향을 미치는 것에　　그래서 그녀는 임명했다　　초대 외로움 담당 장관을

⑧ The job of the minister for loneliness / is to find ways / to reach out to lonely people. /
외로움 담당 장관의 일은　　　방법을 찾는 것이다　　외로운 사람들에게 접근하는

⑨ According to a study, / about 200,000 elderly people in the UK / haven't spoken to any
한 연구에 따르면　　　영국의 약 200,000명의 노인들이　　　어떤 친구나

friends or relatives / in more than a month. / Of course, / loneliness doesn't only affect older
친척과도 말한 적이 없다　　한 달 이상　　물론　　외로움이 노인들에게만 영향을 미치는 것은

people. / ⑩ Because our high-tech society leads / to less face-to-face contact, / it threatens
아니다　　우리의 최첨단 사회가 이르기 때문에　　더 적은 맞대면에　　그것은 모든

everyone. / ⑪ The British government is working hard / to create a healthier, happier future /
사람을 위협한다　　영국 정부는 열심히 일하고 있다　　더 건강하고 행복한 미래를 만들기 위해

for its citizens. /
시민들을 위한

본문 해석

　행복은 세계적으로 공통의 목표이다. 사실, 일부 중앙 정부는 그들의 시민들을 더 행복하게 만들기 위해 애쓰고 있다. 예를 들어, 아랍에미리트와 부탄, 인도는 공식 행복 부처가 있다. 반면에, 영국에서는 정부가 약간 다른 접근 방식을 취하고 있다. 행복을 고취하는 대신에, 그것은 불행과 맞서 싸우고 있다. 2018년에 수상은 외로움이 수백만 명의 영국인들에게 영향을 미치는 것에 주목했다. 그래서 그녀는 초대 외로움 담당 장관을 임명했다.

　외로움 담당 장관의 일은 외로운 사람들에게 접근하는 방법을 찾는 것이다. 한 연구에 따르면, 영국의 약 200,000명의 노인들이 한 달 이상 어떤 친구나 친척과도 말한 적이 없다. 물론, 외로움이 노인들에게만 영향을 미치는 것은 아니다. 우리의 최첨단 사회가 더 적은 맞대면에 이르기 때문에, 그것은 모든 사람을 위협한다. 영국 정부는 시민들을 위한 더 건강하고 행복한 미래를 만들기 위해 열심히 일하고 있다.

**구문
해설**

② In fact, some national governments are working **to *make*** *their citizens happier.*

→ to make는 '만들기 위해'의 의미로 〈목적〉을 나타내는 부사적 용법의 to부정사이다.

→ 「make+목적어+형용사」는 '~를 …하게 만들다'의 의미로, 여기서는 형용사의 비교급 happier가 쓰였다.

⑧ The job of the minister for loneliness is **to find** ways *to reach out* to lonely people.

→ to find는 보어로 쓰인 명사적 용법의 to부정사이다.

→ to reach out은 ways를 수식하는 형용사적 용법의 to부정사이다.

⑨ According to a study, **about 200,000 elderly people** [in the UK] ***haven't spoken*** to any friends or relatives in more than a month.

→ 전치사구 [ ]의 수식을 받는 about 200,000 elderly people이 문장의 주어이고, haven't spoken이 동사이다.

→ haven't spoken은 '말한 적이 없다'의 의미로 〈경험〉을 나타내는 현재완료(have[has]+p.p.)이다.

정답   1 1) ⓒ 2) ⓐ 3) ⓑ   2 1) threaten 2) serve   3 ③   4 In order to limit children's access to unhealthy snacks and soft drinks   5 the project[Peptoc]   6 ⑤   7 ⑤   8 affect

문제
해설

1 1) participate(참여하다): ⓒ 다른 사람들과 활동 또는 행사에 합류하다
   2) fascinating(대단히 흥미로운, 매력적인): ⓐ 매우 흥미롭고 매력적인
   3) author(작가): ⓑ 무언가를 쓴 사람

2 1) 스트레스는 당신의 건강을 <u>위협할</u> 수 있다.
   2) 웨이터는 7시에 저녁을 <u>제공할</u> 것이다.

3 ③ 튀긴 음식은 한 달에 몇 번만 제공될 수 있다고 했다.

4 '~하기 위해서'의 의미인 「in order to+동사원형」을 이용한다.

5 앞 부분의 the project[Peptoc]를 가리킨다.

6 좌절감을 느끼거나 격려, 응원이 필요한 사람들을 격려하기 위해 펩톡을 개발했고, 그들이 아이들의 메시지로부터 기쁨을 받았으므로, 아이들은 ⑤ '친절한 말의 힘'에 대해 배우게 되었을 것이다.
   ① 예술의 아름다움 ② 교육의 가치 ③ 노력의 중요성 ④ 소셜 미디어의 영향

7 일부 중앙 정부는 그들의 시민들을 더 행복하게 만들기 위해 애쓴다는 내용 뒤에, 그 예로 공식 행복 부처가 있는 나라들을 나열한 (C)가 오고, 반면 영국 정부는 다른 접근 방식을 취한다는 내용의 (B)가 온 다음, 그 다른 접근 방식이 바로 불행과 맞서 싸우는 것이라고 설명하는 (A)로 이어지는 것이 자연스럽다.

8 무언가가 어떤 방식으로 변하도록 야기하다

본책 pp. 20-21

1 **정답**　1 ④　　2 ③　　3 (1) T (2) T　　4 (1) oxygen (2) open wide (3) muscles

문제
해설

1 울려고 할 때 목구멍에 이상한 느낌이 드는 이유로 몸에서 일어나는 투쟁-도피 반응을 설명하는 글이므로, 제목으로는 ④ '울기 전에 목구멍이 이상하게 느껴지는 이유'가 가장 알맞다.
① 산소가 근육에서 하는 역할　　　　　　② 극심한 스트레스가 당신이 울게 할 수 있는 이유
③ 몸의 근육을 운동시키는 방법　　　　　⑤ 인후통을 치료하는 가장 효과적인 방법

2 빈칸 앞에서 스트레스를 받으면 뇌는 몸에 산소를 더 많이 공급하려고 하기 위해 목을 더 많이 벌리도록 메시지를 보낸다고 했으므로, 빈칸에는 ③ '더 많은 산소가 들어가도록'이 가장 알맞다.
① 당신이 슬픔을 덜 느끼도록
② 덩어리가 없어지도록
④ 뇌가 진정하도록
⑤ 당신의 근육이 강화되도록

3 (1) 문장 ③에서 투쟁-도피 반응이 스트레스에 의해 활성화된다고 했다.
(2) 문장 ⑦-⑨에 언급되어 있다.
(1) 스트레스는 투쟁-도피 반응이 일어나도록 할 수 있다.
(2) 목구멍 근육의 변화는 목구멍에 덩어리가 있는 느낌을 유발한다.

4

투쟁-도피 반응

원인	극도의 슬픔
반응	당신의 뇌는 당신의 근육에 (1) 산소를 보내기를 원한다. ↓ 당신의 뇌는 산소를 공급하기 위해 당신의 목을 (2) 크게 벌리도록 만든다. ↓ 당신은 당신 목의 (3) 근육이 변하고 있는 것을 느낄지도 모른다.

본문
직독
직해

① When you're about to cry, / you may get a strange feeling / like there's a lump in your
당신이 울려고 할 때　　　　　이상한 느낌을 받을 수 있다　　　　당신의 목구멍에 덩어리가 있는 것 같은

throat. / ② The reason for this / is your body's fight-or-flight response. / ③ This response is
　　　　이것의 이유는　　　　당신 몸의 투쟁-도피 반응이다　　　　　　이 반응은

activated by stress, / including extreme sadness. / ④ Your brain thinks / you might need to
스트레스에 의해 활성화된다　극심한 슬픔을 포함한　　　　당신의 뇌는 생각한다　　당신이 싸우거나

fight or run away / soon, / so it wants to deliver oxygen / to your muscles. / ⑤ To do this, / it
도망쳐야 할지도 모른다고　곧　그래서 그것은 산소를 전달하고 싶어 한다　당신의 근육에　이것을 하기 위해서 그것(뇌)은

must / first / bring oxygen into your body. / ⑥ Your brain sends a message to your throat, /
해야 한다　먼저　당신의 몸으로 산소를 공급한다　　　　당신의 뇌는 목구멍으로 메시지를 보낸다

telling it to open wide. / ⑦ This will allow more oxygen to enter. / ⑧ You don't actually feel
그것에 크게 벌리라고 말하며　　이것은 더 많은 산소가 들어가도록 한다　　당신은 실제로 이런 일이 발생한다고

this happen, / but you can sense a change / in the throat's muscles. / ⑨ This is / what causes
느끼지 않는다　하지만 변화를 느낄 수 있다　　　목구멍의 근육에　　　이것이 ~이다

아기가 자라면서, 몇몇 뼈들은 합쳐져 하나의 뼈가 된다. 예를 들어, 아기의 두개골은 많은 뼈를 가지고 있다. 이것은 아기의 머리가 출산 동안 눌려지고 밀어 넣어질 때 그것을 보호한다. 그러나, 시간이 흐르면서, 두개골은 천천히 자라서 하나로 된다. 이것은 또한 척추 같은 다른 장소들에서도 일어난다. 이러한 변화들 때문에, 뼈의 개수는 당신이 약 206개를 가질 때까지 계속 줄어든다.

너무 슬퍼하지 마라. 비록 개수는 감소했을지라도, 당신의 뼈는 확실히 더 강해졌다!

구문
해설

① Do you know [how many bones are in your body]?
➡ [ ]는 간접의문문으로, 동사 know의 목적어로 쓰였다.

⑤ Surprisingly, **the more** you grow, **the fewer** bones you have.
➡ 「the+비교급, the+비교급」은 '~하면 할수록 더 …하다'의 의미이다.

⑪ **Because of** these changes, *the number of bones continues* <u>decreasing</u> until you have about 206.
➡ 「because of」는 '~ 때문에'의 의미로, 뒤에 명사(구)가 온다.
➡ 「the number of+복수 명사」는 '~의 수'의 의미로, the number가 주어이기 때문에 단수 취급하며, 단수 동사 continues가 쓰였다. (*cf.* 「a number of+복수 명사」는 '많은 ~'의 의미로, 복수 취급한다.)
➡ 「continue+v-ing[to-v]」는 '계속 ~하다'의 의미이다.

본책 ● pp. 24-25

3

정답 1 ③ 2 ③ 3 ③ 4 sea, eat, pigment

**문제
해설**

1 빈칸 뒤에 홍학이 먹는 먹이와 홍학의 색의 연관성을 설명하고 있으므로, 빈칸에는 ③ '그들이 먹는 먹이의 종류'가 가장 적절하다.
① 현재 날씨 ② 그들의 몸의 크기 ④ 그들이 태어난 장소 ⑤ 그들의 부모의 깃털 색깔

2 홍학의 먹이가 홍학의 색에 미치는 영향에 관한 내용이므로, '홍학은 사람이 할 수 있는 것보다 훨씬 더 오랫동안 한쪽 다리로 설 수 있다'는 내용의 (c)는 흐름과 관계없다.

3 ③: 문장 ⑦에서 홍학의 먹이인 새우와 해초에 있는 색소는 홍학의 몸속에서 분홍색이나 주황색이 된다고 했다.
①은 문장 ②에, ②는 문장 ⑤에, ④는 문장 ⑦에 언급되어 있으며, ⑤는 문장 ⑥, ⑪를 통해 알 수 있다.

4 문장 ⑤-⑥과 ⑨-⑩을 통해 알 수 있다.

<u>바다</u> 근처에 사는 홍학은 더 많은 새우와 해초를 <u>먹을</u> 수 있기 때문에 진한 색을 띠는데, 이는 그들에게 그들을 분홍색이나 주황색으로 만드는 특별한 <u>색소</u>를 더 많이 준다.

**본문
직독
직해**

① Because of their beautiful feathers, / flamingos are one of the most recognizable birds /
　아름다운 깃털 때문에　　　　　　　　　홍학은 가장 눈에 띄는 새들 중 하나이다
on Earth. ② However, they are born / with gray feathers. ③ What changes their color? /
지구에서　　　　하지만 그들은 태어난다　　회색 깃털을 가지고　　　무엇이 그들의 색을 바꿀까
④ Adult flamingos are pink, orange, or white / depending on the type of food / that
　다 자란 홍학은 분홍색이나 주황색, 흰색이다　　　먹이의 종류에 따라

14 정답 및 해설

they eat. / ⑤ Some of their favorite foods / are small sea creatures and plants / such
그들이 먹는　　　　그들이 가장 좋아하는 먹이 중 몇몇은　　　　작은 바다 생물과 식물이다

as shrimp and seaweed. / ⑥ These foods contain a special pigment / that gives plants
새우와 해초 같은　　　　　　이 먹이들은 특별한 색소를 함유한다　　　　　동식물에 색을 주는

and animals their color. / ⑦ After flamingos eat these foods, / this pigment becomes a
홍학이 이 먹이들을 먹고 나면　　　　이 색소는

pink or orange color / and then gets stored / in the flamingos' legs, bills, and feathers. /
분홍색이나 주황색이 된다　　그리고 나서 저장된다　　홍학의 다리와 부리, 깃털 속에

(⑧ Flamingos can stand on one leg / for far longer / than humans can.) ⑨ The more of
홍학은 한쪽 다리로 설 수 있다　　월씬 더 오랫동안　　사람이 할 수 있는 것보다

these sea creatures and plants flamingos eat, / the pinker or more orange they become. /
홍학이 더 많은 이런 바다 생물과 식물들을 먹을수록　　그들은 더 진한 분홍색이나 주황색이 된다

⑩ So you can see / more colorful flamingos / near the sea / than near lakes. /
그래서 당신은 볼 수 있다　더 색채가 풍부한 홍학을　바다 근처에서　호수 근처에서보다

⑪ Many other foods / that people eat, / like carrots and watermelons, / also contain this
많은 다른 음식들이　　사람들이 먹는　　당근과 수박 같은　　　　또한 이 색소를

pigment. / ⑫ However, people do not eat / enough of them / to change their skin color. /
함유한다　　하지만 사람들은 먹지 않는다　　그것들의 충분한 양을　피부색을 바꿀 정도로

⑬ What a relief! /
정말 다행이지 않은가

본문
해석

　　홍학은 아름다운 깃털 때문에 지구에서 가장 눈에 띄는 새들 중 하나이다. 하지만, 그들은 회색 깃털을 가지고
태어난다. 무엇이 그들의 색을 바꿀까?
　　다 자란 홍학은 그들이 먹는 먹이의 종류에 따라 분홍색이나 주황색, 흰색이다. 그들이 가장 좋아하는 먹이 중
몇몇은 새우와 해초 같은 작은 바다 생물과 식물이다. 이 먹이들은 동식물에 색을 주는 특별한 색소를 함유한다.
홍학이 이 먹이들을 먹고 나면, 이 색소는 분홍색이나 주황색이 되고 그리고 나서 홍학의 다리와 부리, 깃털 속에
저장된다. (홍학은 사람이 할 수 있는 것보다 월씬 더 오랫동안 한쪽 다리로 설 수 있다.) 홍학이 더 많은 이런 바다
생물과 식물들을 먹을수록, 그들은 더 진한 분홍색이나 주황색이 된다. 그래서 당신은 호수 근처에서보다 바다 근
처에서 더 색채가 풍부한 홍학을 볼 수 있다.
　　당근과 수박 같은 사람들이 먹는 많은 다른 음식들도 또한 이 색소를 함유한다. 하지만, 사람들은 피부색을 바
꿀 정도로 그것들의 충분한 양을 먹지는 않는다. 정말 다행이지 않은가!

구문
해설

④ Adult flamingos are pink, orange, or white depending on **the type of food** [**that** they eat].
　➡ [ ]는 선행사 the type of food를 수식하는 목적격 관계대명사절이다.

⑥ These foods contain **a special pigment** [**that** gives plants and animals their color].
　➡ [ ]는 선행사 a special pigment를 수식하는 주격 관계대명사절이다.

⑧ Flamingos can stand on one leg for **far** longer than humans *can* (stand on one leg).
　➡ far는 '월씬'이라는 의미로 비교급을 강조하는 부사이다. even, much, a lot 등으로 바꿔 쓸 수 있다.
　➡ can 뒤에는 stand on one leg가 생략되어 있다.

⑨ **The more** of these sea creatures and plants flamingos eat, **the pinker** or **more orange**
they become.

→ 「the+비교급, the+비교급」은 '~하면 할수록 더 …하다'의 의미이다.

⑬ **What a relief!**

→ 「What (a(n)) (+형용사)+명사(+주어+동사)!」는 '얼마나 (~한) …인가!'의 의미인 감탄문이다.

본책 • pp. 26-27

4

정답 1 ② 2 ② 3 (1) T (2) T 4 movements, large, guess

문제 해설

1 다른 영장류와 사람의 눈을 비교하며, 사람이 서로 의사소통하고 협력하기 쉽도록 눈의 흰자위가 크게 진화했을 것이라고 추측하는 내용의 글로, 제목으로 ② '왜 사람의 눈은 흰자위가 클까?'가 가장 적절하다.

[문제] 글의 제목으로 가장 알맞은 것은?

① 영장류가 서로 의사소통하는 방법

③ 침팬지의 눈을 통해 그들의 마음을 읽는 방법

④ 경호원의 패션: 그것이 실제로 그들의 일을 하는 데 도움이 될까?

⑤ 침팬지가 서로를 보호할 만큼 충분히 협력할 수 있는가?

2 주어진 문장에서 사람의 눈의 흰자위가 크다는 것을 대조(On the other hand)하여 설명하고 있으므로, 흰자위가 작은 영장류의 눈에 대한 설명인 문장 ⑥과 사람의 눈에 대한 설명이 시작되는 문장 ⑦의 사이인 ②의 위치가 가장 알맞다.

[문제] 다음 문장이 들어갈 위치로 가장 알맞은 곳은?

3 (1) 문장 ④에서 경호원들은 사람들이 그들이 어디를 보고 있는지 알지 않게 하려고 선글라스를 쓴다고 했다.

(2) 문장 ⑥에서 침팬지의 흰자위가 작아서 그들의 눈 움직임을 쉽게 볼 수 없다고 했다.

[문제] 글의 내용과 일치하면 T, 그렇지 않으면 F를 쓰시오.

(1) 경호원들은 종종 그들의 눈 움직임을 숨기기 위해 선글라스를 쓴다.

(2) 우리는 침팬지가 어디를 보고 있는지 알기가 쉽지 않다.

4 주어진 문장-⑨를 통해 사람의 눈의 큰 흰자위는 서로의 생각을 추측하고 협동할 수 있도록 함을 알 수 있다.

[문제] 다음 빈칸에 알맞은 단어를 글에서 찾아 쓰시오.

> 사람의 눈 움직임은 눈의 흰자위가 크기 때문에 보기 쉽다. 이는 사람이 서로의 생각을 추측하게 하는데, 이는 그들이 더 쉽게 협동하도록 돕는다.

본문 직독 직해

① When you see bodyguards, / you'll notice / that they often wear dark sunglasses. / ② But
당신이 경호원들을 보면   당신은 알아차릴 것이다   그들이 종종 어두운 선글라스를 쓴다는 것을   그러나

why? / ③ Our eyes clearly show / where our focus lies. / ④ So, / one of the reasons / they wear
왜일까?   우리의 눈은 분명히 보여준다   우리의 초점이 어디에 있는지를   그래서   이유 중 하나는   그들이

sunglasses / may be that they don't want people to know / where they are looking. /
선글라스를 쓰는   그들이 사람들이 알기를 원하지 않기 때문일 수 있다   그들이 어디를 보고 있는지

⑤ However, / if chimpanzees were bodyguards, / they wouldn't need sunglasses! / ⑥ This
그러나   만약 침팬지가 경호원이라면   그들은 선글라스가 필요 없을 것이다   이는

is because / the white parts of other primates' eyes / are so small / that we can't easily see their
~ 때문이다   다른 영장류의 눈의 흰자위가   매우 작아서   우리가 그들의 눈 움직임을

eye movements. / On the other hand, / the white parts of humans' eyes are large. / ⑦ This
쉽게 볼 수 없다　　　반면에　　　　　사람의 눈의 흰자위는 크다　　　　　　　　이는

allows us to see / where a person's eyes are pointed. / ⑧ When we see / what a person is
우리가 볼 수 있게 한다　사람의 눈이 향해 있는 곳을　　　　　우리가 볼 때　　어떤 사람이

looking at, / we can guess / what they are thinking / and what they plan to do next. / ⑨ This
보고 있는 것을　　우리는 추측할 수 있다　그들이 무엇을 생각하고 있는지　그리고 그들이 다음에 무엇을 할 계획인지　　이는

helps us / work together more easily. / ⑩ That's probably why / human eyes evolved / to have
우리를 돕는다　더 쉽게 함께 일하도록　　　　그것이 아마 ~인 이유일 것이다　사람의 눈이 진화한

large white parts. /
그 결과 큰 흰자위를 갖게 된

**본문
해석**

　　경호원들을 보면 당신은 그들이 종종 어두운 선글라스를 쓰고 있다는 것을 알아차릴 것이다. 그러나 왜일까? 우리의 눈은 우리의 초점이 어디에 있는지를 분명히 보여준다. 그래서 그들이 선글라스를 쓰는 이유 중 하나는 사람들이 그들이 어디를 보고 있는지 알기를 원하지 않기 때문일 수 있다.

　　그러나 만약 침팬지가 경호원이라면, 그들은 선글라스가 필요 없을 것이다! 이는 다른 영장류의 눈의 흰자위가 매우 작아서 우리가 그들의 눈 움직임을 쉽게 볼 수 없기 때문이다. <u>반면에, 사람의 눈의 흰자위는 크다.</u> 이는 우리가 사람의 눈이 향해 있는 곳을 볼 수 있게 한다. 우리가 어떤 사람이 보고 있는 것을 볼 때, 우리는 그들이 무엇을 생각하고 있는지와 다음에 무엇을 할 계획인지 추측할 수 있다. 이는 우리가 더 쉽게 함께 일하도록 돕는다. 그것이 아마 사람의 눈이 진화하여 큰 흰자위를 갖게 된 이유일 것이다.

**구문
해설**

③ Our eyes clearly show [where our focus lies].
→ [ ]는 간접의문문으로, 동사 show의 목적어로 쓰였다.

④ So, one of **the reasons** [(why) they wear sunglasses] may be [*that* they don't want people to know {where they are looking}].
→ 첫 번째 [ ]는 선행사 the reasons를 수식하는 관계부사절로 관계부사 why가 생략되었다.
→ 두 번째 [ ]는 문장의 보어로 that은 명사절을 이끄는 접속사이다.
→ { }는 「의문사+주어+동사」 어순의 간접의문문으로, 동사 know의 목적어로 쓰였다.

⑤ However, **if chimpanzees were** bodyguards, **they wouldn't need** sunglasses!
→ 「if+주어+동사의 과거형, 주어+조동사의 과거형+동사원형」은 '만약 ~라면 …할 텐데'의 의미인 가정법 과거로, 현재 사실의 반대를 가정·상상한다.

⑥ **This is because** the white parts of other primates' eyes are *so small that* we can't easily see their eye movements.
→ 「this is because」는 '이는 ~이기 때문이다'의 의미로, 뒤에 원인에 해당하는 내용이 온다.
→ 「so+형용사+that」은 '매우 ~해서 …하다'의 의미이다.

⑦ This allows us to see (the place) [**where** a person's eyes are pointed].
→ [ ]는 〈장소〉를 나타내는 관계부사절로, 선행사 the place 등이 생략된 것으로 볼 수 있다.

⑧ When we see [**what** a person is looking at], we can *guess* {what they are thinking} and {what they plan to do next}.
→ 앞의 what은 선행사를 포함하는 관계대명사로, '~하는 것'의 의미이다. [ ]는 see의 목적어로 쓰였다.
→ 두 개의 { }는 「의문사+주어+동사」 어순의 간접의문문으로, guess의 목적어로 쓰였다.

⑩ **That's** probably **why** human eyes evolved *to have* large white parts.

  ➡ 「that's why」는 '그것이 ~인 이유이다'라는 의미로, 뒤에 결과에 해당하는 내용이 온다.

  ➡ **to have**는 '(그 결과) 갖게 되었다'라는 의미로, 〈결과〉를 나타내는 부사적 용법의 **to**부정사이다.

정답　1 ⑤　　2 ⑤　　3 ①　　4 목구멍에 덩어리 같은 느낌이 나는 것　　5 The more of these sea creatures and plants flamingos eat　　6 ⑤　　7 ③　　8 눈의 흰자위가 작아서 눈 움직임을 쉽게 알 수 없기 때문에

문제 해설

1　squeeze((좁은 곳에) 밀어 넣다)과 비슷한 의미의 단어는 ⑤ 'press(누르다, 밀어 넣다)'이다.

　　나는 모든 물건을 여행 가방에 밀어 넣어야 했다.

　　① 감지하다　　② 발생하다　　③ 감소하다　　④ 알아채다

2　stop(그만하다)과 반대 의미의 단어는 ⑤ 'continue(계속하다)'이다.

　　너는 밤새우는 것을 그만하는 게 낫다.

　　① 들어가다　　② 함께하다　　③ 향하다　　④ 자라다

3　목구멍에 덩어리가 있는 것 같은 느낌을 받는 것은 몸의 투쟁-도피 반응 때문이라는 내용의 글로, 어떤 사람들은 긴장할 때 입이 마르는 증상을 경험한다는 내용의 (a)는 글의 흐름과 무관하다.

4　앞 문장에 언급되어 있다.

5　'할수록 더 …하다'라는 의미의 「the+비교급 ~, the+비교급 …」을 이용한다.

6　빈칸 앞에는 사람들이 먹는 음식에도 몸의 색을 바꿀 수 있는 색소를 함유하고 있다고 했고, 빈칸 뒤에는 다행히도 사람들이 피부색을 바꿀 정도로 충분한 양을 먹지는 않는다고 했으므로,　빈칸에는 ⑤ 'However(하지만)'가 알맞다.

7　③ 침팬지와 같은 영장류의 눈은 흰자위가 너무 작아서 눈의 움직임을 볼 수 없다고 했다.

8　침팬지의 눈은 흰자위가 작아서 눈의 움직임을 볼 수 없기 때문에, 침팬지가 경호원이라면 선글라스를 끼지 않아도 될 것이라고 했다.

본책 • pp. 32-33

1

정답 1 ④   2 ③   3 (1) T (2) F   4 옷이 피부 가까이에서 움직일 때, 뇌가 그것을 진동이라고 생각하는 것

문제 해설

1 전화나 메시지 등의 알람이 울리지 않는데도 진동을 느꼈다고 생각하는 '유령 진동 증후군'에 관한 글이므로, 제목으로는 ④ '불가사의한 진동의 이유'가 가장 알맞다.
① 알림의 성가심   ② 전화: 뇌를 위한 운동
③ 정기적인 시간에 휴대전화를 확인해라   ⑤ 문자 메시지가 우리의 관심을 끄는 이유

2 빈칸 뒷문장에서 사람들이 전화기를 너무 많이 확인한다고 했으므로, 빈칸에는 ③ '과도한'이 가장 알맞다.
① 격식을 차리지 않는   ② 신중한   ④ 원치 않는   ⑤ 가끔의

3 (1) 문장 ⑤-⑥에 언급되어 있다.
(2) 문장 ⑬에서 가끔 전화기의 전원을 끄면 유령진동이 사라질 수 있다고 했다.
(1) 유령 진동 증후군의 원인은 불분명하다.
(2) 유령 진동 증후군을 피할 방법은 없다.

4 문장 ⑪에 언급되어 있다.

본문 직독 직해

① Your phone is vibrating / in your pocket, / so you reach in / and take it out. / ② However, /
당신의 전화기가 진동하고 있다   주머니에서   그래서 당신은 손을 뻗는다   그리고 그것을 꺼낸다   그러나

the screen shows / no phone calls, no messages, and no notifications. / ③ So what happened? /
그 화면은 보여준다   어떤 전화, 문자 메시지, 그리고 알림도 없음을   그렇다면 무슨 일이 일어난걸까?

④ You may have experienced "phantom vibration syndrome." / ⑤ Phantom vibration
당신은 '유령 진동 증후군'을 경험했을지도 모른다   유령 진동

syndrome is a kind of illusion / that fools the brain and body. / ⑥ Scientists aren't sure /
증후군은 일종의 착각이다   뇌와 몸을 속이는   과학자들은 확신하지 못한다

why it happens. / ⑦ One theory says / that it is caused / by excessive smartphone use. /
왜 그런 일이 일어나는지   한 이론은 말한다   그것이 일어난다고   과도한 스마트폰 사용에 의해

⑧ Some people check their phone / too often / because they don't want / to miss a text
어떤 사람들은 그들의 전화를 확인한다   너무 자주   그들은 원하지 않기 때문에   문자 메시지나

message or a call. / ⑨ They feel / that they must always respond / to others. / ⑩ So / their
전화를 놓치는 것을   그들은 느낀다   그들이 항상 응답해야 한다고   다른 사람들에게 그래서 그들의

brain starts making mistakes. / ⑪ When their clothes move / against their skin, / their brain
뇌는 실수를 하기 시작한다   그들의 옷이 움직일 때   그들의 피부 가까이에서   그들의 뇌는

thinks / it's a vibration. / ⑫ If this is happening / to you, / maybe / you are worrying / about
생각한다   그것을 진동이라고   만약 이런 일이 일어난다면   당신에게   아마도   당신이 걱정하고 있는 것이다

your phone / too much. / ⑬ Try turning it off / once in a while, / and the phantom vibrations
당신의 전화기에 대해 너무 많이   전원을 꺼보아라   가끔   그러면 유령 진동이 사라질 수도 있다

might disappear. /

본문 해석

당신의 전화기가 주머니에서 진동하고 있어서 당신은 손을 뻗어 그것을 꺼낸다. 그러나, 그 화면은 어떤 전화, 문자 메시지, 그리고 알림도 보여주지 않는다. 그렇다면 무슨 일이 일어난걸까? 당신은 '유령 진동 증후군'을 경험했을지도 모른다. 유령 진동 증후군은 뇌와 몸을 속이는 일종의 착각이다. 과학자들은 왜 그런 일이 일어나는지 확신

하지 못한다. 한 이론은 그것이 <u>과도한</u> 스마트폰 사용에 의해 일어난다고 말한다. 어떤 사람들은 문자 메시지나 전화를 놓치는 것을 원하지 않기 때문에 그들의 전화기를 너무 자주 확인한다. 그들은 그들이 항상 다른 사람들에게 응답해야 한다고 느낀다. 그래서 그들의 뇌는 실수를 하기 시작한다. 옷이 그들의 피부 가까이에서 움직일 때, 그들의 뇌는 그것을 진동이라고 생각한다. 만약 당신에게 이런 일이 일어난다면, 아마도 당신이 당신의 전화기에 대해 너무 많이 걱정하고 있는 것이다. 가끔 전원을 꺼보아라, 그러면 유령 진동이 사라질 수도 있다.

구문
해설

④ You **may have experienced** "phantom vibration syndrome."
 ➜ 「may have+p.p.」는 '~했을지도 모른다'의 의미로 과거의 일에 대한 추측을 나타낸다.

⑤ Phantom vibration syndrome is **a kind of illusion** [**that** fools the brain and body].
 ➜ [ ]는 선행사 a kind of illusion을 수식하는 주격 관계대명사절이다.

⑥ Scientists aren't sure [why it happens].
 ➜ [ ]는 「의문사+주어+동사」의 간접의문문이다.

⑦ One theory says [that it **is caused** by excessive smartphone use].
 ➜ [ ]는 동사 says의 목적어로 쓰인 명사절이다.
 ➜ is caused는 '야기되었다'의 의미로, 「be+p.p.」의 수동태이다.

⑨ They feel [**that** they must always respond to others].
 ➜ that은 명사절을 이끄는 접속사로, [ ]는 동사 feel의 목적어 역할을 한다.

⑬ *Try turning* it off once in a while, **and** the phantom vibrations might disappear.
 ➜ 「명령문, and ...」는 '~해라, 그러면 ...할 것이다'의 의미이다.
 ➜ 「try+v-ing」는 '~하는 것을 시도하다'의 의미이다.
 ➜ turn off는 「동사+부사」로 이루어진 동사구로, 목적어가 it과 같은 대명사일 경우 동사와 부사 사이에 쓴다.

본책 • pp. 34-35

2

정답 1 ⑤   2 ③   3 ②   4 감자가 인체의 것들과 비슷한 양의 수분과 무기질을 포함하고 있어서

문제
해설

1 감자를 이용하여 기내 와이파이 신호를 개선했다는 내용의 글이므로, 제목으로 ⑤ '감자가 당신의 비행기 여행을 개선한 방법'이 가장 적절하다.
　　① 비행기에서 와이파이를 이용하는 방법　　② 와이파이가 신체에 해를 끼치는가?
　　③ 감자를 요리하는 최고의 방법　　④ 와이파이가 비행기 여행을 어떻게 바꿨는가?

2 기내 와이파이 신호 향상 실험에서 감자가 사람 대용으로 적합한 이유를 설명하는 부분이므로, 큰 비행기가 승객을 얼마나 태울 수 있는지에 관한 내용의 (c)는 흐름과 관계없다.

3 ②: 감자가 와이파이를 기내에 도입하는 것을 가능하게 한 것이 아니라, 문장 ②, ⑬에서 감자가 기내에서의 와이파이 신호를 더 강하게 개선하는 방법을 찾는 실험에 사용되었다고 했다.
　　①은 문장 ①에, ③은 문장 ⑥, ⑫에 ④는 문장 ⑥, ⑨, ⑫에, ⑤는 문장 ⑪에 언급되어 있다.

4 문장 ⑪의 Therefore(그러므로)가 인과 관계를 나타내므로, 앞 문장 ⑩에서 원인에 해당하는 내용을 찾을 수 있다.

① Potatoes are used to make ink, medicine, and beauty products, / as well as food. / ② But
감자는 잉크와 약, 미용 제품을 만드는 데 사용된다   음식뿐만 아니라   그런데

did you know / that potatoes have also helped improve Wi-Fi signals / on airplanes? /
당신은 알고 있었는가   감자가 와이파이 신호를 개선하는 것도 도왔다는 것을   비행기에서의

③ Many airlines allow passengers to connect to the Internet / through Wi-Fi. / ④ However,
많은 항공사들은 승객들이 인터넷에 접속할 수 있게 한다   와이파이를 통해   하지만

this signal was not always very strong. / ⑤ To improve this technology, / engineers decided to
이 신호가 항상 매우 강한 것은 아니었다   이 기술을 개선하기 위해   기술자들이 몇 가지 실험을

run some tests. / ⑥ They needed a plane / full of passengers / for several weeks / because the
하기로 결정했다   그들은 비행기 한 대가 필요했다   승객으로 가득한   몇 주 동안   인체가

human body absorbs and reflects Wi-Fi signals. / ⑦ Of course, / people can't sit on a plane /
인체가 와이파이 신호를 흡수하고 반사하기 때문에   물론   사람들은 비행기에 앉아 있을 수 없다

that long. / (⑧ A large airplane can seat over 500 passengers.) / ⑨ But potatoes can! /
그렇게 오랫동안   큰 비행기 한 대는 500명 이상의 승객을 태울 수 있다   하지만 감자는 할 수 있다

⑩ Potatoes contain water and minerals / in amounts / that are similar to those of the human
감자는 수분과 무기질을 포함한다   양으로   인체의 것들과 비슷한

body. / ⑪ Therefore, / they affect Wi-Fi signals / in the same way / as a human passenger. /
그러므로   그것들은 와이파이 신호에 영향을 미친다   같은 방식으로   사람 승객과

⑫ So, / the engineers decided to fill / the seats of their plane / with bags of potatoes. /
그래서   그 기술자들은 채우기로 결정했다   그들의 비행기 좌석을   감자 자루들로

⑬ Thanks to those patient potatoes, / the engineers discovered ways / to provide stronger Wi-
그 참을성 있는 감자들 덕분에   기술자들은 방법을 발견했다   더 강한 와이파이

Fi signals. /
신호를 제공하는

감자는 음식뿐만 아니라 잉크와 약, 미용 제품을 만드는 데도 사용된다. 그런데 당신은 감자가 비행기에서의 와이파이 신호를 개선하는 것도 도왔다는 것을 알고 있었는가?

많은 항공사들은 승객들이 와이파이를 통해 인터넷에 접속할 수 있게 한다. 하지만, 이 신호가 항상 매우 강한 것은 아니었다. 이 기술을 개선하기 위해, 기술자들이 몇 가지 실험을 하기로 결정했다. 인체가 와이파이 신호를 흡수하고 반사하기 때문에 그들은 승객으로 가득한 비행기 한 대가 몇 주 동안 필요했다. 물론, 사람들은 그렇게 오랫동안 비행기에 앉아 있을 수 없다. (큰 비행기 한 대는 500명 이상의 승객을 태울 수 있다.) 하지만 감자는 할 수 있다! 감자는 인체의 것들과 비슷한 양의 수분과 무기질을 포함한다. 그러므로, 그것들은 사람 승객과 같은 방식으로 와이파이 신호에 영향을 미친다. 그래서, 그 기술자들은 그들의 비행기 좌석을 감자 자루들로 채우기로 결정했다. 그 참을성 있는 감자들 덕분에, 기술자들은 더 강한 와이파이 신호를 제공하는 방법을 발견했다.

② But did you know [**that** potatoes *have* also *helped* improve Wi-Fi signals on airplanes]?
→ that은 명사절을 이끄는 접속사로, [ ]는 동사 know의 목적어로 쓰였다.
→ have helped는 '도왔다'의 의미로 〈결과〉를 나타내는 현재완료(have[has]+p.p.)이다.

④ However, this signal was **not always** very strong.
→ not always는 '항상 ~인 것은 아니다'의 의미이다.

⑥ They needed a plane [**full** of passengers] for several weeks because the human body absorbs and reflects Wi-Fi signals.

➡ [ ]는 a plane을 수식하는 형용사구이다.

⑩ Potatoes contain water and minerals in **amounts** [**that** are similar to *those* of the human body].

➡ [ ]는 선행사 amounts를 수식하는 주격 관계대명사절이다.

➡ those는 앞에 있는 water and minerals in amounts를 가리킨다.

⑬ Thanks to those patient potatoes, the engineers discovered ways **to provide** stronger Wi-Fi signals.

➡ to provide는 ways를 수식하는 형용사적 용법의 to부정사이다.

본책 • pp. 36-37

3

정답 1 ② 2 ④ 3 (1) T (2) F (3) T 4 power lines, pilots

문제 해설

1 송전선에 알록달록한 공이 있는 이유에 관한 글이므로, 제목으로는 ② '송전선에는 왜 색깔이 있는 공이 있을까?' 가 가장 알맞다.

① 하늘 높이 있는 형형색색의 새 둥지 ③ 조종사의 시력: 그들이 잘 보아야 하는 이유

④ 색이 있는 표시구를 만드는 과정 ⑤ 송전선이 새들의 서식지를 변화시킨 방법

2 표시구가 없으면 송전선이 거의 보이지 않는다는 앞 문장에 이어 이것이 저공비행을 하는 비행기와 헬리콥터에 문제가 될 수 있다는 내용의 (B), 새들도 송전선을 발견하기 어려워서 부딪칠 수 있다는 내용의 (C), 앞서 언급한 이 이유로 알록달록한 공들을 사용하는 것이 중요하다는 내용의 (A)로 이어지는 흐름이 가장 알맞다.

3 (1) 문장 ②에 언급되어 있다.

(2) 문장 ⑩에 풍경과 구분이 되지 않을 경우 하얀색이나 주황색이 아닌 다른 색을 사용하기도 한다고 했다.

(3) 문장 ⑫에 언급되어 있다.

(1) 표시구는 공항 근처에서 발견될 수 있다.

(2) 모든 표시구는 하얀색이나 주황색이다.

(3) 표시구 안에는 아무것도 없다.

4 문장 ④-⑧에 언급되어 있다.

> 표시구는 조종사와 새들이 전선을 더 쉽게 볼 수 있도록 송전선에 붙여진다.

본문 직독 직해

① Have you ever seen colorful balls / attached to power lines? / ② You may have noticed
알록달록한 공들을 본 적이 있는가 송전선에 붙어있는 당신은 그것들을 보았을지도

them / over highways, / in the mountains, / near airports, / or across rivers and valleys. /
모른다 고속도로 위 산속 공항 근처 혹은 강과 계곡을 가로지르는

③ They are known / as "marker balls." /
그것들은 알려져 있다 '표시구'로

④ The purpose of the balls / is to help pilots / spot the power lines / and avoid hitting
그 공들의 목적은 조종사들을 돕는 것이다 송전선을 발견하도록 그리고 그것들과 부딪치는 것을

them. / ⑤ Without them, / the lines are nearly invisible. / ⑦ This is a problem / for low-flying
피하도록 그것들이 없으면 전선들은 거의 보이지 않는다 이것은 문제이다 저공비행을 하는

planes and helicopters. / ⑧ Even birds can run into power lines / because they are so hard to
비행기와 헬리콥터에　　　　새들도 송전선에 부딪칠 수 있다　　　　그것들은 발견하기가 너무 어렵기 때문에
spot. / ⑥ For this reason, / using colorful balls is important. / ⑨ The most frequently used
발견하다　이 이유로　　　알록달록한 공들을 사용하는 것은 중요하다　　　가장 자주 사용되는 색은
colors / are orange and white, / as they stand out the most. / ⑩ However, / if the colors don't
　　　　주황색과 흰색인데　　　이것들이 가장 눈에 잘 띄기 때문이다　　하지만　　만약 그 색들이 눈에 띄지
stand out / from the landscape, / other colors may be used / instead. /
않는다면　　풍경에서　　　　다른 색들이 사용될 수도 있다　　　대신
⑪ So, / what can be found / inside these useful balls? / ⑫ Actually, / they are empty! /
그렇다면　무엇이 들어 있을까　　이 유용한 공 안에는　　　사실　　　그것들은 비어 있다
⑬ That's because / they need to be / as light as possible. /
그것은 ~ 때문이다　그것들이 하기　　가능한 한 가벼워야

본문 해석

송전선에 붙어있는 알록달록한 공들을 본 적이 있는가? 당신은 고속도로 위, 산속, 공항 근처, 혹은 강과 계곡을 가로지르는 그것들을 보았을지도 모른다. 그것들은 '표시구'로 알려져 있다.

그 공들의 목적은 조종사들이 송전선을 발견하고 그것들과 부딪치는 것을 피하도록 돕는 것이다. 그것들이 없으면, 전선들은 거의 보이지 않는다. (B) 이것은 저공비행을 하는 비행기와 헬리콥터에 문제가 된다. (C) 새들도 송전선을 발견하기가 너무 어렵기 때문에 그것들에 부딪칠 수 있다. (A) 이 이유로, 알록달록한 공들을 사용하는 것은 중요하다. 가장 자주 사용되는 색은 주황색과 흰색인데, 이것들이 가장 눈에 잘 띄기 때문이다. 하지만 만약 그 색들이 풍경에서 눈에 띄지 않는다면, 대신 다른 색들이 사용될 수도 있다.

그렇다면, 이 유용한 공 안에는 무엇이 들어 있을까? 사실 그것들은 비어 있다! 그것들은 가능한 한 가벼워야 하기 때문이다.

구문 해설

① **Have** you ever **seen** colorful balls [*attached* to power lines]?
→ have seen은 '본 적이 있다'의 의미로, 〈경험〉을 나타내는 현재완료(have[has]+p.p.)이다.
→ [ ]는 colorful balls를 수식하는 과거분사구이다.

② You **may have noticed** them over highways, in the mountains, near airports, or across rivers and valleys.
→ 「may have+p.p.」는 '~했을지도 모른다'의 의미로 과거의 일에 대한 추측을 나타낸다.

③ They **are known as** "marker balls."
→ 「be known as ~」는 '~로 알려진'의 의미이다.

④ The purpose [of the balls] is **to** *help* pilots *spot* the power lines and *avoid* hitting them.
→ [ ]는 The purpose를 수식하는 전치사구이다.
→ to help는 '돕는 것'의 의미로, 보어 역할을 하는 명사적 용법의 to부정사이다.
→ 「help+목적어+동사원형[to-v]」은 '~가 …하도록 돕다'의 의미이며, 동사원형인 spot과 avoid가 접속사 and로 병렬 연결되어 있다.
→ avoid는 동명사를 목적어로 취하는 동사이다.

⑧ Even birds can run into power lines because **they** are so hard *to spot*.
→ they는 power lines를 가리킨다.
→ to spot은 '발견하기에'의 의미, 형용사 hard를 수식하는 부사적 용법의 to부정사이다.

⑬ **That's because** they need to be *as light as possible*.
  → 「that's because ~」는 '그것은 ~ 때문이다'의 의미로, 뒤에 이유에 해당하는 내용이 온다.
  → 「as+형용사[부사]의 원급+as possible」은 '가능한 한 ~한[하게]'의 의미이다.

본책 · pp. 38-39

4

정답 1 ⑤ 2 ③ 3 dust 4 (1) small (2) blue (3) large (4) red

문제 해설

1 지구와 화성에서 보이는 일몰의 색이 다른 이유에 관한 글이므로, 주제로는 ⑤ '지구와 화성에서 일몰이 다르게 보이는 이유'가 가장 알맞다.
[문제] 글의 주제로 가장 알맞은 것은?
① 지구와 화성의 유사점
② 지구 대기권에서 발견되는 화학물질들
③ 어떤 입자들이 커지도록 만드는 것
④ 일 년 중 해가 가장 빨리 지는 시기

2 주어진 문장은 '그렇다면 왜 그들의 일몰 색깔은 다를까?'라는 질문으로, 지구와 화성이 다른 행성이지만 같은 태양을 공유하고 있다는 내용의 문장 ③과 그 답은 그것들의 대기에 있다는 내용의 문장 ④ 사이인 ③의 위치가 가장 알맞다.
[문제] 다음 문장이 들어갈 위치로 가장 알맞은 곳은?

3 '흙, 모래, 또는 다른 물질들의 아주 작고 건조한 조각들'의 의미를 가진 단어는 dust(먼지)이다.
[문제] 다음 영영 뜻풀이에 해당하는 단어를 글에서 찾아 쓰시오.

4 문장 ⑦-⑫에 언급되어 있다.
[문제] 다음 빈칸에 알맞은 단어를 글에서 찾아 쓰시오.

	지구	화성
일몰 색	빨간색과 주황색	파란색
이유	대기의 입자가 (1) 작다. ↓ 작은 입자들은 (2) 파란 빛을 퍼지게 한다.	대기의 입자가 (3) 크다. ↓ 큰 입자들은 (4) 빨간 빛을 퍼지게 한다.

본문 직독 직해

① Sunsets on Earth are beautiful shades of red and orange. / ② But / sunsets on Mars look
지구의 일몰은 빨간색과 주황색의 아름다운 색조이다   하지만   화성의 일몰은 매우
very different / —they are blue. / ③ Although Earth and Mars are different planets, / they
다르게 보인다   그것은 파란색이다   비록 지구와 화성은 다른 행성이지만   그들은
share the same sun. / So / why are the colors of their sunsets different? / ④ The answer lies /
같은 태양을 공유한다   그렇다면   왜 그들의 일몰 색깔은 다를까   정답은 있다
in their atmospheres. /
그것들의 대기에
    ⑤ When light travels / from the sun to our eyes, / it passes through the air / in the
    빛이 이동할 때   태양에서 우리 눈까지   이것은 공기를 통과한다
atmosphere. / ⑥ The air is filled with particles. / ⑦ Tiny particles make blue light spread out, /
대기 중의   공기는 입자로 가득 차 있다   작은 입자는 푸른 빛을 퍼지게 한다

정답 및 해설 **25**

while bigger particles make red light spread out. / ⑧ On Earth, / the particles in the air are
반면에 큰 입자는 붉은 빛을 퍼지게 한다   지구에서는   공기 중의 입자가 작다

small. / ⑨ By the time the light reaches our eyes, / blue light is spread everywhere, / and only
빛이 우리 눈에 도달할 무렵에는   푸른 빛은 사방으로 퍼진다   그리고

red light is left. / ⑩ Mars has a different kind of air. / ⑪ It's filled with larger dust particles. /
붉은 빛만 남겨진다   화성은 공기의 종류가 다르다   그것은 더 큰 먼지 입자로 가득 차 있다

⑫ These bigger particles make red light spread out, / so only blue light can be seen / during a
이 더 큰 입자들은 붉은 빛을 퍼지게 만든다   그래서 푸른 빛만 볼 수 있다   일몰 시에는

sunset.

**본문
해석**

　　지구의 일몰은 빨간색과 주황색의 아름다운 색조이다. 하지만 화성의 일몰은 매우 다르게 보인다. 그것은 파란
색이다. 비록 지구와 화성은 다른 행성이지만, 그들은 같은 태양을 공유한다. <u>그렇다면 왜 그들의 일몰 색깔은 다를
까?</u> 정답은 그것들의 대기에 있다.

　　빛이 태양에서 우리 눈까지 이동할 때, 이것은 대기 중의 공기를 통과한다. 공기는 입자로 가득 차 있다. 작은
입자는 푸른 빛을 퍼지게 하고, 반면에 큰 입자는 붉은 빛을 퍼지게 한다. 지구에서는 공기 중의 입자가 작다. 빛이
우리 눈에 도달할 무렵에는 푸른 빛은 사방으로 퍼지고 붉은 빛만 남겨진다. 화성은 공기의 종류가 다르다. 그것은
더 큰 먼지 입자로 가득 차 있다. 이 더 큰 입자들은 붉은 빛을 퍼지게 만들고, 그래서 일몰 시에는 푸른 빛만 볼
수 있다.

**구문
해설**

② But **sunsets** [on Mars] *look very different*—they are blue.
➔ [ ]는 sunsets를 수식하는 전치사구이다.
➔ 「look+형용사」는 '~하게 보이다'의 의미이다. 부사 very가 형용사 different를 수식하고 있다.

⑦ Tiny particles **make blue light spread out**, *while* bigger particles make red light spread
out.
➔ 「make+목적어+동사원형」은 '~가 …하게 하다[만들다]'의 의미이다.
➔ while은 '~한 반면에'의 의미로, 주절과의 대조를 나타내는 접속사이다.

⑨ **By the time** the light reaches our eyes, blue light *is spread* everywhere, and only red light
is left.
➔ by the time은 '~할 무렵에, ~할 때 쯤에는'의 의미이다.
➔ is spread와 is left는 '남겨지다'의 의미로, 「be+p.p.」의 수동태이다.

정답 **1** 1) ⓑ 2) ⓒ 3) ⓐ   **2** 1) reflect 2) respond   **3** ③   **4** vibration   **5** ④   **6** 조종사들이 송전선을 발견하고 그것들과 부딪치는 것을 피하도록 돕는 것이다.   **7** ⑤   **8** ⓐ: Earth and Mars ⓑ: light

문제 해설

1 1) harm(해를 끼치다): ⓑ 무언가를 손상시키거나 그것이 제대로 작동하는 것을 막다
2) discover(발견하다): ⓒ 어떤 사람이 전에 알지 못했던 무언가를 알게 되다
3) provide(제공하다, 주다): ⓐ 누군가에게 무언가를 주다

2 1) 밝은 색이 어두운 색보다 더 많은 빛을 <u>반사한다</u>.
2) Kate는 내 어떤 질문에도 <u>대답하지</u> 않았다.

3 '그들은 그들이 항상 다른 사람들에게 응답해야 한다고 느낀다'라는 주어진 문장의 They가 문자 메시지나 전화를 놓치는 것을 원하지 않아 전화기를 너무 자주 확인하는 사람들을 가리키므로, ③에 들어가는 것이 가장 알맞다.

4
> 지속적이고 부드러운 흔들리는 움직임

5 송전선에 붙어 있는 표시구의 기능, 색 등을 설명하는 내용 중에 '일부 새들은 위험에도 불구하고 전선을 횟대로 사용하기도 한다.'는 내용의 (d)는 글의 흐름과 무관하다.

6 표시구의 목적은 조종사들이 송전선을 발견하고 그것들과 부딪치는 것을 피하도록 돕는 것이라고 했다.
> Q. 표시구의 목적은 무엇인가?

7 ⑤ 지구의 공기 중의 입자는 작다고 했고, 화성은 더 큰 먼지 입자로 가득하다고 했다.

8 ⓐ, ⓑ 모두 문장의 앞 부분에 언급되어 있다.

1

정답   1 ①   2 ②   3 ⑤   4 디자이너들이 누군가 자신들의 아이디어를 훔치는 것을 원하지 않았기 때문에

**문제
해설**

1 최초의 패션쇼가 어떻게 열렸는지에 관한 글이므로, 주제로는 ① '최초의 패션쇼 뒷이야기'가 가장 알맞다.

② 제2차 세계대전이 어떻게 패션쇼를 끝냈는지   ③ 디자이너들이 마네킹을 선호하는 이유

④ 왜 초기 패션쇼에서 살아있는 모델을 사용했는지   ⑤ 패션 사진을 창안한 사람

2 문장 ③-④에서 옷은 마네킹에만 전시되어서 실제 사람에게 옷이 어떻게 보일지 알 수 없었다고 했고, 빈칸 다음 문장에서 그의 옷을 입은 모델들이 돌아다니는 패션 퍼레이드에 관한 내용이 나오므로 ② '실제 사람들에게 그의 옷을 (입혀) 보여주기로'가 가장 알맞다.

① 그의 옷의 가격을 내리기로

③ 사람들이 그의 옷을 입어보도록 허락하기로

④ 어떻게 그의 옷이 만들어지는지 보여주기로

⑤ 인간의 몸을 닮은 마네킹을 만들기로

3 ⑤: 문장 ⑫-⑬에서 제2차 세계대전 이후 더 많은 관객이 있었다고 했다.

① 문장 ③에 언급되어 있다.

② 문장 ⑤에 언급되어 있다.

③ 문장 ⑦에 언급되어 있다.

④ 문장 ⑧에 언급되어 있다.

4 문장 ⑪에 언급되어 있다.

**본문
직독
직해**

① People have been interested in fashion / for centuries. / ② But / in the past, / there were
사람들은 패션에 관심을 가져왔다   수 세기 동안   그러나   과거에는

no fashion shows. / ③ Clothes were displayed / only on mannequins. / ④ So / there was no
패션쇼가 없었다   옷은 전시되었다   마네킹에만   그래서   방법이 없었다

way / to know / how the clothes would look on an actual person. / ⑤ That changed / in Paris /
알   옷이 실제 사람에게 어떻게 보일지를   그것은 변했다   파리에서

in the 1860s. / ⑥ An English designer / named Charles Frederick Worth / decided to show his
1860년대에   영국 디자이너는   Charles Frederick Worth라는 이름의   그의 옷을 (입혀) 보여주기로

clothes / on real people. / ⑦ So / he organized events / called fashion parades, / where models
결정했다   실제 사람들에게   그래서   그는 행사를 준비했다   패션 퍼레이드라고 불리는   그리고 그곳에서

wearing his clothes / walked past an audience. / ⑧ However, / there was no music, / no fancy
그의 옷을 입은 모델들이   관객들을 지나서 걸어 돌아다녔다   하지만   음악도 없었다   화려한

stage designs, / and no special effects. / ⑨ Instead, / they were small, private gatherings, /
무대 디자인도   그리고 특수 효과도 없었다   대신에   그것들은 작고 개인적인 모임이었다

with only buyers from stores / in the audience. / ⑩ Photographers weren't allowed to attend. /
상점에서 온 구매자들만 있는   관객에   사진작가들은 참석하도록 허용되지 않았다

⑪ This was because / the designers didn't want anyone to steal their ideas. / ⑫ After World
이것은 ~때문이다   그 디자이너들이 누군가 자신들의 아이디어를 훔치는 것을 원하지 않았기   제2차 세계대전 이후

War II, / fashion shows began to change. / ⑬ Soon / they became exciting events / with larger
　　　　　패션쇼는 변하기 시작했다　　　　　　　곧　　　　그것들은 흥미로운 행사가 되었다
audiences.
더 많은 관객이 있는

본문
해석
　　사람들은 수 세기 동안 패션에 관심을 가져왔다. 그러나 과거에는 패션쇼가 없었다. 옷은 마네킹에만 전시되
었다. 그래서 옷이 실제 사람에게 어떻게 보일지 알 방법이 없었다. 그것은 1860년대 파리에서 변했다. Charles
Frederick Worth라는 이름의 영국 디자이너는 실제 사람들에게 그의 옷을 (입혀) 보여주기로 결정했다. 그래서
그는 패션 퍼레이드라고 불리는 행사를 준비했는데, 그곳에서 그의 옷을 입은 모델들이 관객들을 지나서 걸어 돌아
다녔다. 하지만, 음악도, 화려한 무대 디자인도, 특수 효과도 없었다. 대신에 그것들은 상점에서 온 구매자들만 관객
에 있는 작고 개인적인 모임이었다. 사진작가들은 참석하도록 허용되지 않았다. 이것은 그 디자이너들이 누군가 자
신들의 아이디어를 훔치는 것을 원하지 않았기 때문이다. 제2차 세계대전 이후, 패션쇼는 변하기 시작했다. 곧 그것
들은 더 많은 관객이 있는 흥미로운 행사가 되었다.

구문
해설
① People **have been** interested in fashion for centuries.
　➡ have been은 '~해왔다'의 의미로, 〈계속〉을 나타내는 현재완료(have[has]+p.p.)이다.
④ So there was no way [to know {how the clothes would look on an actual person}].
　➡ [ ]는 명사 way를 수식하는 형용사적 용법의 to부정사구이다.
　➡ { }는 know의 목적어 역할을 하는 간접의문문이다.
⑥ An English designer [**named** Charles Frederick Worth] *decided to show* his clothes on real
people.
　➡ [ ]는 An English designer를 수식하는 과거분사구이다.
　➡ 「decide+to-v」는 '~하기로 결심하다'의 의미이다.
⑦ So he organized *events* [**called** fashion parades], *where* models {underline wearing his clothes}
walked **past** an audience.
　➡ [ ]는 events를 수식하는 과거분사구이다.
　➡ 「, where」는 선행사 events를 부연 설명하는 계속적 용법의 관계부사로 '그리고 그곳에서'의 의미이다.
　➡ { }는 models를 수식하는 현재분사구이다.
　➡ past는 전치사로, '~을 지나서'의 의미이다.
⑧ However, there was **no music, no fancy stage designs,** and **no special effects.**
　➡ no music, no fancy stage designs, no special effects가 「A, B, and C」의 구조로 병렬 연결되어 있다.
⑩ Photographers **weren't allowed to attend.**
　➡ 「be allowed to-v」는 '~하는 것이 허락되다'의 의미이다. '~가 …하는 것을 허락하다'의 의미인 「allow+목적어
+to-v」를 수동태로 만든 것이다.
⑪ **This was because** the designers didn't *want anyone to steal* their ideas.
　➡ 「This is[was] because ~」는 '이는 ~ 때문이(었)다'의 의미로, 뒤에 이유에 해당하는 내용이 온다.
　➡ 「want+목적어+to-v」는 '~가 …하기를 원하다'의 의미이다.

2

정답   1 ⑤   2 ②, ③   3 (1) F (2) F

4 (제2차 세계대전 중에 파괴되고 있던) 훌륭한 예술적, 역사적 가치를 지닌 건축물과 예술품을 보호하는 것

문제
해설

1 도시가 파괴되고 있었다는 앞 문장에 이어 예술적, 역사적 가치를 지닌 건물들과 예술품도 파괴되고 있었다는 (C), 이 물품들을 지키기 위해 모뉴먼츠 맨이 형성되었다는 (B), 그들이 누구였는지에 대한 내용의 (A)의 흐름이 알맞다.

2 문장 ③을 통해 모뉴먼츠 맨이 결성된 목적, 문장 ⑪을 통해 모뉴먼츠 맨의 업적을 알 수 있다.

3 (1) 문장 ⑤에서 기본적인 군사 훈련을 받은 적이 없다고 했다.
(2) 문장 ⑥에서 많은 구성원들이 다치고 죽었다고 했다.
(1) 많은 구성원이 군사 훈련 후에 전쟁 지역에서 활동했다.
(2) 적은 수의 구성원들이 전쟁터에서 죽거나 다쳤다.

4 문장 ③-④에 언급되어 있다.

본문
직독
직해

① It was World War II, / and / many European cities / were being destroyed. / ④ Many
제2차 세계대전 때였다   그리고   많은 유럽의 도시들이   파괴되고 있었다   많은

buildings and artwork / that had great artistic and historic value / were being destroyed, /
건축물과 예술품이   훌륭한 예술적, 역사적 가치를 지닌   파괴되고 있었다

too. / ③ So, / the Monuments Men, / a group of more than 300 people, / was formed / to
또한   그래서   모뉴먼츠 맨이   300명 이상의 사람들의 단체인   결성되었다

protect these items. / ② They were museum directors, historians, artists, and architects. /
이러한 물품들을 보호하기 위해   그들은 박물관장과 역사가, 예술가, 건축가들이었다

⑤ Although they had never received / basic military training, / they entered dangerous war
비록 그들은 결코 받은 적이 없었지만   기본적인 군사 훈련을   그들은 위험한 전쟁 지역들에 들어갔다

zones / and performed their duties. / ⑥ Many group members were hurt / and others were
        그리고 그들의 임무를 수행했다   많은 단체 구성원들이 다쳤다   그리고 다른 이들은

even killed. / ⑦ However, / their belief was strong. / ⑧ "Cultural assets are the evidence
심지어 죽었다   하지만   그들의 신념은 확고했다   문화재는 증거이다

that we have existed and developed," / a group member said. / ⑨ He continued, / "If these
우리가 존재해 왔고 발전해 왔다는   한 단체 구성원이 말했다   그는 계속했다   만약 이러한

things are destroyed, / it will be like / we never existed." / ⑩ Even after returning from the
것들이 파괴된다면   그것은 ~와 같을 것이다 우리가 결코 존재하지 않았던 것과   심지어 전쟁에서 돌아온 후에도

war, / many of the members continued / to preserve important works. / ⑪ Thanks to the
구성원 중 많은 이들이 계속했다   중요한 작품들을 지키는 것을   모뉴먼츠 맨 덕분에

Monuments Men, / many items of great cultural value / were saved. /
훌륭한 문화적 가치를 가진 많은 물품들이   구해졌다

본문
해석

　　제2차 세계대전 때였고, 많은 유럽의 도시들이 파괴되고 있었다. (C) 훌륭한 예술적, 역사적 가치를 지닌 많은 건축물과 예술품 또한 파괴되고 있었다. (B) 그래서, 300명 이상의 사람들의 단체인 모뉴먼츠 맨이 이러한 물품들을 보호하기 위해 결성되었다. (A) 그들은 박물관장과 역사가, 예술가, 건축가들이었다. 비록 그들은 결코 기본적인 군사 훈련을 받은 적이 없었지만, 위험한 전쟁 지역들에 들어가서 그들의 임무를 수행했다. 많은 단체 구성원들이 다쳤고 다른 이들은 심지어 죽었다. 하지만, 그들의 신념은 확고했다. "문화재는 우리가 존재해 왔고 발전해 왔다는 증거이다."라고 한 단체 구성원이 말했다. 그는 계속해서 "만약 이러한 것들이 파괴된다면, 그것은 우리가 결코 존재

하지 않았던 것과 같을 것이다."라고 말했다. 심지어 전쟁에서 돌아온 후에도, 구성원 중 많은 이들이 중요한 작품들을 계속 지켰다. 모뉴먼츠 맨 덕분에, 훌륭한 문화적 가치를 가진 많은 물품들이 구해졌다.

구문 해설

① **It** was World War II, and many European cities *were being destroyed*.
→ It은 〈시간·때〉를 나타내는 비인칭 주어이다.
→ 「be being+p.p.」는 '~되어지고 있다'의 의미인 진행형 수동태이다.
④ *Many buildings and artwork* [**that** had great artistic and historic value] *were being destroyed*, too.
→ [ ]는 선행사 Many buildings and artwork를 수식하는 주격 관계대명사절이다.
→ Many buildings and artwork가 문장의 주어이고, were being destroyed가 동사이다.
⑤ Although they **had never received** basic military training, … .
→ had never received는 '받은 적이 결코 없었다'의 의미로, 〈경험〉을 나타내는 과거완료(had+p.p.)이다. 과거완료는 과거 이전의 일이 과거까지 영향을 미칠 때 쓴다.
⑧ "Cultural assets are **the evidence** [**that** we have existed and developed]," a group member said.
→ [ ]는 앞에 나온 명사 the evidence의 구체적인 내용을 설명하는 동격의 명사절이다.

본책 • pp. 48-49

3

정답   1 ③   2 ⑤   3 ②   4 (어부들이 입었던) 건지(Guernsey) 스웨터에 각 일가의 독특한 무늬가 있었기 때문에

문제 해설

1 ③ 색상에 관해서는 언급되지 않았다.
①은 문장 ②에서 코팅된 양털로 만들어진다고 했고, ②는 문장 ④에서 영국의 섬에서 이름을 따왔다고 했고, ④는 문장 ⑤에서 손으로 짜였다고 했으며, ⑤는 문장 ⑧에서 코팅된 양털 덕분에 방수가 된다고 언급되어 있다.

2 ⓔ는 each family를 가리키고, 나머지는 건지 스웨터를 가리킨다.

3 어부들이 일 년 내내 배에서 일했다는 것은 그들은 따뜻하고 편한 옷이 필요했다는 내용의 이유가 되므로, 빈칸에는 이유를 나타내는 접속사 ② Since(~하기 때문에)가 가장 알맞다.
① ~(때)까지   ③ 만약 ~하지 않는다면   ④ 비록 ~일지라도   ⑤ ~인지 아닌지

4 문장 ⑩에 언급되어 있다.

본문 직독 직해

① The Guernsey sweater, / also known as a fisherman's sweater, / is a good fashion choice
건지(Guernsey) 스웨터는   어부의 스웨터라고도 알려진   겨울에 좋은 패션
for winter. / ② It is made of coated wool, / has a tight fit, / and is covered in knitted patterns. /
선택이다   그것은 코팅된 양털로 만들어진다   몸에 딱 붙는다   그리고 뜨개질 된 무늬들로 덮여 있다
③ This sweater has a long history. / ④ It got its name / from the British island of Guernsey. /
이 스웨터는 긴 역사를 지닌다   그것은 그것의 이름을 얻었다   영국의 건지섬으로부터
⑤ Local fishermen wore these sweaters, / which were hand-knitted. / ⑥ Since the fishermen
현지 어부들은 이 스웨터들을 입었다   그리고 그것들은 손으로 짜였다   어부들은
worked on boats / year round, / they needed clothes / that were both warm and comfortable. /
배에서 일했기 때문에   일 년 내내   그들은 옷이 필요했다   따뜻하고도 편한

⑦ They also had to be protected / from the cold water / splashing across their boats. /
그들은 또한 보호되어야 했다　　차가운 물로부터　　그들의 배 사방으로 튀는

⑧ The Guernsey sweater was perfect for them / because it was waterproof / thanks to its
건지 스웨터는 그들에게 안성맞춤이었다　　그것이 방수되었기 때문에

coated wool. /
그것의 코팅된 양털 덕분에

⑨ The sweater played another role, too. / ⑩ Traditionally, / each family had its own unique
그 스웨터는 또 다른 역할도 했다　　전통적으로　　각 일가는 그들 자신만의 독특한

pattern. / ⑪ This was not merely for fashion. / ⑫ Fishing was more dangerous in the past. /
무늬를 지녔다　이는 단지 패션을 위한 것만이 아니었다　　어업은 과거에 더 위험했다

⑬ If a fisherman's dead body washed / onto the shore, / his sweater would help / people
만약 어부의 시체가 밀려왔다면　　해변으로　　그의 스웨터가 도울 것이었다

identify him. /
사람들이 그의 신원을 확인하는 것을

본문 해석

어부의 스웨터라고도 알려진 건지(Guernsey) 스웨터는 겨울에 좋은 패션 선택이다. 그것은 코팅된 양털로 만들어지고, 몸에 딱 붙으며, 뜨개질 된 무늬들로 덮여 있다.

이 스웨터는 긴 역사를 지닌다. 그것은 영국의 건지섬으로부터 그것의 이름을 얻었다. 현지 어부들은 이 스웨터들을 입었는데, 그것들은 손으로 짜였다. 어부들은 일 년 내내 배에서 일했기 때문에, 그들은 따뜻하고도 편한 옷이 필요했다. 그들은 또한 그들의 배 사방으로 튀는 차가운 물로부터 보호되어야 했다. 건지 스웨터는 그것의 코팅된 양털 덕분에 방수되었기 때문에 그들에게 안성맞춤이었다.

그 스웨터는 또 다른 역할도 했다. 전통적으로, 각 일가는 그들 자신만의 독특한 무늬를 지녔다. 이는 단지 패션을 위한 것만이 아니었다. 어업은 과거에 더 위험했다. 만약 어부의 시체가 해변으로 밀려왔다면, 그의 스웨터가 사람들이 그의 신원을 확인하는 것을 도울 것이었다.

구문 해설

② It *is made* of coated wool, **has** a tight fit, and **is covered** in knitted patterns.
  ➔ is made, has, is covered는 각각 주어 It의 동사로, 접속사 and로 병렬 연결되어 있다.
  ➔ 「be made of」는 '~로 만들어지다'의 의미이다.
  ➔ 「be covered in」은 '~로 덮이다'의 의미이다.

⑤ Local fishermen wore **these sweaters, which** were hand-knitted.
  ➔ 「, which」는 선행사 these sweaters를 부연 설명하는 계속적 용법의 주격 관계대명사로, '그리고 그것은'의 의미이다.

⑥ **Since** the fishermen worked on boats year round, they needed *clothes* [*that* were both warm and comfortable].
  ➔ since는 이유를 나타내는 접속사로 '~하기 때문에'의 의미이다.
  ➔ [ ]는 선행사 clothes를 수식하는 주격 관계대명사절이다.
  ➔ 「both A and B」는 'A와 B 둘 다'의 의미이다.

⑦ They also had to be protected from the cold water [**splashing** across their boats].
  ➔ [ ]는 the cold water를 수식하는 현재분사구이다.

⑬ **If** a fisherman's dead body washed onto the shore, his sweater would *help people identify* him.

→ if는 〈조건〉을 나타내는 접속사로, '만약 ~라면'의 의미이다.

→ 「help+목적어+동사원형[to-v]」은 '~가 …하는 것을 돕다'의 의미이다.

본책 • pp. 50-51

4

정답 1 ④ 2 ② 3 ① 4 surprised, nothing

문제 해설

1 ④: 문장 ⑦-⑧에서 청중들 중 몇몇 사람에게는 무언가가 잘못된 것처럼 보였고, Cage가 말하고자 하는 바를 이해한 사람들은 감명 받았다고 했다.

①은 문장 ①-④에, ②는 문장 ④에, ③은 문장 ⑤에, ⑤는 문장 ⑫에 언급되어 있다.

[문제] 〈4분 33초〉에 관한 글의 내용과 일치하지 <u>않는</u> 것은?

① 그것은 1952년에 한 피아니스트에 의해 연주되었다.　② 그것은 John Cage에 의해 쓰였다.

③ 그것은 4분 33초 동안 계속된다.　④ 그것은 전체 청중에게 감명을 주었다.

⑤ 그것은 사람들이 음악에 대해 생각하는 방식에 도전했다.

2 John Cage가 음악은 어떤 소리로도 만들어질 수 있다고 믿었다는 내용의 (B), 그는 청중이 이 소리들(these sounds)을 듣기 원했다는 내용의 (A), 음악가가 아무것도 연주하지 않게 함으로써 청중이 그렇게 하도록 했다는 내용의 (C)의 흐름이 가장 알맞다.

[문제] 문장 (A)~(C)의 가장 알맞은 순서는?

3 ① 문장 ⑩에서 John Cage는 음악이 어떤 소리로도 만들어질 수 있다고 생각했다고 했다.

[문제] 글에 따르면, John Cage는 음악에 대해 어떻게 생각했는가?

① 만약 우리가 들으려고 노력하면, 음악은 어디에나 있다.　② 진정한 음악가들은 악기를 연주할 필요가 없다.

③ 음악은 악기로만 만들어질 수 있다.　④ 청중은 공연에서 어떤 역할도 없다.

⑤ 음악은 콘서트장에서 연주될 때 소리가 가장 좋다.

4 문장 ②-③, ⑥에서 연주자가 4분 33초 동안 아무것도 연주하지 않고 가 버려서 청중이 놀랐음을 알 수 있다.

[문제] 다음 빈칸에 알맞은 단어를 글에서 찾아 쓰시오.

> 연주자가 4분 33초 동안 <u>아무것도</u> 연주하지 않았기 때문에 청중은 놀랐다.

본문 직독 직해

① In August of 1952, / a pianist sat down / to give a performance. / ② He checked his watch /
1952년 8월에　　　한 피아니스트가 앉았다　　공연을 하기 위해　　　　　그는 그의 시계를 확인했다

and / waited for four minutes and thirty-three seconds. / ③ Afterward, / he bowed to the
그리고　4분 33초 동안 기다렸다　　　　　　　　　　　　　　후에　　　그는 청중에게 고개 숙여

audience / and walked away! /
인사했다　　그리고 걸어나가 버렸다

④ The pianist did not seem to be doing anything, / but he was actually performing / a
그 피아니스트는 어떤 것도 하고 있는 것처럼 보이지 않았다　　　　하지만 그는 사실 연주하고 있었다

piece of music called *4'33''*, / composed by John Cage. / ⑤ For four minutes and thirty-three
〈4분 33초〉라고 불리는 음악 작품을　　　 그리고 그것은 John Cage에 의해 작곡되었다　　　　 4분 33초 동안

seconds, / the performer plays nothing at all! /
　　　　　 연주자는 전혀 아무것도 연주하지 않는다

　　⑥ The audience was surprised. / ⑦ To some people, / it seemed / something had gone
　　　　청중은 놀랐다　　　　　　　　 어떤 사람들에게는　　 ~인 것처럼 보였다　 무언가가 잘못된 것

wrong. / ⑧ However, / others were impressed / because they understood / what Cage wanted
처럼　 / 하지만　　 다른 사람들은 감명 받았다　　　 그들은 이해했기 때문에　　　 Cage가 그들에게

to tell them. /
말하기 원했던 것을

　　⑩ Cage believed / that music could be made / with any sounds, / including the whispers
　　　Cage는 믿었다　　 음악이 만들어질 수 있다고　　 어떤 소리들로도　　 청중의 속삭임을

of the audience / or the sound of hearts beating. / ⑨ He wanted the audience to hear / these
포함하여　　　　　 또는 심장이 뛰는 소리를　　　　 그는 청중이 듣기를 원했다　　　　 이러한

sounds. / ⑪ By having the musician play nothing, / he let them do so. /
소리들을　 음악가가 아무것도 연주하지 않게 함으로써　　 그는 그들이 그렇게 하게 했다

　　⑫ Nowadays / *4'33''* is famous for challenging / the way / people think about music. /
　　　오늘날　 〈4분 33초〉는 도전하는 것으로 유명하다　 방식에　 사람들이 음악에 대해 생각하는

**본문
해석**

　　1952년 8월, 한 피아니스트가 공연을 하기 위해 앉았다. 그는 그의 시계를 확인하고 4분 33초 동안 기다렸다.
그 후에, 그는 청중에게 고개 숙여 인사하고 걸어나가 버렸다!

　　그 피아니스트는 어떤 것도 하고 있는 것처럼 보이지 않았지만, 그는 사실 〈4분 33초〉라고 불리는 한 음악 작
품을 연주하고 있었는데, 그것은 John Cage에 의해 작곡되었다. 4분 33초 동안, 연주자는 전혀 아무것도 연주하
지 않는다!

　　청중은 놀랐다. 어떤 사람들에게는, 무언가 잘못된 것처럼 보였다. 하지만, 다른 사람들은 Cage가 그들에게 말
하기 원했던 것을 이해했기 때문에 감명 받았다.

　　(B) Cage는 음악은 청중의 속삭임이나 심장이 뛰는 소리를 포함하여, 어떤 소리들로도 만들어질 수 있다고 믿
었다. (A) 그는 청중이 이러한 소리들을 듣기를 원했다. (C) 음악가가 아무것도 연주하지 않게 함으로써, 그는 그들
이 그렇게 하게 했다.

　　오늘날 〈4분 33초〉는 사람들이 음악에 대해 생각하는 방식에 도전하는 것으로 유명하다.

**구문
해설**

④ The pianist did not **seem to be doing** anything, but he was actually performing a piece
of music [*called 4'33''*], (which was) composed by John Cage.
　➡ 「seem+to-v」는 '~인 것 같다'의 의미이다.
　➡ [ ]는 a piece of music을 수식하는 과거분사구이다.
　➡ composed 앞에 「주격 관계대명사+be동사」인 which was가 생략되었는데, 선행사 *4'33''*을 부연 설명하는
　　 계속적 용법이다.

⑦ To some people, **it seemed** (that) something *had gone* wrong.
　➡ 「it seems (that)」은 '~인 것 같다'의 의미로, 명사절을 이끄는 접속사 that이 생략되었다. it은 가주어, that절
　　 이 진주어이다.

➔ had gone은 대과거(had+p.p.)로, 잘못된 것(had gone)이 보인 것(seemed)보다 먼저 일어났음을 나타 낸다.

⑧ However, others were impressed because they understood [**what** Cage wanted to tell them].

➔ [ ]는 understood의 목적어로 쓰였다. what은 선행사를 포함하는 관계대명사로, '~하는 것'의 의미이다.

⑪ By **having the musician play** nothing, he **let them** *do so*.

➔ 「have+목적어+동사원형」은 '~가 …하게 하다', 「let+목적어+동사원형」은 '~가 …하게 놔두다'의 의미이다.

➔ do so는 앞 문장의 hear these sounds를 가리킨다.

⑫ Nowadays *4'33″* is famous **for challenging** *the way* [(how) people think about music].

➔ challenging은 전치사 for의 목적어로 쓰인 동명사이다.

➔ [ ]는 선행사 the way를 수식하는 관계부사절이다. 선행사 the way와 관계부사 how는 함께 쓸 수 없다.

Review Test

정답 **1** 1) duty 2) audience **2** try on **3** where models wearing his clothes **4** ④ **5** ⑤
6 unique, identify **7** ⑤ **8** 청중의 속삭임이나 심장이 뛰는 소리

문제 해설

1 1) 그 개의 <u>임무</u>는 시각 장애인을 안내하는 것이다.
   2) 그 노래는 많은 <u>청중</u>에게 감명을 주었다

2 try on: ~을 입어보다

3 계속적 용법의 관계부사 where를 쓴 다음, 주어 models를 수식하는 현재분사구를 쓴다.

4 당시 패션쇼에 사진작가들이 들어오지 못했던 이유를 설명한 (C), 그러한 패션쇼가 제2차 세계 대전 이후에는 변하기 시작했다는 내용의 (A), 바뀐 패션쇼는 더 많은 관객이 있는 흥미로운 행사가 되었다는 내용의 (B)의 흐름이 가장 알맞다.

5 ⑤ 코팅된 양털 덕분에 방수가 되었다고 했다.

6 각 일가는 <u>독특한</u> 무늬를 가지고 있어서, 그것은 바다에서 사고가 발생했을 때 어부들을 <u>식별하는</u> 데 도움이 되었다.

7 ⓔ는 작곡가 John Cage를 가리키고, 나머지는 피아니스트를 가리킨다.

8 바로 앞 문장에 언급되어 있다.

1

정답   1 ③   2 ⑤   3 (1) F (2) T   4 secret, voting

**문제
해설**

1 '콩을 쏟다'라는 관용구의 유래에 관한 글이므로, 제목으로는 ③ '일반적으로 사용되는 한 문구가 유래한 곳'이 가장 알맞다.
① 음식과 관련된 표현들
② 관용구의 의미를 기억하는 방법
④ 고대 그리스가 오늘날의 투표 제도에 영향을 미친 방법
⑤ 숨겨진 정보를 다른 사람들과 공유해야 할 시기

2 빈칸 뒤 두 번째 단락에서 고대 그리스인이 콩을 항아리에 넣어서 투표했고, 그 항아리를 쏟으면 투표의 결과가 밝혀지는 것이기 때문에 '콩을 쏟다'는 말이 비밀 정보가 공개되었다는 의미로 쓰이게 되었다고 했다. 따라서, 빈칸에는 ⑤ '비밀로 유지되어야 할 정보를 공개했다'가 가장 알맞다.
① 중요한 일을 하는 것을 잊었다
② 누군가에게 한 약속을 어겼다
③ 어떤 문제에 관한 다른 사람의 의견에 영향을 미쳤다
④ 거짓으로 판명된 정보를 누군가에게 말했다

3 (1) 문장 ④-⑤에서 고대 그리스인들이 항아리에 콩을 넣어서 투표했다고 했다.
(2) 문장 ⑥에서 흰 콩이 "예"에 투표하는 데 사용되었다고 했다.
(1) 고대 그리스인들은 항아리에서 콩을 꺼내어 투표했다.
(2) 흰 콩은 그리스 투표 제도에서 '예'를 의미했다.

4
> 사람들은 <u>비밀</u> 정보를 드러내는 것에 대해 이야기하기 위해 종종 '콩을 쏟다'라는 문구를 사용하지만, 그것의 기원은 불분명하다. 일부 사람들은 이 표현이 고대 그리스의 <u>투표</u> 시스템에서 생겨났을 수도 있다고 시사했다.

**본문
직독
직해**

① Have you ever revealed information / that was supposed to be kept secret? / ② If so, /
　　정보를 공개한 적이 있는가　　　　　　비밀로 유지되어야 할　　　　　　만약 그렇다면

then you've spilled the beans! /
당신은 콩을 쏟은 것이다

③ The origin of this phrase is not exactly clear. / ④ However, / according to one popular
　이 문구의 기원은 정확하게 밝혀지지 않았다　　　　하지만　　　한 인기 있는 이야기에 따르면

story, / it refers to an ancient Greek voting system. / ⑤ In this system, / each person would
　　이것은 고대 그리스의 투표 제도를 가리킨다고 한다　　　　이 제도에서　　각각의 사람은 투표하곤 했다

vote / by putting a bean into a large jar. / ⑥ White beans were used to vote "yes," / and black
　　큰 항아리에 콩을 넣음으로써　　　　흰 콩은 "예"에 투표하는 데 사용되었고　　검은 콩은

beans were used to vote "no." / ⑦ Nobody knew / what the result would be / during the voting
"아니오"에 투표하는 데 사용되었다　아무도 알 수 없었다　어떤 결과가 나올지　　투표 과정 중에

process. / ⑧ However, / if someone spilled the beans in the jar / onto the floor, / then / the
　　하지만　　만약 누군가가 항아리 안의 콩을 쏟았다면　　바닥에　　그러면

votes would no longer be hidden. /
그 투표는 더 이상 숨겨지지 않을 것이었다

⑨ Whether this story is true or not, / it helps us remember the phrase's meaning. / ⑩ If you
이 이야기가 사실이든 아니든   그것은 우리가 이 문구의 의미를 기억할 수 있도록 도와준다   만약

discover the phrase's true origin, / please spill the beans! /
당신이 이 문구의 실제 기원을 발견한다면   제발 콩을 쏟아라

**본문
해석**

비밀로 유지되어야 할 정보를 공개한 적이 있는가? 만약 그렇다면, 당신은 콩을 쏟은 것이다!

이 문구의 기원은 정확하게 밝혀지지 않았다. 하지만, 한 인기 있는 이야기에 따르면, 이것은 고대 그리스의 투표 제도를 가리킨다고 한다. 이 제도에서, 각각의 사람은 큰 항아리에 콩을 넣어 투표하곤 했다. 흰 콩은 '예'에 투표하는 데 사용되었고 검은 콩은 '아니오'에 투표하는 데 사용되었다. 투표 과정 중에는 어떤 결과가 나올지 아무도 알 수 없었다. 하지만, 만약 누군가가 항아리 안의 콩을 바닥에 쏟았다면, 그 투표는 더 이상 숨겨지지 않을 것이었다.

이 이야기가 사실이든 아니든, 그것은 우리가 이 문구의 의미를 기억할 수 있도록 도와준다. 만약 당신이 이 문구의 실제 기원을 발견한다면, 제발 콩을 쏟아라!

**구문
해설**

① Have you ever revealed **information** [**that** was supposed to *be kept secret*]?
  → [ ]는 선행사 information을 수식하는 주격 관계대명사절이다.
  → 「be kept+형용사」는 「keep+목적어+형용사(~을 …하게 유지하다)」의 수동태 표현으로, '…하게 유지되다'의 의미이다.

⑤ In this system, each person **would** vote *by putting* a bean into a large jar.
  → would는 '~하곤 했다'의 의미인 조동사로, 〈과거의 습관〉을 나타낸다.
  → putting은 전치사 by의 목적어 역할을 하는 동명사이다.
  → 「put A into B」는 'A를 B에 넣다'의 의미이다.

⑥ White beans **were used to vote** "yes," and black beans **were used to vote** "no."
  → 「be used+to-v」는 '~하는 데 사용되다'의 의미이다.

⑦ Nobody **knew** [what the result would be] during the voting process.
  → [ ]는 「의문사+주어+동사」의 간접의문문으로, 동사 knew의 목적어로 쓰였다.

⑨ **Whether** this story is true **or not**, it *helps us remember* the phrase's meaning.
  → 「whether … (or not)」는 명사절을 이끄는 접속사로, '~인지 아닌지'의 의미이다.
  → 「help+목적어+동사원형[to-v]」은 '~가 …하는 것을 돕다'의 의미이다.

본책 ▪ pp. 58-59

2

정답 1 ⑤   2 ④   3 ②   **4** (1) unusual (2) bald (3) wings (4) in front of

**문제
해설**

1 주어진 문장의 This는 카이로스의 발에 날개가 있다는 문장 ⑦의 내용을 가리키므로, 그 다음인 ⑤의 위치가 가장 알맞다.

2 첫 번째 단락에서 특이한 머리 모양과 발에 달린 날개를 언급하며 카이로스의 외적인 특징을 설명하고 있으므로, 빈칸에는 ④ '그의 외모'가 가장 알맞다.
① 그의 이름 ② 그의 몸짓 ③ 그의 성격 ⑤ 그의 표정

3 기회가 앞에 있을 때 두려워하고 망설인다면 기회는 바로 날아가 버릴 것이므로 기회를 즉시 잡아야 한다는 내용이므로, ② '쇠가 달았을 때 두드려라.[쇠뿔도 단김에 빼라.]'가 가장 잘 어울린다.

① 모든 개는 그의 날이 있다.[쥐구멍에도 볕 들 날이 있다.]　③ 하나의 문이 닫히면, 다른 문이 열린다.

④ 기회가 두드리지[찾아오지] 않으면, 문을[기회를] 만들어라.　⑤ 성공은 기회가 준비를 만났을 때 발생한다.

4

카이로스의 특징	(1) 특이한 머리 모양: 앞쪽에는 긴 머리이지만 뒤쪽은 (2) 대머리	그의 발에 달린 (3) 날개들
의미	기회가 (4) 앞에 있을 때 잡아야 한다.	기회는 빨리 사라진다.

본문 직독 직해

① Look at the picture below. / ② You can see a man / with an unusual hairstyle. / ③ That is
아래에 있는 그림을 보라　　　당신은 한 남자를 볼 수 있다　　특이한 머리 모양을 가진　　　그것은

Kairos, / the god of opportunity / in Greek myths. / ④ He has long hair / on the front of his
카이로스이다　　기회의 신인　　　그리스 신화 속의　　　그는 긴 머리카락을 가지고 있다　그의 머리 앞쪽에

head, / yet / the back of his head is completely bald. / ⑤ So, / when he approaches, / you can
그렇지만　그의 머리 뒤쪽은 완전히 대머리이다　　　그러므로　그가 다가올 때　　　당신은

easily catch him / by grabbing his long hair. / ⑥ However, / once he passes, / there is nothing
쉽게 그를 잡을 수 있다　그의 긴 머리카락을 붙잡음으로써　　하지만　일단 그가 지나가면　아무것도 없다

to hold on to. / ⑦ You may also notice / that he has wings / on his feet. / This means / he
붙잡을　　　당신은 또한 알아챌지도 모른다　그가 날개들을 가진 것을　그의 발에　이는 의미한다　그가

comes and goes / very quickly. /
오간다는 것을　　매우 빠르게

⑧ His appearance teaches you / what to do / when an opportunity is / in front of you. /
그의 외모는 당신에게 가르쳐 준다　　무엇을 해야 할지　　기회가 있을 때　　당신의 앞에

⑨ You need to grab it / right away. / ⑩ This may seem difficult or dangerous. / ⑪ However,
당신은 그것을 잡을 필요가 있다　즉시　　이것은 어렵거나 위험하게 보일지도 모른다　　　하지만

if you are afraid and hesitate / even for a moment, / it will pass you by / and fly away. /
만약 당신이 두려워하고 망설인다면　　잠깐이라도　　　그것은 당신을 지나갈 것이다　그리고 날아가 버릴 것이다

본문 해석

　　아래에 있는 그림을 보라. 당신은 특이한 머리 모양을 가진 한 남자를 볼 수 있다. 그것은 그리스 신화 속 기회의 신인 카이로스이다. 그는 그의 머리 앞쪽에 긴 머리카락을 가지고 있지만, 그의 머리 뒤쪽은 완전히 대머리이다. 그러므로, 그가 다가올 때, 당신은 그의 긴 머리카락을 붙잡음으로써 쉽게 그를 잡을 수 있다. 하지만, 일단 그가 지나가면, 붙잡을 것이 아무것도 없다. 당신은 또한 그가 그의 발에 날개들을 가진 것을 알아챌지도 모른다. 이는 그가 매우 빠르게 오간다는 것을 의미한다.

　　그의 외모는 기회가 당신의 앞에 있을 때 무엇을 해야 할지 당신에게 가르쳐 준다. 당신은 그것을 즉시 잡을 필요가 있다. 이것은 어렵거나 위험하게 보일지도 모른다. 하지만, 만약 당신이 두려워하고 잠깐이라도 망설인다면, 그것은 당신을 지나서 날아가 버릴 것이다.

구문 해설

⑥ However, **once** he passes, there is nothing *to hold on to*.
　➡ once 는 '일단 ~가 …하면'의 의미로, 〈조건〉을 나타내는 접속사이다.
　➡ to hold on to는 형용사적 용법의 to부정사구로, 앞의 대명사 nothing을 수식한다.
⑦ You may also notice [**that** he has wings on his feet].
　➡ that은 명사절을 이끄는 접속사로, [ ]는 동사 notice의 목적어로 쓰였다.

⑧ His appearance **teaches you *what to do*** when an opportunity is in front of you.

　→ 「teach A B」는 'A에게 B를 가르치다'의 의미이다.

　→ 「what+to-v」는 '무엇을 ~(해야) 할지'의 의미이다.

⑩ This may **seem difficult** or **dangerous**.

　→ 「seem+형용사」는 '~하게 보이다'의 의미이다.

본책 • pp. 60-61

3

정답　1 ④　　2 ⑤　　3 ②　　4 (멕시코 주변 이외의 나라에서는) 곤충들이 바닐라 식물을 수분시키지 않는 것

문제 해설

1 희귀했던 바닐라가 한 소년이 발명한 수분 방법 덕분에 세계적으로 흔해졌다는 내용의 글이므로, 제목으로 ④ '한 소년이 어떻게 바닐라를 세계에 가져다주었는가'가 가장 적절하다.

　① 바닐라의 여러 다양한 용도　　　　　② 아프리카가 원산지인 멕시코 식물

　③ 한 과학자에 의해 발명된 한 향신료　　⑤ 식물을 수분시키기 위해 바닐라를 이용하는 농부들

2 빈칸 (A)가 있는 문장에서 바닐라가 멕시코와 그 주변에서만 자라 가장 희귀했던 향신료 중 하나라고 언급되어 있고, 빈칸 (B)가 있는 문장은 Albius가 없어서 바닐라가 여전히 희귀한 상황을 가정하므로, 두 빈칸에 공통으로 들어갈 말로 가장 적절한 것은 ⑤ expensive(비싼)이다.

　① 대중적인　② 흔한　③ 어려운　④ 맛있는

3 ②: 문장 ③에서 많은 사람들이 바닐라 식물을 자신의 나라로 들여왔다고 했으므로, ② '바닐라 식물은 멕시코 밖으로 반출될 수 없었다.'는 글의 내용과 일치하지 않는다.

　①은 문장 ①에, ③은 문장 ④에, ④는 문장 ⑩에, ⑤는 문장 ⑪에 언급되어 있다.

4 문장 ③에 언급되어 있다.

본문 직독 직해

① Vanilla was once / one of the rarest and most expensive spices. / ② This was because /
　바닐라는 한때 ~였다　　가장 희귀하고 비싼 향신료 중 하나　　　　　　이는 ~ 때문이었다

vanilla fruit only grew in and around Mexico. / ③ Many people brought vanilla plants / to
바닐라 열매가 멕시코와 그 주변에서만 자랐기　　　　많은 사람들이 바닐라 식물을 들여왔다

their own countries, / but no insects pollinated them. / ④ Scientists tried to find a solution /
자신의 나라로　　　　하지만 어떤 곤충도 그것들을 수분시키지 않았다　　과학자들은 해결책을 찾으려고 노력했다

to this problem, / but they all failed. / ⑤ Finally, in 1841, / a 12-year-old boy / named Edmond
이 문제에 대한　　하지만 그들은 모두 실패했다　마침내 1841년에　　한 12세 소년이　　Edmond Albius라는

Albius / invented a method / for pollinating vanilla plants. /
이름의　　한 방법을 발명했다　　바닐라 식물을 수분시키기 위한

⑥ The boy was a slave / on a farm / on an island / near Africa. / ⑦ The farmer owned /
그 소년은 노예였다　　농장에 있는　한 섬에 있는　아프리카 근처의　그 농장주는 소유했다

some vanilla plants. / ⑧ However, they never grew any fruit. / ⑨ One day, / the farmer noticed
바닐라 식물 몇 그루를　　　하지만, 그것들은 결코 어떤 열매도 맺지 않았다　　어느 날　그 농장주는 열매 하나를

a fruit / on one of the plants. / ⑩ Albius proudly explained / that he had pollinated it / using
알아챘다　식물들 중 한 그루에서　　Albius는 자랑스럽게 설명했다　그가 그것을 수분시켰었다고

his thumb and a stick. / ⑪ Amazed, / the farmer made / Albius share the method / with
그의 엄지손가락과 막대기를 사용하여   놀라워하며   농장주는 만들었다   Albius가 그 방법을 공유하도록

others. / ⑫ Eventually, / thanks to Albius's method, / vanilla became common / around the
다른 사람들과   결국   Albius의 방법 덕분에   바닐라는 흔해졌다

world. / ⑬ Without Albius, / delicious chocolate, ice cream, and cola / would be too expensive
세계적으로   만약 Albius가 없었다면   맛있는 초콜릿과 아이스크림, 콜라는   너무 비싸서 살 수 없을 것이다

to buy. /

본문
해석

바닐라는 한때 가장 희귀하고 비싼 향신료 중 하나였다. 이는 바닐라 열매가 멕시코와 그 주변에서만 자랐기 때문이었다. 많은 사람들이 바닐라 식물을 자신의 나라로 들여왔지만, 어떤 곤충도 그것들을 수분시키지 않았다. 과학자들은 이 문제에 대한 해결책을 찾으려고 노력했지만, 그들은 모두 실패했다. 마침내 1841년에, Edmond Albius라는 이름의 한 12세 소년이 바닐라 식물을 수분시키기 위한 한 방법을 발명했다.

그 소년은 아프리카 근처의 한 섬에 있는 농장의 노예였다. 그 농장주는 바닐라 식물 몇 그루를 소유했다. 하지만, 그것들은 결코 어떤 열매도 맺지 않았다. 어느 날, 그 농장주는 식물들 중 한 그루에서 열매 하나를 알아챘다. Albius는 그가 그의 엄지손가락과 막대기를 사용하여 그것을 수분시켰다고 자랑스럽게 설명했다. 농장주는 놀라워하며, Albius가 그 방법을 다른 사람들과 공유하도록 했다. 결국, Albius의 방법 덕분에, 바닐라는 세계적으로 흔해졌다. 만약 Albius가 없었다면, 맛있는 초콜릿과 아이스크림, 콜라는 너무 비싸서 살 수 없을 것이다.

구문
해설

① Vanilla was once **one of the rarest and most expensive spices.**
→ 「one of the+형용사의 최상급+복수 명사」는 '가장 ~한 …들 중 하나'라는 의미이다.

⑤ Finally, in 1841, a 12-year-old boy [**named** Edmond Albius] invented a method for pollinating vanilla plants.
→ [ ]는 a 12-year-old boy를 수식하는 과거분사구이다.

⑩ Albius proudly *explained* [**that** he *had pollinated* it using his thumb and a stick].
→ [ ]는 explained의 목적어로 쓰인 명사절이다.
→ had pollinated는 대과거(had+p.p.)로, 수분시킨 것(had pollinated)이 설명한 것(explained)보다 먼저 일어났음을 나타낸다.

⑪ [(Being) Amazed], the farmer **made Albius share** the method with others.
→ [ ]는 〈동시동작〉을 나타내는 수동형 분사구문으로, 앞에 Being이 생략되었다.
→ 「make+목적어+동사원형」은 '~가 …하게 하다[만들다]'의 의미이다.

⑫ Eventually, thanks to Albius's method, vanilla **became common** around the world.
→ 「become+형용사」는 '~하게 되다', '~해지다'의 의미로, 부사가 아니라 형용사와 함께 쓴다.

⑬ **Without Albius, delicious chocolate, ice cream, and cola would be** *too expensive to buy*.
→ 「without+명사, 주어+조동사의 과거형+동사원형」은 '만약 ~가 없(었)다면 …할 텐데'의 의미이다.
→ 「too+형용사+to-v」는 '너무 ~해서 …할 수 없다'라는 의미이다.

4

정답　1 became　2 ①　3 (1) F (2) T　4 (1) British (2) carry (3) kick (4) rules

문제 해설

1　영국의 공 경기인 풋볼에서 유래한 럭비와 축구, 미식축구에 관한 글이므로, 빈칸 (A)에 공통으로 들어갈 수 있는 단어는 became(되었다)이 알맞다.

[문제] 빈칸 (A)에 공통으로 들어갈 단어를 글에서 찾아 쓰시오.

2　첫 번째 단락에서 그들 자신의 방식으로 경기를 발전시켰다고 하였고, 두 번째 단락에서 럭비와 축구, 미식축구가 조금씩 다른 규칙을 따른다고 하였으므로, 빈칸 (B)에는 ① '그것 자신의 방식으로 발전했다'가 가장 알맞다.

[문제] 빈칸 (B)에 들어갈 말로 가장 알맞은 것은?

② 같은 규칙이 몇 개 있다　　　　　③ 여전히 같은 범주에 있다

④ 선수들이 공을 나르도록 허용한다　　⑤ 세계적으로 유명한 올림픽 종목이 되었다

3　(1) 문장 ①, ③에서 원하는 만큼의 많은 선수들을 경기에 뛰게 할 수 있었다고 했다.

(2) 문장 ⑥에서 19세기 초에 풋볼은 영국 사립 학교들에서 두 가지 주요 범주로 나뉘었다고 했다.

[문제] 글의 내용과 일치하면 T, 그렇지 않으면 F를 쓰시오.

(1) 옛날에, 영국 공 경기에 참여하는 선수들의 수는 제한되어 있었다.

(2) 영국 사립 학교의 학생들은 19세기 초에 두 가지 다른 형태의 풋볼을 하기 시작했다.

4　[문제] 다음 빈칸에 알맞은 단어를 상자에서 골라 쓰시오.

미국의　　　나르다　　　규칙들　　　발달시키다　　　영국의　　　차다

풋볼: (1) **영국의** 마을들의 경기

럭비	**축구**
선수들은 손으로 공을 (2) **나를** 수 있다.	선수들은 공을 (3) **찬다**.

미식축구
북아메리카에서, 럭비 형태의 경기의 몇몇 (4) **규칙들**이 바뀌었다.

본문 직독 직해

① Long ago, / people in many British towns / played a game / with a ball. / ② The goal /
오래전에　　많은 영국 마을들의 사람들은　　경기를 했다　　공을 가지고　　목표는

was to kick or carry the ball / to a particular place. / ③ The teams could use / as many players
공을 차거나 나르는 것이었다　　특정한 곳까지　　팀들은 쓸 수 있었다　　그들이 원하는 만큼의

as they wanted / in a game. / ④ This game eventually became / a sport called "football." /
많은 선수들을　　한 경기에　　이 경기는 결국 되었다　　'풋볼'이라고 불리는 운동 경기가

⑤ Each community developed / their own form of the sport. /
각 지역 사회는 발달시켰다　　그 운동 경기의 그들 자신의 방식을

⑥ In the early 19th century, / football was divided / into two major categories / in British
19세기 초에　　풋볼은 나뉘었다　　두 가지 주요 범주로　　영국

public schools. / ⑦ One type / allowed the players to carry the ball / with their hands. /
사립 학교들에서　　한 방식은　　선수들이 공을 나르는 것을 허용했다　　그들의 손으로

⑧ This sport later / became rugby. / ⑨ In the other type, / which became soccer, / players
이 운동 경기는 나중에　　럭비가 되었다　　다른 방식에서는　　그리고 그것은 축구가 되었는데　　선수들은

kicked the ball. / ⑩ Both were introduced / to North America, / but North Americans
공을 찼다　　두 가지 모두 소개되었다　　북아메리카에　　하지만 북아메리카 사람들은

enjoyed the rugby-type game / more. / ⑪ As time went by, / they changed some of the rules, /
럭비 형태의 경기를 즐겼다   더   시간이 지남에 따라   그들은 몇몇 규칙들을 바꾸었다

and the game became / what is called "American football" today. /
그리고 그 경기는 되었다   오늘날 '미식축구'로 불리는 것이

⑫ The three sports originated / from the same game, / but each one developed / in its own
그 세 가지 운동 경기는 비롯되었다   같은 경기로부터   하지만 각각은 발전했다   그것 자신의

way. /
방식으로

본문
해석

오래전에, 많은 영국 마을들의 사람들은 공을 가지고 경기를 했다. 목표는 공을 특정한 곳까지 차거나 나르는 것이었다. 팀들은 그들이 원하는 만큼의 많은 선수들을 한 경기에 쓸 수 있었다. 이 경기는 결국 '풋볼'이라고 불리는 운동 경기가 되었다. 각 지역 사회는 그 운동 경기의 그들 자신의 방식을 발달시켰다.

19세기 초에, 풋볼은 영국 사립 학교들에서 두 가지 주요 범주로 나뉘었다. 한 방식은 선수들이 그들의 손으로 공을 나르는 것을 허용했다. 이 운동 경기는 나중에 럭비가 <u>되었다</u>. 다른 방식에서, 그것은 축구가 되었는데, 선수들은 공을 찼다. 두 가지 모두 북아메리카에 소개되었지만, 북아메리카 사람들은 럭비 형태의 경기를 더 즐겼다. 시간이 지남에 따라, 그들은 몇몇 규칙들을 바꾸었고, 그 경기는 오늘날 '미식축구'로 불리는 것이 <u>되었다</u>.

그 세 가지 운동 경기는 같은 경기로부터 비롯되었지만, 각각은 <u>그것 자신의 방식으로 발전했다</u>.

구문
해설

② The goal was **to kick** or (to) **carry** the ball to a particular place.
  ➡ to kick과 (to) carry는 명사적 용법의 to부정사로, 문장의 보어로 쓰였다.

③ The teams could use **as many players as** they wanted in a game.
  ➡ 「as+형용사의 원급+as」는 '~만큼 …한'의 의미이다. 형용사가 수식하는 명사(구)가 있을 때는 함께 쓴다.

⑨ In **the other type**, [**which** became soccer], players kicked the ball.
  ➡ [ ]는 선행사 the other type을 부연 설명하는 계속적 용법의 주격 관계대명사절로 문장 중간에 삽입되었다.

⑪ … , and the game became **what** is called "American football" today.
  ➡ what은 선행사를 포함하는 관계대명사로, '~하는 것'의 의미이다.

⑩ Researchers hope / to continue studying / what plants say / so that they can help people /
　연구원은 희망한다　　　계속 연구하기를　　식물들이 말하는 것을　　그들이 사람들을 도울 수 있도록

who work with plants, / such as farmers. /
식물들과 함께 일하는　　　농부들처럼

본문 해석

　　오랫동안, 과학자들은 식물들이 소리에 반응한다는 것을 알았다. 하지만, 최근의 발견은 식물들이 또한 그것들 자신의 소리를 낸다는 것을 보여주었다.

　　연구원들은 토마토 주변의 소리를 듣기 위해 마이크를 사용했다. 그들은 사람들이 자신들의 귀로 들을 수 없는 소리를 식물들이 낸다는 것을 발견했다. 게다가, 연구원들은 소리에서 몇 가지 패턴을 알아냈는데, 그것은 딸깍거리는 소리나 펑 하는 소리와 비슷했다. 식물들이 많은 물을 가지고 있을 때, 그것들은 거의 어떤 소리도 내지 않았다. 그러나, 그것들의 토양이 더 건조해질 때 그것들은 더 많은 소리를 냈다. 그것들은 또한 줄기 중 하나가 잘려 나가면 더 많은 소리를 냈다. 다시 말해서, 식물들은 <u>그것들이 스트레스를 받았을 때</u> 소리를 냈다.

　　연구원들은 농부들처럼 식물들과 함께 일하는 사람들을 도울 수 있도록 식물들이 말하는 것을 계속 연구하기를 희망한다.

구문 해설

① For a long time, scientists **have known** [*that* plants respond to sound].
- → have known은 〈계속〉을 나타내는 현재완료(have[has]+p.p.)이다.
- → that은 명사절을 이끄는 접속사로, [ ]는 동사 have known의 목적어 역할을 한다.

② However, recent discoveries **have shown** [*that* plants also make sounds of their own].
- → have shown은 '보여주었다'의 의미로, 〈완료〉를 나타내는 현재완료(have[has]+p.p.)이다.
- → that은 명사절을 이끄는 접속사로, [ ]는 동사 have shown의 목적어 역할을 한다.

③ Researchers used microphones **to listen** to the sounds around tomatoes.
- → to listen은 '듣기 위해'의 의미로, 〈목적〉을 나타내는 부사적 용법의 to부정사이다.

④ They discovered [**that** plants make *sounds* {**that** humans cannot hear with their own ears}].
- → that은 명사절을 이끄는 접속사로, [ ]는 동사 discovered의 목적어 역할을 한다.
- → { }는 선행사 sounds를 수식하는 목적격 관계대명사절이다.

⑤ What is more, the researchers noticed **some patterns in the sounds, which** resembled clicking or popping noises.
- → 「, which」는 선행사 some patterns in the sounds를 부연 설명하는 계속적 용법의 주격 관계대명사로, '그리고 그것은'의 의미이다.

⑥ They also made more sounds when **one of their stems** *was* cut off.
- → 「one of+복수 명사」는 '~들 중 하나'의 의미로, one이 주어이므로 단수형 동사 was가 쓰였다.
- → was cut off는 '잘렸다'의 의미로, 「be+p.p.」의 수동태이다.

⑦ However, **as** their soil *became drier*, they made more sounds.
- → as는 '~할 때'의 의미인 접속사로 쓰였다.
- → 「become+형용사의 비교급」은 '더 ~해지다, 더 ~하게 되다'의 의미이다.

⑩ Researchers hope [**to** *continue* studying {<u>what</u> plants say} **so that they can** help *people* <*who* work with plants>, such as farmers].

→ [ ]는 명사적 용법의 to부정사구로, hope의 목적어로 쓰였다.
→ 「continue + v-ing[to-v]」는 '계속해서 ~하다'의 의미이다.
→ what은 선행사를 포함하는 관계대명사로, '~하는 것'의 의미이다. { }는 studying의 목적어로 쓰였다.
→ 「so that + 주어 + can[could] ~」은 '~가 …하도록[하기 위해]'의 의미이다.
→ < >는 선행사 people을 수식하는 주격 관계대명사절이다.

본책 ∘ pp. 70-71

2

정답 1 ⑤   2 ⑤   3 (1) T (2) F   4 escaping, protect, tourist attraction

문제 해설

1 투르크메니스탄 사막 지역의 한 구덩이에서 유독 가스가 새어 나왔고, 40년 이상이 지난 지금까지도 불타고 있다는 내용이므로, 제목으로 ⑤ '수십 년간 불타고 있는 큰 구덩이'가 가장 알맞다.

① 천연가스를 얻기 위한 노력
② 큰 화재로 인한 피해
③ 유독 가스로 가득한 사막
④ 다르바자: 끝없이 어두운 동굴

2 ⑤: 문장 ⑨-⑩에서 타기 시작한 지 40년이 넘었다고 했고 불이 언제 멈출지는 아무도 모른다고 했다.
①은 문장 ①에, ②는 문장 ③에, ③은 문장 ④에, ④는 문장 ⑤에 언급되어 있다.

3 (1) 문장 ⑧-⑨에서 과학자들은 며칠 만에 가스가 다 타버릴 것으로 예상했으나 현재까지도 불타고 있다고 했다.
(2) 현재 방문이 금지되었다는 언급은 없으며, 문장 ⑪에서 지옥으로 가는 문이 불타는 것을 멈추기 전에 방문해야 할 것이라고 했다.
(1) 과학자들은 그 구덩이가 얼마나 오래 불탈지 예측하는 데 실패했다.
(2) 지옥으로 가는 문에 방문하는 것은 현재 허락되지 않는다.

4 문장 ③과 ⑥-⑨에 언급되어 있다.

> 유독 가스가 한 거대 구덩이로부터 <u>새어 나오기</u> 시작했기 때문에, 과학자들은 그 가스를 태워버림으로써 그 지역을 <u>보호하기로</u> 결정했다. 실제로, 그 가스는 다 타지 않았지만, 그것은 유명한 <u>관광 명소</u>의 시작이었다.

본문 직독 직해

① Imagine a burning hole / that is about 70 meters wide / and 30 meters deep! ② Is it the
불타오르는 구덩이를 상상해 보라　　너비가 약 70m인　　그리고 깊이가 30m인　　그것은

door to hell? ③ Actually, / it is called / the "door to hell," / but / it's just a famous tourist
지옥으로 가는 문일까?　실제로,　그것은 불린다　'지옥으로 가는 문'이라고　그러나　그것은 그저 유명한 관광

attraction / in Darvaza, / a village in Turkmenistan's Karakum Desert. /
명소이다　다르바자에 있는　　투르크메니스탄의 카라쿰 사막에 있는 마을인

④ In 1971, / scientists started digging / for natural gas / in this area. ⑤ However, / the
1971년에　과학자들은 땅을 파기 시작했다　천연가스를 찾아　이 지역에서　　그러나

ground around the site / soon collapsed, / creating a huge hole. / ⑥ Then / poisonous gas
그 장소 주변의 땅이　　곧 무너졌다　　그리고 거대한 구덩이를 생성했다　그러고 나서　유독 가스가

정답 및 해설 **47**

began escaping / through the hole. / ⑦ In order to protect people in the area, / the scientists
새어 나오기 시작했다　　그 구덩이를 통해　　　　　그 지역의 사람들을 보호하기 위해　　　　　과학자들은

decided to burn off the gas. / ⑧ They thought / that it would take only a few days. / ⑨ Even
그 가스를 태워 없애기로 결정했다　　　그들은 생각했다　　그것이 단 며칠만 걸릴 것이라고

more than 40 years later, / however / the hole is still burning. / ⑩ No one knows / when this
심지어 40년 이상이 지난 후에도　　　하지만　　　그 구덩이는 여전히 불타고 있다　　아무도 알지 못한다　　언제 이

huge fire will stop. / ⑪ Maybe you should visit the door to hell / before it stops burning. /
거대한 불길이 멈출 것인지　　아마 당신은 지옥으로 가는 문을 방문해야 할 것이다　　그것이 불타는 것을 멈추기 전에

본문 해석

　　　너비가 약 70m이고 깊이가 30m인 불타오르는 구덩이를 상상해 보라! 그것은 지옥으로 가는 문일까? 실제로, 그것은 '지옥으로 가는 문'이라고 불리지만, 그것은 투르크메니스탄의 카라쿰 사막에 있는 마을인 다르바자에 있는 그저 한 유명한 관광 명소이다.

　　　1971년에, 과학자들은 이 지역에서 천연가스를 찾아 땅을 파기 시작했다. 그러나, 곧 그 장소 주변의 땅이 무너졌고 한 거대한 구덩이를 생성했다. 그리고 나서 그 구덩이를 통해 유독 가스가 새어 나오기 시작했다. 그 지역의 사람들을 보호하기 위해, 과학자들은 그 가스를 태워 없애기로 결정했다. 그들은 그것이 단 며칠만 걸릴 것이라고 생각했다. 하지만, 심지어 40년 이상이 지난 후에도, 그 구덩이는 여전히 불타고 있다. 언제 이 거대한 불길이 멈출 것인지 아무도 알지 못한다. 아마 당신은 그것이 불타는 것을 멈추기 전에 지옥으로 가는 문을 방문해야 할 것이다.

구문 해설

① Imagine **a burning hole** [**that** is about 70 meters wide and 30 meters deep]!
　➡ [ ]는 a burning hole을 수식하는 주격 관계대명사절이다.

③ Actually, it is called the "door to hell," but it's just a famous tourist attraction in **Darvaza, a village in Turkmenistan's Karakum Desert**.
　➡ Darvaza와 a village in Turkmenistan's Karakum Desert는 동격 관계이다.

⑤ However, the ground around the site soon collapsed, **creating** a huge hole.
　➡ creating은 '생성하면서'의 의미로 〈연속동작〉을 나타내는 분사구문이다.

⑦ **In order to protect** people in the area, the scientists *decided to burn off* the gas.
　➡ 「in order+to-v」는 '~하기 위해'의 의미이다.
　➡ 「decide+to-v」는 '~하기로 결정[결심]하다'의 의미이다.

⑩ No one knows [when this huge fire will stop].
　➡ [ ]는 「의문사+주어+동사」 어순의 간접의문문으로, 동사 knows의 목적어로 쓰였다.

본책 • pp. 72-73

정답　　1 ③　　2 ④　　3 ④　　4 basic principle, white, often

문제 해설

1　ⓒ는 무지개를 가리키는 반면에 나머지는 달무지개를 가리킨다.

2　④: 문장 ⑧에서 비가 온 직후나 폭포, 바다 근처 등 공기 중 충분한 수분이 있을 때에도 볼 수 있다고 했다.
　　①은 문장 ③-④에, ②는 문장 ⑤에, ③은 문장 ⑥에, ⑤는 문장 ⑫-⑬에 언급되어 있다.
　　① 달에 의해 만들어지는 무지개는 '달무지개'라고 불린다.
　　② 무지개와 달무지개는 비슷한 방식으로 만들어진다.

③ 달무지개는 사람의 눈에 무지개와는 다르게 보인다.

④ 달무지개를 보기 위해서는 비가 오고 있어야 한다.

⑤ 달무지개를 볼 가능성이 드물다.

3 ④ 기온에 대한 언급은 없다. ①은 문장 ⑧에, ②는 문장 ⑨에, ③은 문장 ⑩에, ⑤는 문장 ⑪에 언급되어 있다.

4 문장 ⑤-⑥, ⑫-⑬에 언급되어 있다.

> 달무지개는 달빛에 의해 만들어지는 무지개이다. 그것들의 기본 법칙은 보통의 무지개와 같지만, 우리가 그것들을 볼 때, 그것들은 하얀색으로 보인다. 안타깝게도, 그것들이 나타나기 위해서는 특정한 조건들을 필요로 하기 때문에 우리는 그것들을 자주 볼 수 없다.

본문 직독 직해

① A rainbow in a bright blue sky / is a beautiful sight. / ② But / did you know / there
밝고 푸른 하늘에 있는 무지개는   아름다운 광경이다   그런데   당신은 알고 있었는가

are also rainbows / at night? / ③ Just as sunlight produces rainbows, / moonlight produces
또한 무지개가 있다는 것을   밤에   마치 햇빛이 무지개를 만들어 내는 것처럼   달빛은 무지개를 만들어 낸다

rainbows, / too. / ④ These lunar rainbows / are known as "moonbows." / ⑤ The basic principle
또한   이 달의 무지개는   '달무지개'로 알려져 있다   달무지개의

of a moonbow / is just like / that of a rainbow. / ⑥ However, / because moonlight is weaker
기본 법칙은   똑같다   무지개의 그것과   하지만   달빛이 햇빛보다 더 약하기 때문에

than sunlight, / moonbows look white / instead of colored / to human eyes. /
달무지개는 하얀색으로 보인다   유채색 대신   사람의 눈에

⑦ So / when can we see a moonbow? / ⑧ First, / the air needs to have / enough moisture
그러면   우리는 언제 달무지개를 볼 수 있을까   첫째   공기가 가지고 있을 필요가 있다   그 안에 충분한 수분을

in it, / like when or right after it rains, / or when you are near a waterfall or the sea. /
비가 올 때나 온 직후와 같이   또는 당신이 폭포나 바다 근처에 있을 때(와 같이)

⑨ Second, / there must be a bright moon / that is low / and almost full. / ⑩ Also, / a dark
둘째   밝은 달이 있어야 한다   낮게 떠 있는   그리고 거의 보름달에 가까운   또한   어두운

sky is necessary. / ⑪ Finally, / the moon must be behind the viewer. / ⑫ Because of all these
하늘이 필요하다   마지막으로   달은 보는 사람 뒤에 있어야 한다   이 모든 요건들 때문에

requirements, / moonbows are much less common / than rainbows. / ⑬ That is why / we do
달무지개는 훨씬 덜 흔하다   무지개보다   그것이 ~인 이유이다   우리가

not see them often. /
그것들을 자주 보지 못하는

본문 해석

　　밝고 푸른 하늘에 있는 무지개는 아름다운 광경이다. 그런데 당신은 밤에도 무지개가 있다는 것을 알고 있었는가? 마치 햇빛이 무지개를 만들어 내는 것처럼, 달빛 또한 무지개를 만들어 낸다. 이 달의 무지개는 '달무지개'로 알려져 있다. 달무지개의 기본 법칙은 무지개의 그것과 똑같다. 하지만, 달빛은 햇빛보다 더 약하기 때문에, 달무지개는 사람의 눈에 유채색 대신 하얀색으로 보인다.

　　그러면 우리는 언제 달무지개를 볼 수 있을까? 첫째, 비가 올 때나 온 직후, 또는 당신이 폭포나 바다 근처에 있을 때와 같이, 공기가 그 안에 충분한 수분을 가지고 있을 필요가 있다. 둘째, 낮게 떠 있고 거의 보름달에 가까운 밝은 달이 있어야 한다. 또한, 어두운 하늘이 필요하다. 마지막으로, 달은 보는 사람 뒤에 있어야 한다. 이 모든 요건들 때문에, 달무지개는 무지개보다 훨씬 덜 흔하다. 그것이 우리가 그것들을 자주 보지 못하는 이유이다.

② But did you know [(**that**) there are also rainbows at night]?

→ [ ]는 동사 know의 목적어로 쓰인 명사절로, 접속사 that이 생략되었다.

⑤ The basic principle of a moonbow is just like **that** of a rainbow.

→ that은 the basic principle의 반복을 피하기 위해 사용된 대명사이다.

⑨ Second, there must be **a bright moon** [**that** is low and almost full].

→ [ ]는 선행사 a bright moon을 수식하는 주격 관계대명사절이다.

⑫ Because of all these requirements, moonbows are **much** *less common than* rainbows.

→ much는 '훨씬'의 의미로 비교급을 강조하는 부사이다. even, far, a lot 등으로 바꿔 쓸 수 있다.

→ 「less+형용사의 원급+than」은 '~보다 덜 …한'의 의미이다.

본책 • pp. 74-75

4

정답 1 ④   2 ⑤   3 ⑤   4 form, information, settle

**문제
해설**

1 화산섬 Surtsey가 만들어진 과정과 그것이 지닌 과학적 가치에 관한 글이므로, 주제로 ④ 'Surtsey가 어떻게 만들어졌고 그것이 왜 중요한가'가 가장 알맞다.

[문제] 글의 주제로 가장 알맞은 것은?

① 새로운 땅이 어떻게 형성되는가
② 무엇이 화산 활동을 야기하는가
③ 무엇이 Surtsey를 과학 연구의 장소로 만드는가
⑤ Surtsey는 왜 세계에서 가장 유명한 섬인가

2 한 어부가 화산 활동을 처음 보았다는 내용의 (C) 다음에, 그가 본 화산 활동을 설명하는 내용의 (B), 그것의 결과를 보여 주는 내용의 (A)로 이어지는 것이 알맞다. (A)의 This는 (B)의 hot lava coming up to the surface of the water를 가리킨다.

[문제] 문장 (A)~(C)의 가장 알맞은 순서는?

3 ⑤ '그것에 사는 동물과 식물'에 관한 언급은 없다.

①은 문장 ③에서 아이슬란드 근처라고 했고, ②는 문장 ④-⑦을 통해 용암이 바닷속에서 3년간 수면으로 솟아 나와 섬을 형성했음을 알 수 있고, ③은 문장 ⑦에서 2.7km²라고 했고, ④는 문장 ⑧에서 북유럽 신화 속 불의 신인 Surtr의 이름을 따서 이름 지어졌다고 했다.

[문제] 글에서 Surtsey에 관해 언급되지 <u>않은</u> 것은?

① 그것의 위치   ② 그것의 형성 과정   ③ 그것의 크기   ④ 그 이름의 유래

4 [문제] 다음 빈칸에 알맞은 단어를 글에서 찾아 쓰시오.

> Surtsey를 연구함으로써, 과학자들은 섬이 형성되고 발달하는 방법에 관해 배워 왔다. 게다가, 그들은 다른 곳으로부터 온 생물들이 어떻게 새로운 곳에 <u>정착하는지</u>에 관한 <u>정보</u>를 얻을 수 있었다.

**본문
직독
직해**

① Did you know / Earth is still developing? / ② Every day, / earthquakes and volcanoes /
　당신은 알고 있었는가　지구가 여전히 발달하고 있다는 것을　　매일　　　지진과 화산이

are creating new land / or changing the existing landscape. / ③ One example is Surtsey, /
새로운 땅을 만들고 있다　　　혹은 기존의 풍경을 바꾸고 있다　　　　한 가지 예는 Surtsey이다

a volcanic island near Iceland. /
아이슬란드 근처의 화산섬인

⑥ A fisherman first saw / volcanic activity there / on November 14, 1963. / ⑤ He saw hot
한 어부가 처음으로 보았다　　그곳에서의 화산 활동을　　　1963년 11월 14일에　　　　　그는 뜨거운

lava coming up / to the surface of the water. / ④ This formed a small island / in the sea. /
용암이 솟아 나오고 있는 것을 보았다　　수면으로　　　　이것은 작은 섬을 형성했다　　　바다에

⑦ The eruption lasted / for more than three years, / and the island grew / to a size of 2.7 km². /
그 분출은 계속되었다　　3년 이상 동안　　　　그리고 그 섬은 커졌다　　2.7km²의 크기까지

⑧ It was named after the god of fire / in Nordic myths, / Surtr. /
불의 신의 이름을 따서 그것은 이름 지어졌다　북유럽 신화의　　Surtr라는

⑨ From the start, / Surtsey has been a place of study / for scientists. / ⑩ It has provided
처음부터　　Surtsey는 연구 장소가 되어 왔다　　　과학자들을 위한　　　그것은 정보를

information / on how islands form and develop. / ⑪ Also, / it has been protected / since its
제공해 왔다　어떻게 섬이 형성되고 발달하는지에 관한　　또한　　그것은 보호되어 왔다　　그것의 출현

birth / because it allows scientists to observe / how plants and animals from other places
이래로　그것이 과학자들이 관찰하도록 허락하기 때문에　　다른 곳으로부터 온 식물들과 동물들이

settle on new land. / ⑫ Because of the island's great scientific value, / UNESCO named it /
새로운 땅에 정착하는 방법을　　그 섬의 대단한 과학적 가치 때문에　　　유네스코는 그것을 지정했다

a World Heritage Site / in 2008. /
세계 문화유산으로　　2008년에

본문 해석

당신은 지구가 여전히 발달하고 있다는 것을 알고 있었는가? 매일, 지진과 화산이 새로운 땅을 만들거나 기존의 풍경을 바꾸고 있다. 한 가지 예는 아이슬란드 근처의 화산섬인 Surtsey이다.

(C) 1963년 11월 14일에 한 어부가 처음으로 그곳에서의 화산 활동을 보았다. (B) 그는 뜨거운 용암이 수면으로 솟아 나오고 있는 것을 보았다. (A) 이것은 바다에 작은 섬을 형성했다. 그 분출은 3년 이상 계속되었고, 그 섬은 2.7km²의 크기까지 커졌다. 그것은 Surtr라는 북유럽 신화의 불의 신의 이름을 따서 이름 지어졌다.

처음부터, Surtsey는 과학자들을 위한 연구 장소가 되어 왔다. 그것은 어떻게 섬이 형성되고 발달하는지에 관한 정보를 제공해 왔다. 또한, 그것은 과학자들이 다른 곳으로부터 온 식물들과 동물들이 새로운 땅에 정착하는 방법을 관찰하도록 허락하기 때문에 그것의 출현 이래로 보호되어 왔다. 그 섬의 대단한 과학적 가치 때문에, 유네스코는 그것을 2008년에 세계 문화유산으로 지정했다.

구문 해설

⑩ It **has provided** information on [*how* islands form and develop].
→ has provided는 '제공해 왔다'의 의미로 〈계속〉을 나타내는 현재완료(have[has]+p.p.)이다.
→ [ ]는 전치사 on의 목적어로 쓰인 명사절이다.

⑪ Also, it has been protected since its birth because it **allows scientists to observe** [*how* plants and animals from other places settle on new land].
→ 「allow+목적어+to-v」는 '~가 …하도록 (허락)하다'의 의미이다.
→ [ ]는 동사 observe의 목적어로 쓰인 관계부사절로 how는 '~하는 방법'의 의미이다.

⑫ Because of the island's great scientific value, UNESCO **named it a World Heritage Site** in 2008.
→ 「name A B」는 'A를 B로 지정하다'의 의미로, it이 A, a World Heritage Site가 B에 해당한다.

정답 1 named after   2 ③   3 ③   4 respond   5 ⑤   6 poisonous gas began escaping through the hole   7 ③   8 달무지개는 필요한 요건들 때문에 무지개보다 훨씬 덜 흔해서

문제 해설

1 be named after: ~의 이름을 따서 (이름) 지어지다

2 landscape(풍경)와 비슷한 의미의 단어는 ③ 'sight(광경)'이다.

> 우리는 아름다운 풍경에 매료되었다.

① 땅 ② 보는 사람 ④ 요소 ⑤ 조건

3 빈칸 뒤에 식물이 내는 소리에 관한 내용이 언급되고 있으므로, 빈칸에는 ③ '그것들 자신의 소리를 낸다'가 가장 알맞다.
① 다양한 방법으로 빛에 반응한다
② 서로 의사소통한다
④ 음악에 노출될 때 더 빨리 자란다
⑤ 온도에 따라 색을 바꾼다

4
> 무언가 일어난 것에 대해 반응하다

5 빈칸 앞에는 사람들이 며칠 만에 유독 가스를 태워 없앨 수 있을 것이라고 생각했다는 내용이 언급되었고, 빈칸이 있는 문장은 앞 내용과 반대로 40년 이상이 지난 후에도 불타고 있다고 했으므로, 빈칸에는 대조를 나타내는 ⑤ 'however(하지만)'가 알맞다.

6 '~하기 시작하다'의 의미인 「begin+v-ing」를 이용한다.

7 무지개와 비교하며 달무지개에 대해 설명하는 내용 중에 '무지개는 전 세계의 많은 신화와 전설의 한 부분이었다.'는 내용의 (c)는 글의 흐름과 무관하다.

8 달무지개를 보려면 습도, 달의 모양, 하늘의 밝기, 보는 사람의 위치 등 여러 요건이 갖춰져야 하므로, 무지개보다 훨씬 덜 흔하다고 했다.

본책 · pp. 80-81

1

정답   **1** ⑤   **2** ④   **3** (1) F (2) T   **4** creates, overwhelmed

문제
해설

1 귀여운 것을 보면 우리의 뇌가 감정의 균형을 맞추기 위해 공격성을 표출한다는 '귀여운 공격성'에 대한 글이므로, 제목으로는 ⑤ '귀여움과 공격성의 균형잡기'가 가장 알맞다.

① 공격성의 문제   ② 강력한 감정이 도움이 된다

③ 귀여움: 누구에게나 다른 것   ④ 당신은 감정적인 뇌를 가지고 있는가?

2 한 감정이 강렬해질 때 우리의 뇌는 정반대의 감정을 표현해 균형을 유지한다는 내용 중에, 우리의 감정을 숨기는 것이 건강에 좋지 않다는 내용의 (d)는 글의 흐름과 무관하다.

3 (1) 문장 ④에서 귀여운 공격성은 무해하다고 했다.

(2) 문장 ⑦-⑧에 언급되어 있다.

(1) 귀여운 공격성은 상황에 따라 해로울 수도 있다.

(2) 반대의 감정을 표현하는 것은 감정의 균형을 유지하는 데 도움이 된다.

4

귀여운 공격성은 우리의 뇌가 극도의 귀여움에 <u>압도당하는</u> 것을 원하지 않기 때문에 공격적인 감정을 <u>만들어내는</u> 정서적인 경험이다.

본문
직독
직해

① How do you feel / when you see a cute little puppy? / ② Do you want / to squeeze its ears
당신은 어떤 생각이 드는가   귀엽고 작은 강아지를 볼 때   당신은 원하는가   그것의 귀나 발을

or paws? / ③ If so, / you may have experienced something / known as cute aggression. /
꼭 쥐는 것을   그렇다면   당신은 무언가를 경험했을지도 모른다   귀여운 공격성으로 알려진

④ Cute aggression is normal and harmless. / ⑤ It is actually a common reaction / to seeing
귀여운 공격성은 정상적이고 무해하다   그것은 실제로 흔한 반응이다

something adorable. / ⑥ But why do we feel this way? / ⑦ Our brain wants / to keep our
사랑스러운 것을 본 것에 대한   하지만 왜 우리는 이런 식으로 느낄까   우리의 뇌는 원한다   우리의

emotions balanced / at all times. / ⑧ When one emotion becomes too intense, / it makes
감정이 균형 잡히게 유지하기를   항상   한 감정이 너무 강렬해지면   그것은

us express the opposite feeling. / (⑨ It is unhealthy to hide our feelings.) ⑩ This is what is
우리가 정반대의 감정을 표현하도록 만든다   우리의 감정을 숨기는 것은 건강에 좋지 않다   이것은

happening / when we cry tears of joy / or burst into nervous laughter. / ⑪ It's simply our brain /
일어나는 일이다   우리가 기쁨의 눈물을 흘릴 때   또는 긴장의 웃음을 터뜨릴 때   그저 우리의 뇌이다

balancing our feelings. / ⑫ So, / when we see something extremely cute, / our brain creates
우리의 감정의 균형을 잡아주는   그래서   우리가 극도로 귀여운 것을 볼 때   우리의 뇌는

feelings of aggression / to prevent / us / from being overwhelmed by the cuteness. /
공격적인 감정을 만든다   막기 위해   우리가   귀여움에 압도당하는 것을

⑬ Don't be surprised / if you feel like pinching a cute puppy's cheek. / ⑭ Your brain is just
놀라지 마라   귀여운 강아지의 볼을 꼬집고 싶은 마음이 들더라도   당신의 뇌가 그저

helping you out!
당신을 돕고 있을 뿐이다

당신은 귀엽고 작은 강아지를 볼 때 어떤 생각이 드는가? 그것의 귀나 발을 꼭 쥐고 싶은가? 그렇다면 당신은 귀여운 공격성으로 알려진 것을 경험했을지도 모른다.

귀여운 공격성은 정상적이고 무해하다. 그것은 실제로 사랑스러운 것을 본 것에 대한 흔한 반응이다. 하지만 왜 우리는 이런 식으로 느낄까? 우리의 뇌는 항상 우리의 감정이 균형 잡히게 유지되기를 원한다. 한 감정이 너무 강렬해지면 그것은 우리가 정반대의 감정을 표현하도록 만든다. (우리의 감정을 숨기는 것은 건강에 좋지 않다.) 이것은 우리가 기쁨의 눈물을 흘리거나 긴장의 웃음을 터뜨릴 때 일어나는 일이다. 그저 우리의 뇌가 우리의 감정의 균형을 잡아주는 것이다. 그래서 우리가 극도로 귀여운 것을 볼 때 우리의 뇌는 우리가 귀여움에 압도당하는 것을 막기 위해 공격적인 감정을 만든다.

귀여운 강아지의 볼을 꼬집고 싶은 마음이 들더라도 놀라지 마라. 당신의 뇌가 그저 당신을 돕고 있을 뿐이다!

③ If so, you **may have experienced** something [*known* as cute aggression].
- ➡ 「may have p.p.」는 '~했을지도 모른다'의 의미로 과거의 일에 대한 추측을 나타낸다.
- ➡ [ ]는 something을 수식하는 과거분사구이다.

⑤ It is actually a common **reaction to seeing** something adorable.
- ➡ reaction to는 '~에 대한 반응'이라는 의미로, to가 전치사로 쓰여 뒤에 동명사 seeing이 왔다.

⑦ Our brain wants [**to** *keep* our emotions balanced at all times].
- ➡ [ ]는 동사 wants의 목적어로 쓰인 to부정사구이다.
- ➡ 「keep+목적어+형용사」는 '~을 …하게 유지하다'의 의미이다.

⑧ When one emotion becomes too intense, it **makes us express** the opposite feeling.
- ➡ 「make+목적어+동사원형」은 '~가 …하게 하다'의 의미이다.

⑨ **It** is unhealthy [**to hide** our feelings].
- ➡ It은 가주어이고, [ ]가 진주어이다.

⑩ This is **what** is happening when we *cry* tears of joy or *burst* into nervous laughter.
- ➡ what은 '~하는 것'의 의미인 선행사를 포함하는 관계대명사로, 명사절을 이끈다.
- ➡ when절의 동사 cry와 burst는 접속사 or로 병렬 연결되어 있다.

⑪ It's simply our brain [**balancing** our feelings].
- ➡ [ ]는 our brain을 수식하는 현재분사구이다.

⑫ So, when we see **something extremely cute**, our brain creates feelings of aggression *to prevent* us from **being overwhelmed** by the cuteness.
- ➡ -thing으로 끝나는 대명사는 형용사 cute가 뒤에서 수식한다. 부사 extremely가 형용사 cute를 수식하고 있다.
- ➡ to prevent는 '막기 위해'의 의미로, 〈목적〉을 나타내는 부사적 용법의 to부정사이다.
- ➡ 「prevent+목적어+from+v-ing」는 '~가 …하는 것을 막다'의 의미이다.
- ➡ being overwhelmed는 전치사 from의 목적어 역할을 하는 동명사이다. us가 압도당하는 대상이므로, 「being p.p.」 형태의 수동형 동명사 being overwhelmed가 쓰였다.

⑬ Don't be surprised if you **feel like pinching** a cute puppy's cheek.
- ➡ 「feel like+v-ing」는 '~하고 싶다'의 의미이다.

2

정답 1 ⑤   2 ⓐ small sticks ⓑ a bower ⓒ the male bowerbird   3 ④   4 attract

문제 해설

1 수컷 바우어새가 짝짓기를 위해 구애 행동으로 바우어라는 둥지를 짓는다는 내용의 글이므로, 제목으로 ⑤ '바우어새의 짝을 찾는 방법'이 가장 알맞다.

① 새들의 짝짓기 철   ② 바우어새의 삶
③ 바우어를 짓는 과정   ④ 바우어: 아름답고 튼튼한 둥지

2 ⓐ them은 문장 ④의 small sticks(작은 나뭇가지들)를, ⓑ it은 문장 ⑤의 a bower(바우어)를, ⓒ it은 문장 ④의 the male bowerbird(수컷 바우어새)를 가리킨다.

3 문장 ①-③에서 바우어를 짓는 것은 구애 행동이라는 것을 알 수 있으므로, 암컷 바우어새들이 마음에 드는 바우어를 찾으면 ④ '그것들은 그 수컷을 그것들의 짝으로 선택한다'가 문맥상 가장 알맞다.

① 그것들은 수컷으로부터 그것을 훔친다   ② 그것들은 가서 적합한 짝을 찾는다
③ 그것들은 그것을 더 아름답게 장식한다   ⑤ 그것들은 그것 옆에 비슷한 바우어를 짓기 시작한다

4

> 수컷 바우어새는 암컷 바우어새의 <u>마음을 끌기</u> 위해서 형형색색의 바우어를 짓는다.

본문 직독 직해

① Most birds attract mates / with their beautiful feathers or songs. / ② However, / the
대부분의 새들은 짝의 마음을 끈다   그것들의 아름다운 깃털이나 노래로   하지만

bowerbird does something very different. /
바우어새는 아주 색다른 것을 한다

③ It builds and decorates a special structure / called a bower. / ④ At the start of mating
그것은 특별한 구조물을 짓고 장식한다   바우어라고 불리는   짝짓기 철의 시작에

season, / the male bowerbird begins to gather small sticks. / ⑤ It then arranges them into a
          수컷 바우어새는 작은 나뭇가지들을 모으기 시작한다   그리고 나서 그것은 그것들을 배열하여

bower / and sometimes even makes a path / leading up to it. / ⑥ Next, / it chews berries or
바우어로 만든다   그리고 심지어 때때로 길을 만든다   그것으로 이어지는   다음으로   그것은 딸기류 열매나

charcoal, / mixing them with saliva. / ⑦ Then, this mixture is used / as paint for the bower's
숯을 씹는다   그것들을 침과 섞으면서   그리고 나서 이 혼합물은 사용된다   바우어의 벽을 위한 페인트로

walls. / ⑧ Finally, / it begins to decorate its bower / with brightly colored objects. / ⑨ The
          마지막으로   그것은 그것의 바우어를 장식하기 시작한다   밝은 빛깔의 물건들로

male bowerbird spends hours collecting / things like seashells, flowers, stones, and berries. /
수컷 바우어새는 모으는 데 오랜 시간을 보낸다   조개껍데기와 꽃, 돌멩이, 딸기류 열매들과 같은 것들을

⑩ Some will even gather / small pieces of colorful plastic or glass. / ⑪ Female bowerbirds then
몇몇은 심지어 모으기도 할 것이다   형형색색의 플라스틱이나 유리의 작은 조각들을   그리고 나서 암컷 바우어새들은

wander around / from bower to bower. / ⑫ They look at the decorations / and taste the paint. /
이리저리 돌아다닌다   바우어에서 바우어로   그것들은 장식을 본다   그리고 페인트를 맛본다

⑬ When they find a bower / that they like, / they choose that male to be their mate! /
그것들이 바우어를 발견하면   자신이 좋아하는   그것들은 그 수컷을 그것들의 짝으로 선택한다

본문 해석

대부분의 새들은 그것들의 아름다운 깃털이나 노래로 짝의 마음을 끈다. 하지만, 바우어새는 아주 색다른 것을 한다.

그것은 바우어라고 불리는 특별한 구조물을 짓고 장식한다. 짝짓기 철의 시작에, 수컷 바우어새는 작은 나뭇가지들을 모으기 시작한다. 그러고 나서 그것은 그것들을 배열하여 바우어로 만들고 심지어 때때로 그것으로 이어지

는 길을 만든다. 다음으로, 그것은 딸기류 열매나 숯을 침과 섞으면서 씹는다. 그리고 나서, 이 혼합물은 바우어의 벽을 위한 페인트로 사용된다. 마지막으로, 그것은 밝은 빛깔의 물건들로 그것의 바우어를 장식하기 시작한다. 수컷 바우어새는 조개껍데기와 꽃, 돌멩이, 딸기류 열매들과 같은 것들을 모으는 데 오랜 시간을 보낸다. 몇몇은 심지어 형형색색의 플라스틱이나 유리의 작은 조각들을 모으기도 할 것이다. 그리고 나서 암컷 바우어새들은 바우어에서 바우어로 이리저리 돌아다닌다. 그것들은 장식을 보고 페인트를 맛본다. 그것들이 자신이 좋아하는 바우어를 발견하면, <u>그것들은 그 수컷을 그것들의 짝으로 선택한다!</u>

본책 • pp. 84-85

구문 해설

⑤ It then **arranges** them into a bower and sometimes even **makes** a path [*leading* up to it].
  ➡ arranges와 makes는 접속사 and로 병렬 연결되어 있다.
  ➡ [ ]는 a path를 수식하는 현재분사구이다.
⑥ Next, it chews berries or charcoal, **mixing** them with saliva.
  ➡ mixing은 '섞으면서'의 의미로 〈동시동작〉을 나타내는 분사구문이다.
⑨ The male bowerbird **spends hours collecting** things ... .
  ➡ 「spend+시간+v-ing」는 '~하는 데 시간을 보내다'의 의미이다.

3

정답

1 ③   2 ⑤   3 ④   4 과학자들이 연구할 동물의 뼈는 훼손되지 않게 두고 사체의 모든 다른 부분을 먹는 것

문제 해설

1 (A) 빈칸 앞에서 딱정벌레가 동물의 배설물을 먹는다고 언급되고 빈칸 뒤에 사체도 먹는다고 언급되므로, 빈칸에는 첨가의 의미를 나타내는 Moreover(게다가)가 적절하다.
(B) 빈칸 앞에서 연구할 동물의 뼈를 화학 물질을 이용해 가죽과 근육으로부터 분리시킨다고 했는데, 빈칸 뒤에서 뼈를 손상시킬 수도 있다고 했으므로, 빈칸에는 Unfortunately(유감스럽게도)가 적절하다.
① 그렇지 않으면 …… 이상하게도   ② 그렇지 않으면 …… 유감스럽게도
④ 게다가 …… 다행히도   ⑤ 하지만 …… 다행히도

2 ⑤: 딱정벌레가 화학 물질을 배출한다는 언급은 없다.
①은 문장 ①에, ②는 문장 ⑥에, ③은 문장 ⑧과 ⑬에, ④는 문장 ⑨에 언급되어 있다.

3 ⓓ는 과학자들을 가리키는 반면에 나머지는 딱정벌레를 가리킨다.

4 문장 ⑬에 언급되어 있다.

본문 직독 직해

① Britain's Natural History Museum has / some unique workers. / ② What is their job? /
영국의 자연사 박물관은 가지고 있다   몇몇 독특한 일꾼들을   그들의 일은 무엇일까
③ It is eating animals' dead bodies! / ④ It sounds scary, / but the workers never complain. /
그것은 동물들의 사체를 먹는 것이다   그것은 무섭게 들린다   하지만 그 일꾼들은 절대 불평하지 않는다
⑤ That is because they are beetles. /
그것은 그들이 딱정벌레이기 때문이다
⑥ Beetles are natural cleaners / that have been around / for over 200 million years. /
딱정벌레는 타고난 청소부들이다   있어 온   2억 년 이상 동안

⑦ They eat animal waste. / ⑧ Moreover, / they eat the dead bodies of animals, / except for the
그들은 동물 배설물을 먹는다   게다가   그들은 동물의 사체를 먹는다   뼈들을 제외하고
bones. / ⑨ The beetles used by the museum / are only about 10 mm long, / but surprisingly
          그 박물관에 의해 사용되는 딱정벌레들은   길이가 겨우 10mm 정도이다   하지만 놀랍게도
they can eat about 4 kg / a week! /
그들은 4kg 가량을 먹을 수 있다   일주일에
　　⑩ In addition to working at museums, / these beetles also work for scientists. /
　　　박물관에서 일하는 것뿐만 아니라   이 딱정벌레들은 또한 과학자들을 위해서도 일한다
⑪ In the past, / scientists used strong chemicals / to remove the skin and muscle / from the
과거에   과학자들은 강한 화학 물질들을 사용했다   가죽과 근육을 제거하기 위해
bones of animals / they wanted to study. / ⑫ Unfortunately, / those chemicals could damage
동물의 뼈들에서   그들이 연구하기를 원하는   유감스럽게도   그 화학 물질들은 뼈들을 손상시킬 수 있었다
the bones. / ⑬ However, / the beetles eat all the other body parts / and leave the bones
          하지만   딱정벌레들은 사체의 모든 다른 부분을 먹는다   그리고 뼈들을 훼손되지 않은
untouched. / ⑭ Thanks to these new workers, / scientists can get / clean and undamaged
상태로 둔다   이 새로운 일꾼들 덕분에   과학자들은 얻을 수 있다   깨끗하고 손상되지 않은
bones. /
뼈들을

영국 자연사 박물관에는 몇몇 독특한 일꾼들이 있다. 그들의 일은 무엇일까? 그것은 동물의 사체를 먹는 것이
다! 그것은 무섭게 들리지만, 그 일꾼들은 절대 불평하지 않는다. 그것은 그들이 딱정벌레이기 때문이다.

딱정벌레는 2억 년 이상 동안 있어 온 타고난 청소부들이다. 그들은 동물 배설물을 먹는다. 게다가, 그들은 뼈
들을 제외하고 동물의 사체를 먹는다. 그 박물관에 의해 사용되는 딱정벌레들은 길이가 겨우 10mm 정도이지만,
놀랍게도 그들은 일주일에 4kg 가량을 먹을 수 있다!

박물관에서 일하는 것뿐만 아니라, 이 딱정벌레들은 또한 과학자들을 위해서도 일한다. 과거에, 과학자들은 그
들이 연구하기를 원하는 동물의 뼈들에서 가죽과 근육을 제거하기 위해 강한 화학 물질들을 사용했다. 유감스럽게
도, 그 화학 물질들은 뼈들을 손상시킬 수 있었다. 하지만, 딱정벌레들은 사체의 모든 다른 부분을 먹고 뼈들을 훼
손되지 않은 상태로 둔다. 이 새로운 일꾼들 덕분에, 과학자들은 깨끗하고 손상되지 않은 뼈들을 얻을 수 있다.

④ It **sounds scary**, but the workers never complain.
　➡ 「sound+형용사」는 '~하게 들리다'의 의미이다.

⑪ In the past, scientists used strong chemicals **to remove** the skin and muscle from *the bones of animals* [(*which*[*that*]) they wanted to study].
　➡ to remove는 '제거하기 위해'의 의미로 〈목적〉을 나타내는 부사적 용법의 to부정사이다.
　➡ [ ]는 선행사 the bones of animals를 수식하는 목적격 관계대명사절로, 관계대명사 which[that]가 생략되었다.

⑬ However, the beetles eat all the other body parts and **leave the bones untouched**.
　➡ 「leave+목적어+형용사」는 '~를 …한 상태로 두다'의 의미이다.

4

정답   1 ④   2 ④   3 ⑤   4 color[shape], shape[color]

문제 해설

1 ④ 자리돔이 어떻게 흉내 문어를 공격하는지는 언급되지 않았다.

①은 문장 ③에서 인도네시아 근처의 바다에 산다고 했고, ②는 문장 ④-⑤에서 껍질이나 뼈를 가지고 있지 않기 때문이라 했고, ③은 문장 ⑤-⑧에서 넙치류 물고기나 바다뱀과 같은 다른 바다 생물들을 흉내 낸다고 했고, ⑤는 문장 ⑨를 통해 바다뱀임을 알 수 있다.

[문제] 글에 근거하여 답할 수 없는 것은?

① 흉내 문어는 어디에서 발견될 수 있는가?   ② 흉내 문어는 왜 스스로를 보호하는 방법을 필요로 하는가?

③ 흉내 문어는 무엇을 흉내 내는가?   ④ 자리돔은 어떻게 흉내 문어를 공격하는가?

⑤ 자리돔의 포식자는 무엇인가?

2 빈칸 앞에서 흉내 문어가 다른 동물들을 흉내 낸다고 하였고, 빈칸이 있는 문장에서 흉내 문어가 독성을 가진 넙치류 물고기의 형태를 취하는 예시가 나오므로, 빈칸에는 ④ For example(예를 들어)이 가장 알맞다.

[문제] 빈칸 (A)에 들어갈 말로 가장 알맞은 것은?

① 대신에   ② 게다가   ③ 그러므로   ⑤ 반면에

3 다른 동물을 잘 흉내 내는 흉내 문어의 별명으로, 빈칸에는 ⑤ '변신의 달인'이 가장 알맞다.

[문제] 빈칸 (B)에 들어갈 말로 가장 알맞은 것은?

① 물고기의 가장 좋은 친구   ② 바다의 보물

③ 바다 생물의 왕   ④ 훌륭한 색 마술사

4 문장 ⑤-⑥에 흉내 문어가 적으로부터 자신을 보호하는 방법이 언급되어 있다.

[문제] 빈칸에 알맞은 단어를 글에서 찾아 쓰시오.

> 흉내 문어는 포식자가 가까이 오면 그것의 색[형태]과 형태[색]를 바꾼다.

본문 직독 직해

① Many animals change color / to hide from predators. / ② However, / there is one animal /
많은 동물들은 색을 바꾼다   포식자들로부터 숨기 위해   하지만   한 동물이 있다

that changes more dramatically. / ③ This animal is the mimic octopus, / and it lives in the sea /
더 극적으로 변하는   이 동물은 흉내 문어이다   그리고 그것은 바다에 산다

near Indonesia. /
인도네시아 근처의

④ The mimic octopus does not have a shell or bones. / ⑤ This is one reason / why it has
흉내 문어는 껍질이나 뼈를 가지고 있지 않다   이는 한 가지 이유이다

developed a unique way / of protecting itself; / it tries to look like other sea animals. / ⑥ It
그것이 독특한 방법을 발달시킨   스스로를 보호하는   그것은 다른 바다 동물들처럼 보이려고 노력한다

mimics different creatures / in different situations / by changing / not only its color / but also
그것은 다른 생명체들을 흉내 낸다   각기 다른 상황들에서   바꿈으로써   그것의 색뿐만 아니라

its shape. / ⑦ For example, / when it wants to move around quickly, / it takes the shape of a
그것의 형태도   예를 들어   그것이 빠르게 돌아다니고 싶을 때   그것은 독이 있는 넙치류

poisonous flatfish / to avoid any sudden attacks. / ⑧ Also, / when a damselfish comes near, /
물고기의 형태를 취한다   어떤 갑작스런 공격이든 피하기 위해   또한   자리돔이 가까이 오면

it will change its shape / into that of a sea snake. / ⑨ The damselfish swim away / because
그것은 자신의 형태를 바꿀 것이다   바다뱀의 그것으로   자리돔은 헤엄쳐 가 버린다

they are often eaten / by sea snakes. / ⑩ In this way, / the mimic octopus can stay safe / from
그들이 자주 먹히기 때문에   바다뱀에 의해   이런 식으로   흉내 문어는 계속 안전할 수 있다

predators. / ⑪ Surely / "master of transformation" is a great nickname / for it. /
포식자들로부터   확실히   '변신의 달인'은 훌륭한 별명이다   그것에게

본문해석

　　많은 동물들은 포식자들로부터 숨기 위해 색을 바꾼다. 하지만, 더 극적으로 변하는 한 동물이 있다. 이 동물은 흉내 문어이고, 그것은 인도네시아 근처의 바다에 산다.

　　흉내 문어는 껍질이나 뼈를 가지고 있지 않다. 이는 그것이 스스로를 보호하는 독특한 방법을 발달시킨 한 가지 이유인데, 그것은 다른 바다 동물들처럼 보이려고 노력한다. 그것은 그것의 색뿐만 아니라 형태도 바꿈으로써, 각기 다른 상황들에서 다른 생명체들을 흉내 낸다. 예를 들어, 그것이 빠르게 돌아다니고 싶을 때, 그것은 어떤 갑작스런 공격이든 피하기 위해 독이 있는 넙치류 물고기의 형태를 취한다. 또한, 자리돔이 가까이 오면 그것은 자신의 형태를 바다뱀의 그것(형태)으로 바꿀 것이다. 자리돔은 자주 바다뱀에 의해 먹히기 때문에 헤엄쳐 가 버린다. 이런 식으로, 흉내 문어는 포식자들로부터 계속 안전할 수 있다. 확실히 '변신의 달인'은 그것에게 훌륭한 별명이다.

구문해설

② However, there is **one animal** [**that** changes more dramatically].
→ [ ]는 선행사 one animal을 수식하는 주격 관계대명사절이다.

⑤ This is **one reason** [**why** it has developed a unique *way of protecting* itself]; … .
→ [ ]는 선행사 one reason을 수식하는 관계부사절이다.
→ 「way of+v-ing」는 '~하는 방법'의 의미이다.
→ itself는 the mimic octopus를 대신하는 재귀대명사이다.

⑥ … by changing **not only** its color **but also** its shape.
→ 「not only A but also B」는 'A뿐만 아니라 B도'의 의미이다.

⑧ Also, … , it will change its shape into **that** of a sea snake.
→ that은 앞서 나온 명사 the shape의 반복을 피하기 위해 쓰인 대명사이다.

Review Test

정답 **1** 1) complain 2) sudden **2** 1) attack 2) arrange **3** ④ **4** when we see something extremely cute **5** ② **6** 수컷 바우어의 장식을 보고 페인트를 맛본 후 좋아하는 바우어를 선택한다.
7 ② **8** unique

문제 해설

1 1) 나는 불평하지 않고, 해결책을 찾을 것이다.
2) Sam은 그 예술가의 갑작스러운 죽음에 충격을 받았다.

2 1) 사자는 양들을 공격할 기회를 엿보고 있다.
2) 당신은 의자들을 홀 중앙에 일렬로 배열해야 한다.

3 ④ 뇌는 어느 감정이 강렬할 때 정반대의 감정을 표현하게 한다고 했다.

4 something을 수식하는 형용사 cute는 something 뒤에 쓰며, 형용사 cute를 수식하는 부사 extremely는 cute 앞에 쓴다.

5 '다음으로, 그것은 딸기류 열매나 숯을 침과 섞으면서 씹는다.'라는 주어진 문장은 이 혼합물을 페인트로 사용한다는 문장의 앞인 ②에 오는 것이 가장 알맞다.

6 암컷 바우어새는 수컷 바우어새의 장식을 보고 페인트를 맛본 후 좋아하는 바우어를 선택한다고 했다.

> Q. 암컷 바우어새들이 좋아하는 바우어를 어떻게 선택하는가?

7 remove A from B: B에서 A를 제거하다

8 특이하고 특별한

Section 08 Culture

1 **정답** 1 ⑤ 2 ③ 3 ⓐ local shrimp fishers ⓑ Brabant horses 4 (1) June (2) competition
(3) parade

문제 해설

1 승마 새우잡이라고 불리는 벨기에의 전통 낚시에 관한 글이므로, 제목으로는 ⑤ '오래전부터 이어져 온 특이한 낚시 방식'이 가장 알맞다.

① 낚싯바늘 없이 낚시하는 방법
② 낚시: 벨기에의 최신 취미
③ 새우를 잡는 가장 좋은 방법
④ 많은 새우를 먹어야 하는 이유

2 ③ 새우 그물이 만들어지는 방법에 대한 언급은 없다.

①은 문장 ①, ②에서 벨기에 북서부 해안을 따라 일어난 관습이라고 했고, ②는 문장 ④에서 6월 말부터 9월 초까지 일주일에 두 번 모여 낚시를 한다고 했다. ④는 문장 ⑤에서 고무 부츠와 밝은 노란색 방수 옷을 입는다고 했고, ⑤는 문장 ⑨에서 90분 동안 한다고 했다.

① 승마 새우잡이는 어디에서 일어나는가?
② 새우잡이들은 언제 낚시하는가?
③ 새우 그물은 어떻게 만들어지는가?
④ 새우잡이들은 무엇을 입는가?
⑤ 새우잡이들은 얼마나 오래 낚시를 하는가?

3 ⓐ는 문장 ④의 local shrimp fishers를 ⓑ는 문장 ⑥의 Brabant horses를 가리킨다.

4
새우 축제

언제	매년 (1) 6월 말
무엇을	• 북해에서 새우잡이 (2) 대회가 열린다. • 우승자는 다음 날 (3) 퍼레이드를 이끈다.

본문 직독 직해

① On the northwest Belgian coast, / you can find a 500-year-old tradition / called
벨기에 북서부 해안에서 　　　　당신은 500년의 전통을 발견할 수 있다

horseback shrimp fishing. / ② This used to be a common practice / along the coast of the
승마 새우잡이라고 불리는 　　　이것은 흔한 관습이었다 　　　　북해의 해안을 따라

North Sea. / ③ However, / it is now practiced / by about 15 to 20 people. /
　　　　　그러나 　　그것이 지금은 단지 행해진다 　약 15명에서 20명의 사람들에 의해서

④ From late June to early September, / local shrimp fishers gather / twice a week. / ⑤ They
6월 말부터 9월 초까지 　　　　　지역 새우잡이들은 모인다 　일주일에 두 번 　그들은

wear / rubber boots and bright yellow waterproof clothing. / ⑥ They ride Brabant horses /
입는다 　고무 부츠와 밝은 노란색 방수 옷을 　　　　　그들은 Brabant 말들을 타고 들어간다

into water / that goes up to the horses' chest. / ⑦ They are ideal / for this job / because they
물속으로 　말들의 가슴까지 오는 　　　　　그들은 이상적이다 　이 일에 　　그들이

are strong and calm. / ⑧ They pull nets / through the water / to catch the shrimp. / ⑨ The
힘이 세고 침착해서 　　　그들은 그물을 당긴다 　물 속으로 　　　새우를 잡기 위해

fishing takes place / 90 minutes before and after low tide. /
낚시는 일어난다   썰물 전후 90분 동안

⑩ Every year, / a two-day Shrimp Festival is held / in late June. / ⑪ On the first day, / there
매년   이틀 간의 새우 축제가 열린다   6월 말에   첫째 날에는

is a shrimp-catching competition. / ⑫ The participant / who catches the most shrimp / gets to
새우 잡기 대회가 있다   참가자가   새우를 가장 많이 잡는

lead the next day's parade! /
다음 날의 퍼레이드를 이끌게 된다

본문 해석

벨기에 북서부 해안에서, 당신은 승마 새우잡이라고 불리는 500년의 전통을 발견할 수 있다. 이것은 북해의 해안을 따라 흔한 관습이었다. 그러나, 지금은 약 15명에서 20명의 사람들에 의해서만 행해진다.

6월 말부터 9월 초까지, 지역 새우잡이들은 일주일에 두 번씩 모인다. 그들은 고무 부츠와 밝은 노란색 방수 옷을 입는다. 그들은 Brabant 말들을 타고 말들의 가슴까지 오는 물속으로 들어간다. 그들은 힘이 세고 침착해서 이 일에 이상적이다. 그들은 새우를 잡기 위해 물 속으로 그물을 당긴다. 낚시는 썰물 전후 90분 동안 일어난다.

매년, 이틀 간의 새우 축제가 6월 말에 열린다. 첫째 날에는 새우 잡기 대회가 있다. 새우를 가장 많이 잡는 참가자가 다음 날의 퍼레이드를 이끌게 된다!

구문 해설

① On the northwest Belgian coast, you can find a 500-year-old tradition [**called** horseback shrimp fishing].
→ [ ]는 a 500-year-old tradition을 수식하는 과거분사구이다.

② This **used to be** a common practice along the coast of the North Sea.
→ 「used to+동사원형」은 '(과거에) ~였다/~하곤 했다'의 의미로, 과거의 상태나 습관을 나타내는데, 현재는 더 이상 그렇지 않다는 의미를 내포한다.

⑥ They ride Brabant horses into **water** [**that** goes up to the horses' chest].
→ [ ]는 선행사 water를 수식하는 주격 관계대명사절이다.

⑧ They pull nets through the water **to catch** the shrimp.
→ to catch는 '잡기 위해'의 의미로, 〈목적〉을 나타내는 부사적 용법의 to부정사이다.

⑫ **The participant** [**who** catches the most shrimp] gets to lead the next day's parade!
→ [ ]는 선행사 The participant를 수식하는 주격 관계대명사절이다.

본책 • pp. 94-95

2

정답 1 ③   2 ②   3 (1) T (2) T (3) F   4 remember dead relatives, skulls, bread[loaves]

문제 해설

1 멕시코 명절인 망자의 날에 차려지는 여러 음식에 관한 글이므로, 주제로 ③ '망자의 날의 음식'이 가장 적절하다.
① 설탕 해골 만드는 방법   ② 멕시코의 유명한 명절들
④ 망자의 날의 기원   ⑤ 멕시코에서 가장 흔한 음식

2 망자의 날에 탁자에 올려지는 음식에 관한 설명 중에 '많은 설탕이 들어 있는 달콤한 사탕은 아이들의 치아에 나쁘다'는 내용의 (b)는 흐름과 관계없다.

3 (1) 문장 ④-⑤에서 친척들의 영혼이 먹고 마실 음식과 음료를 탁자 위에 둔다고 했다.

(2) 문장 ⑦에서 설탕 해골이 항상 먹기 위해 의도된 것은 아니라고 했다.

(3) 문장 ⑥-⑧에서 아이들이 설탕 해골을 먹도록 허락된다고 했고, ⑩-⑫에서 거의 모든 사람들이 망자의 날 빵을 명절동안 먹는다고 했다.

4 고인이 된 친척들을 추모하는 명절인 망자의 날에, 사람들은 대개 초와 음료, 그리고 설탕 해골과 둥글고 달콤한 빵(덩이)과 같은 음식으로 탁자를 장식한다.

① The Day of the Dead sounds scary. / ② However, / it is actually a joyful Mexican holiday /
망자의 날은 무섭게 들린다   하지만   그것은 사실 즐거운 멕시코 명절이다

for remembering dead relatives. / ③ Like other holidays, / it is full of food. /
고인이 된 친척들을 추모하기 위한   다른 명절과 마찬가지로   그것은 음식으로 가득하다

④ Families celebrate this holiday / by setting up small tables / for their dead relatives. /
가족들은 이 명절을 기념한다   작은 탁자를 마련함으로써   고인이 된 친척들을 위한

⑤ They place food and drink / on these tables / for the spirits of their loved ones / to eat
그들은 음식과 음료를 둔다   이 탁자 위에   사랑하는 친척들의 영혼이   먹고

and drink. / ⑥ They also decorate these tables / with candles, / and skulls / made of sugar. /
마실   그들은 또한 이 탁자를 장식한다   초로   그리고 해골로   설탕으로 만든

⑦ These sugar skulls are not always meant / to be eaten. / ⑧ However, / children are often
이 설탕 해골들이 항상 의도되는 것은 아니다   먹히려고   하지만   아이들은 흔히 허락된다

allowed / to enjoy this sweet candy. / (⑨ Sweet candy / that contains a lot of sugar / is bad
       이 달콤한 사탕을 먹도록   달콤한 사탕은   많은 설탕이 들어 있는   나쁘다

for children's teeth.) ⑩ The food / most commonly found on these tables / is Day of the
아이들의 치아에 나쁘다   음식은   이 탁자에서 가장 흔히 발견되는   망자의 날 빵이다

Dead bread. / ⑪ These round, sweet loaves are baked / with the shapes of bones on top. /
           이 둥글고 달콤한 빵 덩이는 구워진다   위에 뼈 모양을 얹은 채로

⑫ Nearly everyone eats this bread / during the holiday / to remember their dead relatives. /
거의 모든 사람이 이 빵을 먹는다   그 명절 동안   그들의 고인이 된 친척들을 추모하기 위해

망자의 날은 무섭게 들린다. 하지만, 그것은 사실 고인이 된 친척들을 추모하기 위한 즐거운 멕시코 명절이다. 다른 명절과 마찬가지로, 그것은 음식으로 가득하다.

가족들은 고인이 된 친척들을 위한 작은 탁자를 마련함으로써 이 명절을 기념한다. 그들은 이 탁자 위에 사랑하는 친척들의 영혼이 먹고 마실 음식과 음료를 둔다. 그들은 또한 초와, 설탕으로 만든 해골로 이 탁자를 장식한다. 이 설탕 해골들이 항상 먹히려고 의도되는 것은 아니다. 하지만, 아이들은 흔히 이 달콤한 사탕을 먹도록 허락된다. (많은 설탕이 들어 있는 달콤한 사탕은 아이들의 치아에 나쁘다.) 이 탁자에서 가장 흔히 발견되는 음식은 망자의 날 빵이다. 이 둥글고 달콤한 빵 덩이는 위에 뼈 모양(의 반죽)을 얹은 채로 구워진다. 거의 모든 사람이 그들의 고인이 된 친척들을 추모하기 위해 그 명절 동안 이 빵을 먹는다.

① The Day of **the Dead** *sounds scary.*
➡ 「the+형용사」는 '~한 사람들'의 의미이다.
➡ 「sound+형용사」는 '~하게 들리다'의 의미로, sound의 보어 자리에 형용사가 온다.

⑤ They place food and drink on these tables **for the spirits of their loved ones to eat and drink.**
→ to eat and drink는 food and drink를 수식하는 형용사적 용법의 to부정사구이고, for the spirits of their loved ones는 to부정사의 의미상 주어이다.
⑦ These sugar skulls are **not always** meant *to be eaten*.
→ not always는 '항상 ~인 것은 아니다'라는 의미이다.
→ These sugar skulls는 먹는 대상이므로, 수동형 to부정사 to be eaten이 쓰였다.
⑨ **Sweet candy** [**that** contains a lot of sugar] is bad for children's teeth.
→ [ ]는 선행사 Sweet candy를 수식하는 주격 관계대명사절이다.
⑩ *The food* [**most commonly found** on these tables] *is* Day of the Dead bread.
→ [ ]는 The food를 수식하는 과거분사구이다.
→ 주어가 The food이므로 단수 동사 is가 쓰였다.
⑫ Nearly **everyone eats** this bread during the holiday *to remember* their dead relatives.
→ every-로 시작하는 (대)명사는 단수 취급하므로 단수 동사 eats가 쓰였다.
→ to remember는 '추모하기 위해'의 의미로 〈목적〉을 나타내는 부사적 용법의 to부정사이다.

본책 • pp. 96-97

3

정답 1 ④ 2 unlock 3 ② 4 금속 고리를 가진 문 열쇠를 침대 위에 걸어 두는 것

문제 해설

1 빈칸이 있는 문장 ②는 흔한 도구인 열쇠가 다양한 문화에서 특별한 상징과 의미를 가진다는 글의 주제를 나타내는 문장으로, 빈칸에는 ④ '열쇠의 특별한 의미들'이 가장 알맞다.
① 열쇠의 오랜 역사 ② 열쇠의 다양한 용도들 ③ 열쇠의 독특한 모양들 ⑤ 열쇠를 만드는 독특한 방법들

2 세 개의 열쇠들이 사랑과 돈, 행복으로 가는 문을 연다는 내용이 되어야 자연스럽다.

3 ②: 문장 ⑤에서 열쇠가 과거를 기억하거나 미래를 기대하는 상징이라고 했다.
①은 문장 ③에, ③과 ④는 문장 ⑥에, ⑤는 문장 ⑧-⑨에 언급되어 있다.

4 문장 ⑧에 언급되어 있다.

본문 직독 직해

① To most people, / keys are common tools / that are used / to unlock doors / or start cars. /
대부분의 사람들에게 열쇠는 흔한 도구이다 사용되는 문을 여는 데 또는 차의 시동을 거는 데

② However, / you may be surprised / by the special meanings of keys / in some cultures. /
하지만 당신은 놀랄지도 모른다 열쇠의 특별한 의미들에 몇몇 문화들에서

③ In ancient Greece and Rome, / people thought / that keys allowed / their prayers to
고대 그리스와 로마에서 사람들은 생각했다 열쇠들이 허락한다고 그들의 기도가

reach the gods. / ④ They believed / that keys unlocked the door / between heaven and earth. /
신에게 도달하게 그들은 믿었다 열쇠가 문을 연다고 하늘과 땅 사이에 있는

⑤ They also saw them as symbols / for remembering the past / and looking forward to the
그들은 또한 그것들을 상징으로 보았다 과거를 기억하는 그리고 미래를 고대하는

future. /

⑥ In Japan, / people believed / that tying three keys together / created a lucky charm. /
일본에서　　　사람들은 믿었다　　　세 개의 열쇠를 함께 묶는 것이　　　행운의 부적을 만드는 것이라고

⑦ The three keys were said to unlock the doors / to love, money, and well-being. /
그 세 개의 열쇠들은 문을 연다고 전해졌다　　　사랑과 돈, 행복으로 가는

⑧ Some Romany people / in Eastern Europe / hang a door key / with a metal ring / over
몇몇 집시들은　　　동유럽의　　　문 열쇠를 걸어 둔다　　금속 고리를 가진

their bed. / ⑨ They think / that it helps them sleep well. / ⑩ They also think / that this keeps /
그들의 침대 위에　그들은 생각한다　그것이 그들을 잘 자게 도와준다고　　그들은 또한 생각한다　이것이 막아준다고

people from having nightmares. /
사람들이 악몽을 꾸는 것을

본문
해석

대부분의 사람들에게, 열쇠는 문을 열거나 자동차 시동을 거는 데 사용되는 흔한 도구이다. 하지만, 당신은 몇
몇 문화들에서의 열쇠의 특별한 의미들에 놀랄지도 모른다.

고대 그리스와 로마에서, 사람들은 열쇠들이 그들의 기도가 신에게 도달하게 한다고 생각했다. 그들은 열쇠가
하늘과 땅 사이의 문을 연다고 믿었다. 그들은 또한 그것들을 과거를 기억하고 미래를 고대하는 상징으로 보았다.

일본에서, 사람들은 세 개의 열쇠를 함께 묶는 것이 행운의 부적을 만드는 것이라고 믿었다. 그 세 개의 열쇠들
은 사랑과 돈, 행복으로 가는 문을 연다고 전해졌다.

동유럽의 몇몇 집시들은 금속 고리를 가진 문 열쇠를 그들의 침대 위에 걸어 둔다. 그들은 그것이 그들을 잘 자
게 도와준다고 생각한다. 그들은 또한 이것이 사람들이 악몽을 꾸는 것을 막아 준다고 생각한다.

구문
해설

① … , keys are **common tools** [**that** *are used to unlock* doors or (to) *start* cars].
→ [ ]는 선행사 common tools를 수식하는 주격 관계대명사절이다.
→ 「be used+to-v」는 '~하는 데 사용되다'의 의미이다.
→ to unlock과 start는 or로 연결된 병렬 구조로, start 앞에 to가 생략되었다.

④ They believed [**that** keys unlocked the door *between heaven and earth*].
→ [ ]는 believed의 목적어로 쓰인 명사절이다.
→ 「between A and B」는 'A와 B 사이에'의 의미이다.

⑤ They also saw them as symbols **for remembering** the past and *looking forward to the future*.
→ remembering과 looking forward to는 전치사 for의 목적어로 쓰인 동명사구로, 접속사 and로 병렬 연결
되어 있다.
→ 「look forward to+(동)명사」는 '~를 고대하다'의 의미이다.

⑦ The three keys **were said to** unlock the doors [to love, money, and well-being].
→ 「be said+to-v」는 '~라고 한다'의 의미이다.
→ [ ]는 the doors를 수식하는 전치사구이다.

⑩ They also think [**that** this *keeps people from having* nightmares].
→ [ ]는 think의 목적어로 쓰인 명사절이다.
→ 「keep+목적어+from+v-ing」는 '~가 …하는 것을 막다'의 의미이다.

4

정답   1 ⑤   2 (1) T (2) T   3 낯선 사람들에게 물을 끼얹는 거대한 물싸움   4 bad things, good things

문제
해설

1 ⑤ 물 쏘기 대회에 대한 언급은 없다.
①은 문장 ②, ⑧에, ②와 ③은 문장 ⑥에, ④는 문장 ⑦에 언급되어 있다.
[문제] 글에 따르면, 당신이 송끄란 동안에 볼 수 없는 것은?
① 서로에게 물을 퍼붓는 사람들   ② 집을 청소하는 사람들
③ 불상을 닦는 사람들   ④ 어르신의 손에 물을 붓는 사람들
⑤ 물 쏘기 대회에 참가하는 사람들

2 (1) 문장 ④에서 송끄란이 열리는 4월에 태국 달력에 근거해 새해가 시작된다고 했다.
(2) 문장 ⑨에서 전 세계의 사람들이 송끄란을 구경하고 참여하기 위해 태국으로 향한다고 했다.
[문제] 글의 내용과 일치하면 T, 그렇지 않으면 F를 쓰시오.
(1) 태국 달력에 따르면, 새해는 4월에 시작한다.
(2) 다양한 다른 나라의 많은 사람들이 송끄란을 위해 태국에 온다.

3 문장 ⑧에 언급되어 있다.
[문제] 글의 밑줄 친 the action이 가리키는 내용은 무엇인가? 우리말로 쓰시오.

4 문장 ⑩-⑫에 송끄란 중에 물을 끼얹은 이유가 언급되어 있다.
[문제] 빈칸에 알맞은 단어를 글에서 찾아 쓰시오.

> 송끄란 동안, 사람들은 새해에 나쁜 것들을 없애고 좋은 것들을 얻기 위해 물을 끼얹는다.

본문
직독
직해

① You are walking down a crowded street / in Bangkok. / ② Suddenly, / people throw
당신은 붐비는 거리를 걷고 있다   방콕에서   갑자기   사람들이
buckets of water / on you / and shoot water / into the crowd! / ③ It is Songkran, / Thailand's
양동이째 물을 퍼붓는다 당신에게 그리고 물을 쏜다   군중에게   그것은 송끄란이다   태국의
traditional New Year's celebration. /
전통적인 새해 축하 행사인

④ This exciting festival / takes place in April, / when the new year starts / based on the
이 신나는 축제는   4월에 개최된다   그때 새해가 시작된다   태국 달력에
Thai calendar. / ⑤ The festival is about cleaning / and making a new start. / ⑥ People clean
근거하여   그 축제는 깨끗이 하는 것에 관한 것이다   그리고 새로운 시작을 하는 것에   사람들은
their homes / and wash statues of the Buddha. / ⑦ They also pour water / on the hands of the
그들의 집을 청소한다   그리고 불상을 닦는다   그들은 또한 물을 붓는다   어르신들의 손에
elderly / as a sign of respect. / ⑧ Over time, / this has evolved / into a giant water fight / where
존경의 표시로서   시간이 지나면서   이것은 발전했다   거대한 물싸움으로
people splash strangers with water. / ⑨ People from all around the world / head to Thailand
사람들이 낯선 사람들에게 물을 끼얹는   전 세계의 사람들은   태국으로 향한다
to watch and participate in the action. /
그 행동을 구경하고 참여하기 위해

⑩ Throwing and splashing water / during Songkran / is a kind of blessing. / ⑪ It is
물을 퍼붓거나 끼얹는 것은   송끄란 동안   일종의 축복이다   그것은

supposed / to chase away bad things. / ⑫ It also allows good things to come / during the new

여겨진다　나쁜 것들을 쫓아내는 것으로　그것은 또한 좋은 것들이 오게 한다　새해 동안

year! /

당신은 방콕에서 붐비는 거리를 걷고 있다. 갑자기, 사람들이 양동이째 물을 당신에게 퍼붓고 군중에게 물을 쏜다! 그것은 태국의 전통적인 새해 축하 행사인 송끄란이다.

이 신나는 축제는 4월에 개최되는데, 그때 태국 달력에 근거하여 새해가 시작된다. 그 축제는 깨끗이 하고 새로운 시작을 하는 것에 관한 것이다. 사람들은 그들의 집을 청소하고 불상을 닦는다. 그들은 또한 존경의 표시로서 어르신들의 손에 물을 붓는다. 시간이 지나면서, 이것은 사람들이 낯선 사람들에게 물을 끼얹는 거대한 물싸움으로 발전했다. 전 세계의 사람들이 그 행동을 구경하고 참여하기 위해 태국으로 향한다.

송끄란 동안 물을 퍼붓거나 끼얹는 것은 일종의 축복이다. 그것은 나쁜 것들을 쫓아내는 것으로 여겨진다. 그것은 또한 새해 동안 좋은 것들이 오게 한다!

④ This exciting festival takes place in April, **when** the new year starts based on the Thai calendar.

    ➡ 「, when」은 계속적 용법의 관계부사로, '그때'의 의미이다.

⑦ They also pour water on the hands of **the elderly** *as* a sign of respect.

    ➡ 「the+형용사」는 '~한 사람들'의 의미이다.

    ➡ as는 '~로서'의 의미인 전치사이다.

⑧ Over time, this **has evolved** into *a giant water fight* [*where* people splash strangers with water].

    ➡ has evolved는 '발전했다'의 의미로 〈결과〉를 나타내는 현재완료(have[has]+p.p.)이다.

    ➡ [ ]는 선행사 a giant water fight를 수식하는 관계부사절이다.

정답 1 ② 2 take place 3 ④ 4 힘이 세고 침착해서 5 ② 6 children are often allowed to enjoy this sweet candy 7 ④ 8 crowd

문제 해설

1
> · 건강한 방식으로 스트레스를 없애라.
> · 너를 다시 만나길 기대하고 있다.

get rid of: ~을 없애다[제거하다]
look forward to: ~을 기대하다

2 take place: 개최되다[일어나다]

3 ④ Brabant 말을 타고 말의 가슴 높이의 물속으로 들어간다고 했다.

4 Brabant 말이 힘이 세고 침착해서 승마 새우잡이에 적합하다고 했다.

5 빈칸 앞에는 망자의 날이 무섭게 들린다고 했고, 빈칸 뒤에는 망자의 날이 사실 고인이 된 친척들을 추모하기 위한 즐거운 멕시코 명절이라고 했으므로, 빈칸에는 대조를 나타내는 ② 'However(하지만)'가 적절하다.

6 '~하는 것이 허락되다'라는 의미의 「be allowed to-v」를 이용하고 빈도부사 often은 be동사 다음에 쓴다.

7 마지막 문단에서 Songkran에서 물을 퍼붓거나 끼얹는 것은 일종의 축복을 상징하며, 나쁜 것을 쫓고 새해에 좋은 것이 들어오라는 의미라고 했다.

8
> 사람들의 커다란 집단

Section 09 Environment

정답 1 ⑤   2 ④   3 (1) T (2) F   4 (1) environment (2) used (3) cheaper (4) free

문제 해설

1 콘크리트에 모래 대신 사용한 기저귀를 넣어 새로운 건축 자재로 만들 수 있다는 내용에 관한 글이므로, 제목으로는 ⑤ '기저귀: 예상치 못한 건축 자재가 가장 알맞다.

① 콘크리트를 더 강하게 만드는 방법   ② 모래로 새 기저귀 만들기

③ 기저귀를 재활용하는 다양한 방법   ④ 콘크리트가 지구에 나쁜 이유

2 빈칸이 있는 문장의 앞 단락에는 콘크리트를 만들기 위해 많은 모래가 필요하다는 내용이 나오고, 다음 단락에서 모래 대신 기저귀를 넣어 만든 콘크리트의 장점을 설명하고 있으므로, 빈칸에는 모래가 부족한 문제를 해결하도록 콘크리트의 모래 일부를 사용한 기저귀로 ④ '대체하다'는 내용이 가장 알맞다.

① 제한하다   ② 막다   ③ 나누다   ⑤ 발견하다

3 (1) 문장 ④에 언급되어 있다.

(2) 문장 ⑨에서 기저귀로 만든 새로운 콘크리트의 강도가 기존의 콘크리트만큼 좋다고 했다.

(1) 모래 채굴 때문에 동물들은 그들의 서식지를 잃을 수도 있다.

(2) 기저귀로 만든 콘크리트는 기존의 콘크리트보다 더 약하다.

4

문제	모래를 채굴하는 것은 ⑴ 환경에 부정적인 영향을 끼칠 수 있다.
해결책	한 무리의 과학자들은 ⑵ 사용한 기저귀와 모래를 섞어 콘크리트를 만들었다.
해결책의 이점	사용된 기저귀가 ⑷ 무료이기 때문에 ⑵ 사용한 기저귀로 만든 콘크리트를 사용하는 것은 ⑶ 더 저렴하다.

본문 직독 직해

① Concrete is a commonly used building material. / ② A lot of sand is needed / to make
콘크리트는 일반적으로 사용되는 건축 자재이다   많은 모래가 필요하다   콘크리트를

concrete. / ③ However, / there is a limited amount of sand / on earth. / ④ Also, / mining sand
만들기 위해서는   하지만   제한된 양의 모래가 있다   지구에는   또한   모래를

is bad for the environment / and can lead to the loss of animals' habitat. /
채굴하는 것은 환경에 해롭다   그리고 동물들의 서식지 손실로 이어질 수 있다

⑤ Scientists had a creative solution / to this problem. / ⑥ They added used diapers / to
과학자들은 창의적인 해결책을 가지고 있었다   이 문제에 대해   그들은 사용한 기저귀를 넣었다

replace some of the sand in concrete. / ⑦ Used diapers were collected, / cleaned, / and cut
콘크리트의 모래 일부를 대체하기 위해   사용한 기저귀를 모으고   세탁하고

into small pieces. / ⑧ The researchers tested / different mixes of sand and diaper pieces. /
작은 조각들로 잘랐다   연구원들은 실험했다   모래와 기저귀 조각들의 다른 혼합물들을

⑨ They discovered / that the safety and strength of the new concrete were as good as
그들은 발견했다   새로운 콘크리트의 안전성과 강도가 기존의 콘크리트만큼 좋다는 것을

traditional concrete. /

⑩ Adding diapers and reducing sand in concrete / could make it cheaper to build houses. /
기저귀를 넣어 콘크리트의 모래를 줄이는 것은   집을 짓는 것을 더 저렴하게 만들 수 있다

⑪ After all, / there are too many used diapers, / and they are basically free. / ⑫ Researchers are
무엇보다   사용한 기저귀들은 너무 많다   그리고 그것들은 기본적으로 공짜이다   연구원들은

also trying to find out / how well the new concrete can block out heat and sound. / ⑬ Would
또한 알아내기 위해 노력하고 있다   그 새로운 콘크리트가 얼마나 열과 소리를 잘 차단할 수 있는지

you be willing to live / in a diaper house? /
당신은 살 의향이 있는가   기저귀 집에서

본문 해석

콘크리트는 일반적으로 사용되는 건축 자재이다. 콘크리트를 만들기 위해서는 많은 모래가 필요하다. 하지만, 지구에는 제한된 양의 모래가 있다. 또한, 모래를 채굴하는 것은 환경에 해롭고 동물들의 서식지 손실로 이어질 수 있다.

과학자들은 이 문제에 대한 창의적인 해결책을 가지고 있었다. 그들은 콘크리트의 모래 일부를 대체하기 위해 사용한 기저귀를 넣었다. 사용한 기저귀를 모으고, 세탁하고, 작은 조각들로 잘랐다. 연구원들은 모래와 기저귀 조각들의 다른 혼합물들을 실험했다. 그들은 새로운 콘크리트의 안전성과 강도가 기존의 콘크리트만큼 좋다는 것을 발견했다.

기저귀를 넣어 콘크리트의 모래를 줄이는 것은 집을 짓는 것을 더 저렴하게 만들 수 있다. 무엇보다 사용한 기저귀들은 너무 많고, 그것들은 기본적으로 공짜이다. 연구원들은 또한 그 새로운 콘크리트가 얼마나 열과 소리를 잘 차단할 수 있는지 알아내기 위해 노력하고 있다. 당신은 기저귀 집에서 살 의향이 있는가?

구문 해설

① Concrete is a **commonly used building material**.
  → 부사 commonly가 형용사 used를 수식하고, 형용사 used는 명사구 building material을 수식한다.
② A lot of sand **is needed** *to make* concrete.
  → is needed는 '필요되다'의 의미로, 「be+p.p.」의 수동태이다.
  → to make는 '만들기 위해'의 의미로, 〈목적〉을 나타내는 부사적 용법의 to부정사이다.
④ Also, **mining sand** *is* bad for the environment and *can lead to* the loss of animals' habitat.
  → mining sand는 주어로 쓰인 동명사구이다.
  → 문장의 동사 is와 can lead to가 접속사 and로 병렬 연결되어 있다.
⑦ Used diapers **were collected,** (were) **cleaned,** and (were) **cut** into small pieces.
  → 세 개의 동사 were collected, cleaned, cut이 「A, B, and C」의 구조로 병렬 연결되어 있고, cleaned와 cut 앞에 were이 생략되었다.
⑨ They discovered [**that** *the safety and strength* {of the new concrete} *were* <u>as good as</u> traditional concrete].
  → that은 명사절을 이끄는 접속사로, [ ]는 동사 discovered의 목적어 역할을 한다.
  → 전치사구 { }의 수식을 받는 복수 명사 the safety and strength가 주어이므로 복수형 동사 were가 쓰였다.
  → 「as+형용사[부사]의 원급+as」는 '~만큼 …한[하게]'라는 의미의 원급 비교이다.
⑩ **Adding diapers and reducing sand in concrete** could make *it* cheaper *to build houses*.
  → Adding diapers and reducing sand in concrete는 주어로 쓰인 동명사구이다.
  → it은 가목적어, to build houses는 진목적어이다.
⑫ Researchers are also **trying to find out** [how well the new concrete can block out heat and sound].
  → 「try+to-v」는 '~하려고 노력하다'의 의미이다.
  → [ ]는 find out의 목적어 역할을 하는 간접의문문이다.

2

정답 1 ③ 　 2 ② 　 3 ① 　 4 벌집 나방 애벌레의 타액처럼 작용하는 스프레이를 만드는 것

문제 해설

1 벌집 나방 애벌레가 플라스틱을 빠른 속도로 먹기 때문에 플라스틱 쓰레기 처리에 도움이 될 것이라는 내용의 글이므로, 제목으로 ③ '플라스틱 쓰레기의 자연적 해결책'이 가장 적절하다.

① 플라스틱 쓰레기를 줄이는 방법　　　② 벌집 나방 애벌레 타액의 위험성

④ 플라스틱을 분해하는 과정　　　⑤ 플라스틱에서 방출되는 화학 물질의 영향

2 밑줄 친 these problems는 문장 ①-②에 언급된 문제를 가리킨다.

3 ① 벌집 나방 애벌레를 발견한 사람은 언급되지 않았다.

②는 문장 ⑤에서 벌집 나방 애벌레가 보통 밀랍을 먹는다고 했고, ③은 문장 ⑨에서 12시간에 92밀리그램을 먹어 다른 생물보다 1,000배 이상 빠르다고 했고, ④는 문장 ⑨-⑫를 통해 플라스틱 쓰레기 처리에 이용할 수 있음을 알 수 있고, ⑤는 문장 ⑩에서 플라스틱이 빠르게 분해되게 한다고 했다.

① 누가 벌집 나방 애벌레를 발견했는가?

② 벌집 나방 애벌레는 주로 무엇을 먹는가?

③ 벌집 나방 애벌레가 플라스틱을 얼마나 빨리 먹을 수 있는가?

④ 우리는 무엇에 벌집 나방 애벌레를 이용할 수 있는가?

⑤ 벌집 나방 애벌레의 타액이 플라스틱에 어떻게 작용하는가?

4 밑줄 친 it은 앞 문장의 to create sprays that work like waxworm saliva를 가리킨다.

본문 직독 직해

① Millions of tons of plastic / is produced and thrown away / each year. / ② Moreover, /
수백만 톤의 플라스틱이　　생산되고 버려진다　　　매년　　　게다가

this plastic waste stays in landfills, / for too long / before breaking down. / ③ A solution to
이 플라스틱 쓰레기는 쓰레기 매립지에 남는다　너무 오래　　분해되기 전에　　　이런 문제들에 대한

these problems, / however, / may have been discovered / by accident. /
한 해결책이　　하지만　　발견되었을지도 모른다　　우연히

④ One day, / a beekeeper / who is also a scientist / removed some waxworms from her
어느 날　　한 양봉가가　　과학자이기도 한　　몇 마리의 벌집 나방 애벌레를 그녀의 벌집에서

beehives. / ⑤ Waxworms usually eat the wax in beehives. / ⑥ After putting them / in a plastic
제거했다　　벌집 나방 애벌레는 보통 벌집의 밀랍을 먹는다　　그것들을 넣은 뒤에　　비닐봉지에

bag, / she found / that they had eaten holes / in the bag! /
그녀는 발견했다　그것들이 갉아 먹어 구멍을 낸 것을　봉지에

⑦ To find out more, / scientists conducted an experiment. / ⑧ They put 100 waxworms /
더 알아내기 위해서　　과학자들은 실험을 했다　　　그들은 벌집 나방 애벌레 100마리를 넣었다

in a plastic bag. / ⑨ The waxworms ate 92 milligrams of plastic / in 12 hours, / which is more
비닐봉지 하나에　　그 벌집 나방 애벌레들은 92밀리그램의 플라스틱을 먹었다　12시간 동안　　이는

than 1,000 times faster / than any other creature. / ⑩ The waxworms' secret is their saliva /
1,000배 이상 더 빠르다　　다른 어떤 생물보다　　벌집 나방 애벌레의 비결은 타액이다

—it causes plastic to quickly break down. / ⑪ Scientists hope to create sprays / that work like
그것은 플라스틱이 빠르게 분해되게 한다　　과학자들은 스프레이를 만들길 희망한다　　벌집 나방 애벌레의

waxworm saliva. / ⑫ If they are successful, / it will help us / get rid of our plastic waste! /
타액처럼 작용하는　　만약 그들이 성공한다면　　그것은 우리를 도울 것이다　플라스틱 쓰레기를 처리하도록

매년 수백만 톤의 플라스틱이 생산되고 버려진다. 게다가, 이 플라스틱 쓰레기는 분해되기 전에 너무 오래 쓰레기 매립지에 남는다. 하지만, 이런 문제들에 대한 한 해결책이 우연히 발견되었을지도 모른다.

어느 날, 과학자이기도 한 한 양봉가가 그녀의 벌집에서 몇 마리의 벌집 나방 애벌레를 제거했다. 벌집 나방 애벌레는 보통 벌집의 밀랍을 먹는다. 그것들을 비닐봉지에 넣은 뒤에, 그녀는 그것들이 봉지를 갉아 먹어 구멍을 낸 것을 발견했다!

더 알아내기 위해서, 과학자들은 실험을 했다. 그들은 비닐봉지 하나에 벌집 나방 애벌레 100마리를 넣었다. 그 벌집 나방 애벌레들은 12시간 동안 92밀리그램의 플라스틱을 먹었고, 이는 다른 어떤 생물보다 1,000배 이상 더 빠르다. 벌집 나방 애벌레의 비결은 타액인데 그것은 플라스틱이 빠르게 분해되게 한다. 과학자들은 벌집 나방 애벌레의 타액처럼 작용하는 스프레이를 만들길 희망한다. 만약 그들이 성공한다면, 그것은 우리가 플라스틱 쓰레기를 처리하는 것을 도울 것이다!

③ A solution to these problems, however, **may have** *been* discovered by accident.
→ 「may have+p.p.」는 '~했을지도 모른다'의 의미로 과거에 대한 불확실한 추측을 나타낸다.
→ been discovered는 '~되었다', '~당했다'의 의미인 수동태(be+p.p.)로, 여기서는 「may have+p.p.」와 함께 쓰여 '발견되었을지도 모른다'의 의미이다.

④ One day, **a beekeeper** [**who** is also a scientist] *removed some waxworms from her beehives.*
→ [ ]는 선행사 a beekeeper를 수식하는 주격 관계대명사절이다.
→ 「remove A from B」는 'B에서 A를 제거하다'의 의미이다.

⑥ **After putting** them in a plastic bag, she found [*that* they had eaten holes in the bag]!
→ After putting은 접속사를 생략하지 않은 〈때〉를 나타내는 분사구문으로, After she put으로 바꿔 쓸 수 있다.
→ [ ]는 동사 found의 목적어로 쓰인 명사절이다.
→ had eaten은 대과거(had+p.p.)로, 먹어서 구멍을 낸 것(had eaten)이 발견한 것(found)보다 먼저 일어났음을 나타낸다.

⑨ The waxworms ate 92 milligrams of plastic in 12 hours, **which** is more than *1,000 times faster than* any other creature.
→ 「, which」는 계속적 용법의 관계대명사로, 이 문장에서 which는 앞 절 전체를 선행사로 한다.
→ 「배수사+비교급+than」은 '~보다 몇 배 더 …한'이라는 의미의 비교 표현이다.

⑩ The waxworms' secret is their saliva—it **causes plastic to** quickly **break down.**
→ 「cause+목적어+to-v」는 '~가 …하게 하다'의 의미로, cause는 목적격 보어로 to부정사를 취한다.

본책 • pp. **108-109**

1 ④ 2 ③ 3 ⓐ salty sand ⓑ the destruction of the Aral Sea
4 (1) direction (2) shrunk (3) Salty sand (4) ruined

1 소련 정부가 아랄 해로 흐르는 두 강의 방향을 바꿔 아랄 해와 그 주변 지역이 파괴되었다는 내용의 글이므로, 주제로 ④ '아랄 해에 일어난 비극적인 사건'이 가장 알맞다.
① 자연에 해를 끼치는 농부들　　　　② 소금으로 인해 망가진 지역 사회

③ 아랄 해의 현재 상태　　　　　　　　⑤ 재해를 막으려는 소련 정부의 노력

2 빈칸 뒤에 강물의 흐름을 바꾼 후 일어난 끔찍한 결과에 관해 이야기하고 있으므로, ③ '충격적인'이 가장 알맞다.
① 간접적인　② 긍정적인　④ 인상적인　⑤ 의미 없는

3 ⓐ는 문장 ⑦의 salty sand를, ⓑ는 문장 ⑩의 the destruction of the Aral Sea를 가리킨다.

4
아랄 해에 무슨 일이 일어났나?

아랄 해로 흐르는 두 강의 (1) 방향이 바뀌었다.
↓
바다는 말랐고 원래 크기의 10%로 (2) 줄어들었다.
↓
(3) 소금기 있는 모래가 남겨졌고, 그것은 바람에 의해 육지 전역으로 옮겨졌다.
↓
농부들의 밭이 (4) 망가졌고 사람들이 병들게 되었다.

본문직독직해

① In the 1960s, / the Soviet government / made a terrible decision. / ② They changed / the
　1960년대에　　　소련 정부는　　　　　　끔찍한 결정을 내렸다　　　　　그들은 바꾸었다

direction of two rivers / flowing into the Aral Sea, / a salt lake. / ③ They did this / in order to
두 강의 방향을　　　　　아랄 해로 흐르는　　　　소금 호수인　　그들은 이렇게 했다

make water flow / into nearby cotton fields. /
물이 흘러가도록 하기 위해　근처의 목화밭으로

④ The results were shocking! / ⑤ The Aral Sea began to dry up. / ⑥ The sea has shrunk to
그 결과는 충격적이었다　　　　아랄 해는 마르기 시작했다　　　　그 바다는 10%로 줄어들었다

10% / of its original size / in the past 60 years, / and the region has been destroyed. / ⑦ As the
　　그것의 원래 크기의　　　과거 60년 동안　　　그리고 그 지역은 파괴되었다

sea dried up, / it left behind salty sand. / ⑧ It was picked up / by the wind / and carried across
그 바다가 마르면서　　그것은 소금기 있는 모래를 남겼다　그것은 집어 올려졌다　바람에 의해　그리고 육지 전역으로

the land. / ⑨ This ruined farmers' fields / and made people sick. /
옮겨졌다　　　이는 농부들의 밭을 망쳤다　　　그리고 사람들을 병들게 만들었다

⑩ Today, / the destruction of the Aral Sea / is considered / one of the most tragic
오늘날　　아랄 해의 파괴는　　　　　　　　여겨진다　　　가장 비극적인 환경 재해들 중

environmental disasters / in human history. / ⑪ It reminds us / that we should never destroy
하나로　　　　　　　　　인류 역사에서　　　그것은 우리에게 상기시킨다　우리가 절대 자연을 파괴하면

nature / for human gain. /
안 된다는 것을　인간의 이득을 위해

본문해석

　　1960년대에, 소련 정부는 끔찍한 결정을 내렸다. 그들은 소금 호수인 아랄 해로 흐르는 두 강의 방향을 바꾸었다. 그들은 물이 근처의 목화밭으로 흘러가도록 하기 위해 이렇게 했다.

　　그 결과는 충격적이었다! 아랄 해는 마르기 시작했다. 그 바다는 과거 60년 동안 원래 크기의 10%로 줄어들었고, 그 지역은 파괴되었다. 그 바다가 마르면서, 그것은 소금기 있는 모래를 남겼다. 그것은 바람에 의해 집어 올려져 육지 전역으로 옮겨졌다. 이는 농부들의 밭을 망쳤고 사람들을 병들게 만들었다.

　　오늘날, 아랄 해의 파괴는 인류 역사에서 가장 비극적인 환경 재해들 중 하나로 여겨진다. 그것은 우리에게 우리가 인간의 이득을 위해 자연을 파괴하면 절대 안 된다는 것을 상기시킨다.

② They changed the direction of two rivers [**flowing** into the Aral Sea, a salt lake].

→ [ ]는 two rivers를 수식하는 현재분사구이다.

③ They **did this** in order to *make water flow* into nearby cotton fields.

→ did this는 앞 문장에서 언급된 changed the direction of two rivers를 의미한다.

→ 「make+목적어+동사원형」은 '~를 …하게 하다[만들다]'의 의미이다.

⑨ Today, the destruction of the Aral Sea is considered **one of the most tragic environmental disasters** in human history.

→ 「one of the+형용사의 최상급+복수 명사」는 '가장 ~한 …들 중 하나'의 의미이다.

⑪ It **reminds us** [**that** we should never destroy nature for human gain].

→ 「remind A B」는 'A에게 B를 상기시키다'의 의미로, 여기서 A는 us이고 B는 [ ]이다. that은 명사절을 이끄는 접속사이다.

본책 • pp. 110-111

4

정답　1 ③　　2 ③　　3 ①　　4 disappearing, resource

**문제
해설**

1　③ 저장고에 보관된 씨앗의 수는 언급되지 않았다.

①과 ②는 문장 ⑦에서 노르웨이의 광산이 저장고가 되었다고 했고, ④는 문장 ⑨-⑩에서 저장고의 안쪽 깊숙이 습기와 공기가 없는 특별한 봉투에 보관된다고 했고, ⑤는 문장 ⑫에서 '최후의 날 저장고'라고 했다.

[문제] 글에 근거하여 답할 수 <u>없는</u> 것은?

① 그 저장고는 (과거에) 무엇이었나?　　　　　　② 그 저장고는 어디에 위치해 있는가?

③ 그 저장고의 안쪽에는 얼마나 많은 씨앗들이 보관되어 있는가?　④ 그 저장고에서 씨앗들은 어떻게 보관되는가?

⑤ 그 저장고의 별명은 무엇인가?

2　ⓒ는 valuable things를 가리키는 반면에, 나머지는 모두 seeds를 가리킨다.

[문제] 가리키는 것이 <u>다른</u> 하나를 고르시오.

3　문장 ⑧-⑩에서 저장고 및 씨앗 보관 방법의 안전성에 관해 설명하고 있으므로, 빈칸에 ① '모든 씨앗은 안전할 것이다'가 가장 알맞다.

[문제] 빈칸에 들어갈 말로 가장 알맞은 것은?

② 그 씨앗들은 태양을 피할 수 있다　　　③ 그 씨앗들은 높은 가격에 팔릴 수 있다

④ 다양한 종류의 씨앗들이 수집될 것이다　　⑤ 전 세계에서 온 씨앗들이 연구될 것이다

4　문장 ①-③에 언급되어 있다.

[문제] 다음 빈칸에 알맞은 단어를 글에서 찾아 쓰시오.

> 씨앗들은 귀중하고, <u>사라지는</u> 것으로부터 보호되어야 한다. 이는 씨앗들이 미래의 문제에 대한 해결책이 될지도 모르는 새로운 작물들을 만드는 데 필요한 <u>자원</u>이기 때문이다.

**본문
직독
직해**

① Seeds are one / of our earth's most valuable resources. / ② Using them, / scientists can
씨앗들은 하나이다　우리 지구의 가장 귀중한 자원들 중의　　　　그것들을 이용하여　과학자들은

create new crops / that may solve problems of the future, / like unknown plant diseases or a
새로운 작물들을 만들어 낼 수 있다　미래의 문제들을 해결할지도 모르는　발생한 적이 없는 식물 병이나

lack of food. / ③ Sadly, / this resource is disappearing. / ④ How can we protect them? /
식량 부족 같은　애석하게도　이 자원이 사라지고 있다　우리는 그것들을 어떻게 보호할 수 있을까

⑤ When we have valuable things, / we put them into a safety deposit box / at a bank. /
우리가 귀중한 물건을 가지고 있을 때　우리는 그것들을 안전 금고 안에 넣어 둔다　은행에 있는

⑥ Scientists do the same thing / with seeds / —they put them / in the Svalbard Global Seed
과학자들은 같은 일을 한다　씨앗들을 가지고　그들은 그것들을　스발바르 국제 종자 저장고에

Vault. /
넣어 둔다

⑦ The vault used to be an old mine / in an icy mountain / in Norway. / ⑧ The mine was
그 저장고는 오래된 광산이었다　얼음으로 뒤덮인 산에 있는　노르웨이에 있는　그 광산은

renovated / into a vault / that can withstand extreme climate change and nuclear explosions. /
개조되었다　저장고로　극심한 기후 변화와 핵폭발을 견뎌낼 수 있는

⑨ Deep inside the vault, / seeds from around the world / are kept. / ⑩ They are put into
그 저장고의 안쪽 깊숙이　전 세계에서 온 씨앗들이　보관되어 있다　그것들은 특별한 봉투

special bags / that are free of moisture and air. / ⑪ Therefore, / all of the seeds will be safe / no
안에 넣어진다　습기와 공기가 없는　그러므로　모든 씨앗은 안전할 것이다　무슨

matter what happens. / ⑫ For this reason, / the vault was nicknamed / the "doomsday vault." /
일이 일어나더라도　이러한 이유로　그 저장고는 별명이 붙여졌다　'최후의 날 저장고'라는

본문 해석

씨앗들은 우리 지구의 가장 귀중한 자원들 중 하나이다. 그것들을 이용하여, 과학자들은 발생한 적이 없는 식물 병이나 식량 부족과 같은 미래의 문제들을 해결할지도 모르는 새로운 작물들을 만들어 낼 수 있다. 애석하게도, 이 자원이 사라지고 있다. 우리는 그것들을 어떻게 보호할 수 있을까?

우리가 귀중한 물건을 가지고 있을 때, 우리는 그것들을 은행에 있는 안전 금고 안에 넣어 둔다. 과학자들은 씨앗들을 가지고 같은 일을 하는데, 그들은 그것들을 스발바르 국제 종자 저장고에 넣어 둔다.

그 저장고는 노르웨이에 있는 얼음으로 뒤덮인 산에 있는 오래된 광산이었다. 그 광산은 극심한 기후 변화와 핵폭발을 견뎌낼 수 있는 저장고로 개조되었다. 그 저장고의 안쪽 깊숙이, 전 세계에서 온 씨앗들이 보관되어 있다. 그것들은 습기와 공기가 없는 특별한 봉투 안에 넣어진다. 그러므로, 무슨 일이 일어나더라도 <u>모든 씨앗은 안전할 것이다.</u> 이러한 이유로, 그 저장고는 '최후의 날 저장고'라는 별명이 붙여졌다.

구문 해설

⑦ The vault **used to be** an old mine in an icy mountain in Norway.
→ 「used to+동사원형」은 '(과거에) ~였다/~하곤 했다'의 의미로, 과거의 상태나 습관을 나타내는데, 현재는 더 이상 그렇지 않다는 의미를 내포한다.

⑧ The mine was renovated into **a vault** [**that** can withstand extreme climate change and nuclear explosions].
→ [ ]는 선행사 **a vault**를 수식하는 주격 관계대명사절이다.

⑪ Therefore, all of the seeds will be safe **no matter what** happens.
→ 「no matter what」은 '무엇이 ~하더라도'의 의미이다.

Review Test

정답 1 by accident   2 1) tragic 2) valuable   3 ③   4 make it cheaper to build houses
5 ④   6 ⓐ: waxworms ⓑ: scientists   7 ④   8 direction

문제 해설

1 by accident: 우연히

2 1) 그 영화는 <u>비극적인</u> 교통사고에 관한 것이다.
2) 이 웹사이트는 건강에 관한 유용하고 <u>귀중한</u> 정보가 있다.

3 ③은 명사구 the chance를 수식하는 형용사적 용법의 to부정사이며, 밑줄 친 to replace와 나머지 선택지는 목적을 나타내는 부사적 용법의 to부정사이다.
① 그는 시험에 <u>합격하기 위해</u> 열심히 공부했다.
② 그녀는 <u>조언을 구하기 위해</u> 친구에게 전화를 걸었다.
③ 그는 해외에서 <u>공부할</u> 기회를 놓쳤다.
④ 그녀는 프로젝트를 <u>작업하기 위해</u> 노트북을 가져왔다.
⑤ 그들은 일본 문화를 <u>배우기 위해</u> 일본을 여행했다.

4 가목적어 it과 진목적어 to build houses를 이용한다.

5 과학자들은 벌집 나방 애벌레의 타액이 플라스틱을 빠르게 분해한다는 것을 발견했고, 플라스틱 쓰레기 처리를 위해 그 타액처럼 작용하는 스프레이를 만들기를 희망한다고 했다. 이 스프레이가 성공한다면 플라스틱 쓰레기를 제거하는 데 도움이 될 것이므로, 빈칸에는 ④ 'get rid of(제거하다)'가 알맞다.
① 생산하다   ② 보존하다   ③ 수집하다   ⑤ 저장하다

6 ⓐ 앞 문장의 waxworms를 가리킨다.
ⓑ 앞 문장의 scientists를 가리킨다.

7 ④ 소금기 있는 모래는 바람에 날려 농부들의 밭을 망치고 사람들을 아프게 한다고 했다.

8 누군가 또는 무언가가 움직이고 있는 쪽

Section 10 Places

1

정답 1 ⑤   2 ②   3 ⑤   4 ④   5 cool, fire

문제 해설

1 암벽 안에 집을 지어 사는 한 스페인 마을에 관한 글이므로, 제목으로는 ⑤ '자연 암벽이 있는 집'이 가장 알맞다.
  ① 가장 오래된 아랍 마을
  ② 무어인들의 전통
  ③ 스페인의 위험한 계곡
  ④ 지진으로 생매장되다

2 ⓑ는 앞 문장의 the Moors를 가리키고, 나머지는 Setenil de las Bodegas의 집을 가리킨다.

3 ⑤: 문장 ⑨에서 지진이나 화재로 인해 피해를 보지 않을 것이라고 했다.
  ①은 문장 ①에, ②는 문장 ④에, ③은 문장 ⑤에, ④는 문장 ⑧에 언급되어 있다.
  ① 그 마을에는 약 3,000명의 주민이 있다.
  ② 그 마을의 집들은 고대 아랍 양식으로 지어졌다.
  ③ 그 마을은 무어인에 의해 세워졌다.
  ④ 그 마을의 집들은 짓기에 쉽다.
  ⑤ 그 마을은 지진으로 피해를 보았다.

4 빈칸 뒤에서 동굴 집이 가진 장점에 대해 언급되었으므로, 빈칸에는 ④ '장점들'이 가장 알맞다.
  ① 위험들 ② 문제들 ③ 도전들 ⑤ 기회들

5
> Setenil de las Bodegas의 동굴 집들은 만드는 데 저렴하고 서늘한 온도로 유지된다. 또한, 그것들은 지진이나 화재로 인해 피해를 보지 않을 것이다.

본문 직독 직해

① Setenil de las Bodegas is a Spanish town / with about 3,000 residents. / ② It is located /
Setenil de las Bodegas는 스페인의 마을이다   약 3,000명의 주민이 사는   그것은 위치해 있다

inside a narrow river valley. / ③ Its homes were built / inside the rock walls. / ④ This
좁은 강 계곡 안에   그것의 집들은 지어졌다   암벽 안에   이

architectural style is believed / to be based on ancient Arabic cave homes. / ⑤ They were
건축 양식은 믿어진다   고대 아랍 동굴 집들을 기반으로 한 것으로   그것들은 아마

likely created / by the Moors, / who established the town / in the 12th century. / ⑥ Instead of
만들어졌을 것이다   무어인들에 의해   그 마을을 설립한   12세기에   완전한

building complete homes, / they simply added walls to natural caves. /
집을 짓는 대신   그들은 그저 자연 동굴에 벽을 추가했다

⑦ Cave homes offer many advantages. / ⑧ They are cheap and easy to build. / ⑨ They are
동굴 집은 많은 장점들을 제공한다   그것들은 짓기에 저렴하고 쉽다   그것들은

unlikely to be damaged / by earthquakes or fire. / ⑩ Moreover, / they keep the residents cool /
피해를 볼 가능성이 작다   지진이나 화재로 인해   게다가   그것들은 거주자들을 시원하게 유지해준다

during hot summers. / ⑪ The rock hanging over the town's streets / even provides shade. /
뜨거운 여름 동안   마을의 거리에 걸쳐 있는 바위는   심지어 그늘을 제공한다

⑫ These days, / Setenil de las Bodegas attracts many tourists / who want to take photos of this
요즘   Setenil de las Bodegas는 많은 관광객들을 유치한다   이 놀라운 마을의 사진을 찍고 싶어 하는

amazing town. /

Setenil de las Bodegas는 약 3,000명의 주민이 사는 스페인의 마을이다. 그것은 좁은 강 계곡 안에 위치해 있다. 그것의 집들은 암벽 안에 지어졌다. 이 건축 양식은 고대 아랍 동굴 집들을 기반으로 한 것으로 믿어진다. 그것들은 아마 12세기에 그 마을을 설립한 무어인들에 의해 만들어졌을 것이다. 완전한 집을 짓는 대신, 그들은 그저 자연 동굴에 벽을 추가했다.

동굴 집은 많은 장점들을 제공한다. 그것들은 짓기에 저렴하고 쉽다. 그것들은 지진이나 화재로 인해 피해를 볼 가능성이 작다. 게다가, 그것들은 뜨거운 여름 동안 거주자들을 시원하게 유지해준다. 마을의 거리에 걸쳐 있는 바위는 심지어 그늘을 제공한다. 요즘, Setenil de las Bodegas는 이 놀라운 마을의 사진을 찍고 싶어 하는 많은 관광객들을 유치한다.

④ This architectural style **is believed** to be based on ancient Arabic cave homes.
→ is believed는 '믿어지다'의 의미로, 「be+p.p.」의 수동태이다.

⑤ They **were** likely **created** by *the Moors, who* established the town in the 12th century.
→ were created는 '만들어졌다'의 의미로, 「be+p.p.」의 수동태이다.
→ 「, who」는 선행사 the Moors를 부연 설명하는 계속적 용법의 주격 관계대명사로, '그리고 그들은'의 의미이다.

⑥ Instead of **building** complete homes, they simply *added* walls *to* natural caves.
→ building은 전치사 of의 목적어 역할을 하는 동명사이다.
→ 「add A to B」는 'A를 B에 더하다'의 의미이다.

⑧ They are **cheap** and **easy to build**.
→ to build는 '세우기에'의 의미로, 형용사 cheap과 easy를 수식하는 부사적 용법의 to부정사이다.

⑨ They **are unlikely to** *be damaged* by earthquakes or fire.
→ 「be unlikely to-v」는 '~할 가능성이 작다'의 의미로 〈추측〉을 나타낸다.
→ be damaged는 '손상되다'의 의미로, 「be+p.p.」의 수동태이다.

⑩ Moreover, they **keep the residents cool** *during* hot summers.
→ 「keep+목적어+형용사」는 '~을 …하게 유지하다'의 의미이다.
→ during은 '~ 동안에'의 의미로 〈시간〉을 나타내는 전치사이다.

⑪ *The rock* [**hanging** over the town's streets] even *provides* shade.
→ [ ]는 The rock을 수식하는 현재분사구이다.
→ 문장의 주어가 단수 명사인 The rock이므로 단수형 동사 provides가 쓰였다.

⑫ These days, Setenil de las Bodegas attracts **many tourists** [**who** *want to take* photos of this amazing town].
→ [ ]는 선행사 many tourists를 수식하는 주격 관계대명사절이다.
→ 「want+to-v」는 '~하기를 원하다, ~하고 싶다'의 의미이다.

본책 • pp. 118-119

2

정답   1 ⑤   2 ③   3 (시멘트나 다른 재료들 없이 돌로 지어져서) 분해했다가 다시 합할 수 있는 것
4 high tax, government, apart, together

1 주어진 문장은 정부에서 일하는 사람들이 마을로 오기 전 서민들이 했던 일에 대한 내용으로, 정부에서 일하는 사람들이 떠나고 나면 하는 일에 대한 문장 ⑨ 앞인 ⑤의 위치가 가장 알맞다.

2 문장 ⑥-⑧에 언급되어 있다.

3 문장 ①과 ③에 언급되어 있다.

4

17세기에, Alberobello의 서민들은 그들의 집에 대한 <u>높은</u> 세금을 감당할 형편이 되지 않았다. 그래서 그들은 시멘트나 다른 재료들 없이 돌로 *trulli*를 지었다. 그들은 그들의 집을 <u>분해</u>하고 나중에 그것들을 다시 합함으로써 <u>정부</u>를 <u>속였다</u>.

**본문
직독
직해**

① Imagine houses / that you can take apart / and then put back together. / ② You can see
집들을 상상해 봐라   당신이 분해할 수 있는   그리고 나서 다시 합할 수 있는   당신은 이와 같은

houses like this, / *called trulli,* / in Alberobello, Italy. / ③ They were built / with rocks / but
집들을 볼 수 있다   *trulli*라고 불리는   이탈리아의 Alberobello에서   그것들은 지어졌다   돌들로   하지만

without cement or other materials / for holding the rocks together. / ④ Builders simply placed
시멘트나 다른 재료들 없이   그 돌들을 접합하기 위한   집을 짓는 사람들은 단지

the rocks / on top of each other! /
돌들을 두었다   서로의 위에

⑤ There is an interesting story / behind this unique style. / ⑥ In the 17th century, /
흥미로운 이야기가 있다   이 독특한 방식 뒤에   17세기에

people had to pay a high tax / on their houses. / ⑦ Common people could not afford it. /
사람들은 높은 세금을 내야 했다   그들의 집에 대한   서민들은 그것을 감당할 형편이 되지 않았다

⑧ In order to trick the government, / they built these special houses. / <u>When they heard</u>
정부를 속이기 위해   그들은 이 특별한 집들을 지었다   그들이 들으면

<u>the government workers were coming to the town,</u> / <u>they quickly took their houses apart.</u> /
정부에서 일하는 사람들이 마을로 오고 있다는 것을   그들은 재빨리 그들의 집을 분해했다

⑨ Then, / after the workers left, / they put the houses back together. /
그리고 나서   그 일하는 사람들이 떠난 후에   그들은 집을 다시 합했다

⑩ Today, / *trulli* are so well preserved / that they are still used as homes. / ⑪ Thousands
오늘날   *trulli*는 매우 잘 보존되어 있어서   그것들은 아직도 집으로 사용된다   수천 명의

of tourists go to Alberobello / to see them. / ⑫ They have even been designated / a World
관광객이 Alberobello에 간다   그것들을 보러   그것들은 심지어 지정되어 있다   세계

Heritage Site. /
문화유산으로

**본문
해석**

　당신이 분해하고 나서 다시 합할 수 있는 집들을 상상해 봐라. 당신은 *trulli*라고 불리는 이와 같은 집들을 이탈리아의 Alberobello에서 볼 수 있다. 그것들은 돌들로 지어졌지만, 그 돌들을 접합하기 위한 시멘트나 다른 재료들 없이 지어졌다. 집을 짓는 사람들은 단지 돌들을 서로의 위에 두었다!

　이 독특한 방식 뒤에는 흥미로운 이야기가 있다. 17세기에, 사람들은 그들의 집에 대한 높은 세금을 내야 했다. 서민들은 그것을 감당할 형편이 되지 않았다. 정부를 속이기 위해, 그들은 이 특별한 집들을 지었다. <u>정부에서 일하는 사람들이 마을로 오고 있다는 것을 그들이 들으면, 그들은 재빨리 그들의 집을 분해했다.</u> 그리고 나서, 그 일하는 사람들이 떠난 후에, 그들은 집을 다시 합했다.

　오늘날, *trulli*는 매우 잘 보존되어 있어서 그것들은 아직도 집으로 사용된다. 수천 명의 관광객이 그것들을 보러 Alberobello에 간다. 그것들은 심지어 세계 문화유산으로 지정되어 있다.

① Imagine **houses** [**that** you can take apart and then put back together].

➔ [ ]는 선행사 houses를 수식하는 목적격 관계대명사절이다.

③ They were built with rocks **but** (they were built) without cement or other materials *for holding* the rocks together.

➔ but 뒤에 반복을 피하기 위해 they were built가 생략되었다.

➔ for는 '~를 위한'의 의미로 〈목적·기능〉을 나타내는 전치사이며, 목적어로 동명사 **holding**이 쓰였다.

⑩ Today, *trulli* are **so well preserved that** they are still used as homes.

➔ 「so+형용사+that」은 '매우 ~해서 …하다'의 의미이다.

⑫ *They* **have** even **been designated** a World Heritage Site.

➔ 「have[has] been+p.p.」는 현재완료 수동태로 여기서는 '지정되었다', '지정되어 있다'의 의미이다.

본책 ● pp. **120-121**

3

정답   1 ④   2 ④   3 ⑤   4 도시를 안쪽에서 봉쇄하는 것 / 무거운 바위로 만들어짐, 바퀴처럼 굴려질 수 있음

**문제
해설**

1 빈칸 뒤에 보통의 지상 도시와 다름 없는 Derinkuyu의 다양한 생활 시설이 언급되므로, 빈칸에는 ④ '편안한'이 가장 알맞다.

① 안전한   ② 인기 있는   ③ 고대의   ⑤ 아름다운

2 ④ 방문자 수는 언급되지 않았다.

①과 ②는 문장 ①에서 튀르키예의 Cappadocia에서 1963년에 발견되었다고 했고, ③은 문장 ④-⑤에서 총 18개 층의 85m 깊이에, 약 3만 명을 수용할 만큼 크다고 했고, ⑤는 문장 ⑪에서 상점과 학교, 교회, 가축을 위한 공간이 있다고 했다.

① 그것은 언제 발견되었는가?   ② 그것은 어디에 있는가?   ③ 그것은 얼마나 큰가?

④ 얼마나 많은 사람이 그것을 방문했는가?   ⑤ 그것은 어떤 종류의 방이 있는가?

3 ⓔ는 Derinkuyu의 가축을 위한 공간을 가리키는 반면, 나머지는 모두 지하 도시인 Derinkuyu를 가리킨다.

4 문장 ⑧에 언급되어 있다.

**본문
직독
직해**

① In 1963, / a man found a secret room / beneath his house / in Cappadocia, Türkiye. /
1963년에   한 남자가 비밀의 방을 발견했다   그의 집 아래에 있는   튀르키예의 Cappadocia에서

② Surprisingly, / the room led / to another and another. / ③ This was the discovery / of
놀랍게도   그 방은 이어졌다   잇따라 다른 방으로   이는 발견이었다

Derinkuyu, an ancient underground city. /
고대 지하 도시인 Derinkuyu의

④ The city has eighteen floors / and reaches a depth of 85 meters. / ⑤ It is big enough /
그 도시는 18개의 층이 있다   그리고 85m의 깊이에 이른다   그것은 충분히 크다

to hold about 30,000 people. / ⑥ Why was this huge city built? / ⑦ Some researchers think /
약 30,000명의 사람들을 수용할 만큼   왜 이 거대한 도시가 지어졌을까   어떤 연구자들은 생각한다

it was a place / to hide from enemies / because it has special doors. / ⑧ The doors, made of
그것이 장소였다고   적으로부터 숨는   그것이 특별한 문들이 있기 때문에   그 문들은 무거운 바위로

heavy stones, / can be rolled like wheels / to seal the city / from the inside. /
만들어졌는데　　　바퀴처럼 굴려질 수 있다　　　도시를 봉쇄하기 위해　　안쪽에서

⑨ Unlike what you might expect, / the old underground city / was probably quite
당신이 예상할지도 모르는 것과는 다르게　　　그 오래된 지하 도시는　　　아마도 꽤 편안했을 것이다

comfortable. / ⑩ There was fresh, flowing water, / and 1,500 tunnels brought fresh air / to
흐르는 신선한 물이 있었다　　　그리고 1,500개의 터널이 맑은 공기를 들여왔다

even the deepest floor. / ⑪ It also included / shops, schools, churches, and space for farm
심지어 가장 깊은 층까지도　　　그것은 또한 포함했다　　상점과 학교, 교회, 그리고 가축을 위한 공간을

animals. / ⑫ The city is so big / that archaeologists are still finding new parts! /
그 도시는 매우 커서　　　고고학자들은 아직도 새로운 부분들을 찾아내고 있다

본문 해석

1963년에, 튀르키예의 Cappadocia에서 한 남자가 그의 집 아래에 있는 비밀의 방을 발견했다. 놀랍게도, 그 방은 잇따라 다른 방으로 이어졌다. 이는 고대 지하 도시인 Derinkuyu의 발견이었다.

그 도시는 18개의 층이 있고 85m의 깊이에 이른다. 그것은 약 30,000명의 사람들을 수용할 만큼 충분히 크다. 왜 이 거대한 도시가 지어졌을까? 어떤 연구자들은 그것이 특별한 문들이 있기 때문에 적으로부터 숨는 장소였다고 생각한다. 그 문들은 무거운 바위로 만들어졌는데, 도시를 안쪽에서 봉쇄하기 위해 바퀴처럼 굴려질 수 있었다.

당신이 예상할지도 모르는 것과는 다르게, 그 오래된 지하 도시는 아마도 꽤 편안했을 것이다. 흐르는 신선한 물이 있었고, 1,500개의 터널이 심지어 가장 깊은 층까지도 맑은 공기를 들여왔다. 그것은 또한 상점과 학교, 교회, 그리고 가축을 위한 공간을 포함했다. 그 도시는 매우 커서 고고학자들은 아직도 새로운 부분들을 찾아내고 있다!

구문 해설

⑤ It is **big enough to hold** about 30,000 people.
　➡ 「형용사+enough+to-v」는 '~할 만큼 충분히 …한'의 의미이다.

⑦ Some researchers think [(**that**) it was a place *to hide* from enemies] because it has special doors.
　➡ [　]는 동사 think의 목적어로 쓰인 명사절로 접속사 that이 생략되었다.
　➡ to hide는 a place를 수식하는 형용사적 용법의 to부정사이다.

⑧ **The doors**, [(**which are**) made of heavy stones], can be rolled like wheels *to seal* the city from the inside.
　➡ [　]는 앞에 「주격 관계대명사+be동사」인 which are가 생략되었는데, 선행사 The doors를 부연 설명하는 계속적 용법의 관계대명사절로 문장 중간에 삽입되었다.
　➡ to seal은 '봉쇄하기 위해'의 의미로, 〈목적〉을 나타내는 부사적 용법의 to부정사이다.

⑨ **Unlike** [*what* you might expect], the old underground city was probably quite comfortable.
　➡ Unlike는 '~와는 달리'라는 의미의 전치사로, [　]가 목적어로 쓰였다.
　➡ what은 선행사를 포함하는 관계대명사로, '~하는 것'의 의미이다.

⑫ The city is **so big that** archaeologists are still finding new parts!
　➡ 「so+형용사+that」은 '매우 ~해서 …하다'의 의미이다.

정답　1 ②　　2 ③　　3 ③

4 (Finn이 Finn의 아들이라고 착각해, Finn이 훨씬 더 거대하다고 생각하도록) Benadonner를 속이려고

문제 해설

1 북아일랜드 해안가의 절경인 Giant's Causeway에 얽힌 전설에 관한 내용이므로, 주제로는 ② 'Giant's Causeway의 전설'이 알맞다.

[문제] 글의 주제로 가장 알맞은 것은?

① 아일랜드 거인의 예술 작품　　　　　　③ 스코틀랜드에서 관광객들에게 인기 있는 장소

④ 오늘날 Giant's Causeway가 이용되는 방식　　⑤ 두 거인 사이의 싸움의 역사

2 빈칸 뒤에 Benadonner가 Finn에 대해 착각하게 만든 Finn의 아내의 아이디어가 이어지므로, 빈칸에는 ③ '영리하게'가 가장 알맞다.

[문제] 빈칸에 들어갈 말로 가장 알맞은 것은?

① 애석하게도　　② 무사히　　④ 어리석게도　　⑤ 다행히

3 ③ Finn이 그의 아내를 도운 것이 아니라 Finn의 아내가 그를 도왔다.

①은 문장 ③-⑤에서 Benadonner와 싸우러 가기 위해 둑길을 만들었음을 알 수 있고, ②는 문장 ⑥에서 그가 너무 커서 이길 수 없다고 생각했다고 했고, ④는 문장 ⑧-⑨에서 아기 침대에 누워 있었다고 했고, ⑤는 문장 ⑨-⑪을 통해 Finn을 그의 아들이라고 착각했기 때문임을 알 수 있다.

[문제] 글에 근거하여 답할 수 <u>없는</u> 것은?

① 왜 Finn은 둑길을 지었나?　　　　② Finn은 Benadonner에 대해 어떻게 생각했나?

③ Finn은 그의 아내를 어떻게 도왔나?　　④ Benadonner가 아일랜드에 왔을 때 Finn은 어디에 있었나?

⑤ 무엇이 Benadonner가 Finn이 틀림없이 거대할 것이라고 생각하게 만들었나?

4 문장 ⑨-⑫에서 Benadonner가 도망간 이유는 아기처럼 옷을 입고 아기 침대에 누워 있는 Finn을 Finn의 아들로 착각했기 때문이므로, Benadonner를 속이려는 의도였음을 알 수 있다.

[문제] 왜 Finn의 부인은 Finn을 아기처럼 보이게 만들었나? 우리말로 쓰시오.

본문 직독 직해

① On the northeast coast / of Northern Ireland, / about 40,000 hexagonal columns
　　북동쪽 해안에　　　　　　북아일랜드의　　　　　　약 40,000개의 육각형의 현무암 기둥들이

of basalt / make an amazing landscape of cliffs. / ② This area is called / the Giant's Causeway, /
　　　　　놀라운 절벽 풍경을 만든다　　　　　　　　이 지역은 불린다　　Giant's Causeway(거인의 둑길)라고

a name / that is based on an Irish legend. /
이름인　　아일랜드 전설에 근거한

③ According to the legend, / Finn MacCool, an Irish giant, / decided to go / to fight his
　　그 전설에 따르면　　　　아일랜드 거인인 Finn MacCool은　　　가기로 결심했다　　그의 스코틀랜드

Scottish rival, Benadonner. / ④ There is a sea / between Scotland and Ireland. / ⑤ So Finn
경쟁자인 Benadonner와 싸우기 위해　　바다가 있다　　스코틀랜드와 아일랜드 사이에　　　　그래서 Finn은

built a causeway / and started to cross it. / ⑥ On the way to Scotland, / he saw Benadonner /
둑길을 지었다　　그리고 그것을 건너기 시작했다　　스코틀랜드로 가는 길에　　　　그는 Benadonner를 보았다

and realized / that his rival was too large to defeat! / ⑦ Finn came back / and told his wife. /
그리고 깨달았다　　그의 경쟁자가 너무 커서 이길 수 없다는 것을　　　　Finn은 돌아왔다　　그리고 그의 아내에게 이야기했다

⑧ Cleverly, / she dressed him like a baby / and laid him in a huge cradle. / ⑨ When
　영리하게　　그녀는 그를 아기처럼 옷을 입혔다　　　　그리고 그를 거대한 아기 침대에 눕혔다

Benadonner came to Ireland / and found the baby, / he thought / the baby was Finn's son. /
Benadonner가 아일랜드에 왔을 때   그리고 그 아기를 발견했을 때   그는 생각했다   그 아기가 Finn의 아들이라고

⑩ "What a gigantic baby!" / he cried. / ⑪ "His father must be even more enormous!" /
　　이 얼마나 거대한 아기인가   그가 외쳤다   그의 아버지는 훨씬 더 거대할 것이 틀림없어

⑫ Benadonner ran home quickly, / destroying the causeway / behind him. / ⑬ The Giant's
　　Benadonner는 빠르게 집으로 달려갔다   그 둑길을 파괴하면서   그의 뒤로   Giant's Causeway는

Causeway is what remains. /
남아 있는 것이다

본문 해석

　　북아일랜드의 북동쪽 해안에, 약 40,000개의 육각형의 현무암 기둥들이 놀라운 절벽 풍경을 만든다. 이 지역은 아일랜드 전설에 근거한 이름인, Giant's Causeway(거인의 둑길)라고 불린다.

　　그 전설에 따르면, 아일랜드 거인인 Finn MacCool은 그의 스코틀랜드 경쟁자인 Benadonner와 싸우러 가기로 결심했다. 스코틀랜드와 아일랜드 사이에는 바다가 있다. 그래서 Finn은 둑길을 짓고 그것을 건너기 시작했다. 스코틀랜드로 가는 길에, 그는 Benadonner를 보았고 그의 경쟁자가 너무 커서 이길 수 없다는 것을 깨달았다! Finn은 돌아왔고 그의 아내에게 이야기했다. 영리하게, 그녀는 그를 아기처럼 옷을 입혀서 거대한 아기 침대에 눕혔다. Benadonner가 아일랜드에 와서 그 아기를 발견했을 때, 그는 그 아기가 Finn의 아들이라고 생각했다. "이 얼마나 거대한 아기인가!"라고 그가 외쳤다. "그의 아버지는 훨씬 더 거대할 것이 틀림없어!" Benadonner는 그의 뒤로 그 둑길을 파괴하면서 빠르게 집으로 달려갔다. Giant's Causeway는 남아 있는 것이다.

구문 해설

③ According to the legend, **Finn MacCool, an Irish giant**, decided to go *to fight* his Scottish **rival, Benadonner**.
　➡ Finn MacCool과 an Irish giant, his Scottish rival과 Benadonner는 각각 동격 관계이다.
　➡ to fight는 '싸우기 위해'의 의미로 〈목적〉을 나타내는 부사적 용법의 to부정사이다.

⑩ **"What a gigantic baby!"** he cried.
　➡ 「What (a[an])+형용사+명사(+주어+동사)!」는 '얼마나 ~한 …인가!'의 의미인 감탄문이다.

⑪ "His father **must** be *even* more enormous!"
　➡ must는 '~임에 틀림없다'의 의미인 강한 추측을 나타내는 조동사이다.
　➡ even은 '훨씬'의 의미로 비교급을 강조하는 부사이다. much, far, a lot 등으로 바꿔 쓸 수 있다.

⑫ Benadonner ran home quickly, **destroying** the causeway behind him.
　➡ destroying은 '파괴하면서'의 의미로 〈동시동작〉을 나타내는 분사구문이다.

⑬ The Giant's Causeway is [**what** remains].
　➡ what은 선행사를 포함하는 관계대명사로, '~하는 것'의 의미이다. [ ]는 문장의 보어로 쓰였다.

Review Test

정답 **1** 1) hold 2) seal   **2** ②   **3** ④   **4** who want to take photos of this amazing town   **5** ⑤
6 reach   **7** ⑤   **8** ⓐ: Benadonner ⓑ: Finn (MacCool)

문제
해설

1 1) 이 방은 20명 정도의 사람들을 <u>수용할</u> 수 있다.
2) 경찰관은 그에게 출입구를 <u>봉쇄하라고</u> 명령했다.

2 trick(속이다)과 비슷한 의미의 단어는 ② 'fool(속이다)'이다.

> 그 정직하지 못한 남자가 너를 속이게 놔두지 마라.

① 놓다   ③ 설립하다   ④ 숨다   ⑤ 굴리다

3 ④ 동굴 집 주변에 아름다운 식물이 많다는 것은 언급되지 않았다.

4 주격 관계대명사 who와 동사 want 다음에 목적어인 to부정사가 온다.

5 ⑤ 1,500개의 터널이 있어 가장 깊은 층도 맑은 공기가 들어갔을 것이라고 했다.

6

> 특정한 정도에 이르다

7 스코틀랜드를 가는 길에 Finn이 라이벌인 Benadonner를 보고 그가 너무 커서 이길 수 없을 거로 생각한 (C),
Finn이 집으로 돌아가 부인에게 그 얘기를 한 (B), 영리한 부인의 아이디어를 언급한 (A)의 흐름이 알맞다.

8 ⓐ: 앞절에 언급되어 있다.
ⓑ: 앞 문장에서 아기가 Finn의 아들일 것이라고 했으므로, '그의 아빠'는 Finn을 가리킨다.

독해	듣기	수능 · 기타

Reading TUTOR 리딩튜터

10단계 초·중·고등 독해 프로그램
STARTER 1 | 2 | 3
JUNIOR 1 | 2 | 3 | 4
수능 입문 | 기본 | 실력 (예정)

능률 중학영어 듣기 모의고사 22회

전국 16개 시·도 교육청 주관
영어듣기평가 실전대비서
Level 1 | Level 2 | Level 3

첫번째 수능 영어

한 발 앞서 시작하는
중학생을 위한 수능 대비서
기본 | 유형 | 실전

1316 READING

기초부터 내신까지 중학 독해 완성
Level 1 | Level 2 | Level 3
🔗 1316 Grammar | 1316 Listening

1316 LISTENING

기초부터 실전까지 중학 듣기 완성
Level 1 | Level 2 | Level 3
🔗 1316 Grammar | 1316 Reading

능률 중학 영어

문법, 독해, 쓰기, 말하기를
함께 배우는 중학 영어 종합서
예비중 | 중1 | 중2 | 중3

JUNIOR READING EXPERT

앞서가는 중학생들을 위한 원서형 독해 교재
Level 1 | Level 2 | Level 3 | Level 4
🔗 Junior Listening Expert |
Reading Expert

JUNIOR LISTENING EXPERT

앞서가는 중학생들을 위한 원서형 듣기 교재
Level 1 | Level 2 | Level 3 | Level 4
🔗 Junior Reading Expert

열중16강

문법과 독해를 완성하는 특강용 교재
문법 Level 1 | Level 2 | Level 3
문법+독해 Level 1 | Level 2 | Level 3

READING Inside

중상위권 대상의 통합교과 원서형 독해서
Starter | Level 1 | Level 2 | Level 3
🔗 Grammar Inside

NE능률 영어교육연구소

NE능률 영어교육연구소는 전문성과 탁월성을 기반으로
영어 교육 트렌드를 선도합니다.

Reading TUTOR 리딩튜터 Junior 3

펴 낸 날	2024년 10월 5일 (초판 1쇄)
펴 낸 이	주민홍
펴 낸 곳	(주)NE능률
지 은 이	NE능률 영어교육연구소
개 발 책 임	김지현
개 발	조은영, 권영주, 김영아, 최리
영 문 교 열	Patrick Ferraro, Julie Tofflemire, Keeran Murphy
디자인책임	오영숙
디 자 인	안훈정, 오솔길
제 작 책 임	한성일
등 록 번 호	제1-68호
I S B N	979-11-253-4761-3

대 표 전 화	02 2014 7114
홈 페 이 지	www.neungyule.com
주 소	서울시 마포구 월드컵북로 396(상암동) 누리꿈스퀘어 비즈니스타워 10층

1 프랑스의 급식은 어떨까?

childhood	명 어린시절
obesity	명 비만
serious	형 심각한
government	명 정부
address	통 주소를 쓰다; (문제를) 고심하다[다루다]
serve	통 제공하다
roasted	형 구운
beef	명 쇠고기
treat	명 간식
ban	통 금지하다
occasionally	부 가끔
fried	형 튀긴
contain	통 함유하다
amount	명 양
allow	통 허락하다, 용납하다
rarely	부 좀처럼 ~하지 않는, 드물게
content	명 속에 든 것들; 함유량
limit	통 제한하다
access	명 접근
vending machine	자동판매기
strict	형 엄격한
meal	명 식사
encourage	통 격려[장려]하다
develop	통 발달시키다, 개발하다

pick up	~을 집다[들어올리다]
create	통 창조하다
inspire	통 영감을 주다
cheer up	~을 격려하다
proper	형 적절한
education	명 교육
come up with	~을 생각해 내다
various	형 다양한
supportive	형 힘을 주는
frustrated	형 좌절감을 느끼는
press	통 누르다
encouragement	명 격려
countless	형 셀 수 없이 많은
improve	통 개선하다, 향상시키다

3 100년 동안의 비밀 이야기

fascinating	형 대단히 흥미로운, 매력적인
century-long	형 한 세기동안 지속되는
throughout	전 ~ 동안 쭉, 내내
well-respected	형 존경을 받는, 높이 평가되는
author	명 작가
unread	형 읽지 않은
manuscript	명 (책 · 악보 등의) 원고
outstanding	형 뛰어난
participate in	~에 참가[참여]하다
annually	부 매년
submit	통 제출하다
reveal	통 드러내다[밝히다]
be up to	~에 달려 있다

content	옝 속에 든 것들; (책 등의) 내용[주제]
nearby	옛 인근에, 가까운 곳에
provide B for A	A에게 B를 제공하다
eventually	옛 결국, 마침내
society	옝 사회
exist	옹 존재하다
generation	옝 세대
editor	옝 편집자
restrict	옹 제한하다
in advance	미리
participant	옝 참가자

4 당신은 혼자가 아니에요

common	옝 흔한; 공통의
work	옹 일하다; 애쓰다[노력하다]
citizen	옝 시민
official	옝 공식적인
ministry	옝 (정부의) 부처 (prime minister 수상)
	(minister 옝 장관)
slightly	옛 약간, 조금
approach	옝 접근법
rather than	~보다는[대신에]
promote	옹 촉진[고취]하다
note	옹 주목하다
affect	옹 ~에 영향을 미치다
reach out	접근하다
elderly	옝 나이가 지긋한
high-tech	옝 최첨단의
lead to	~로 이어지다; ~에 이르다
face-to-face	옝 대면하는

contact	명 연락, 접촉
threaten	통 위협하다
get involved in	~에 관여하다
politics	명 정치
definition	명 정의
in contrast	그에 반해
deal with	대처하다, 처리하다

Section 02 Fun Facts

1 이게 무슨 느낌이지?

be about to-v	막 ~하려고 하다
strange	형 이상한
feeling	명 느낌
lump	명 덩어리
throat	명 목구멍, 목
flight	명 비행; 탈출, 도피
response	명 반응
activate	통 작동시키다, 활성화시키다
extreme	형 극도의, 극심한
sadness	명 슬픔
run away	도망치다
oxygen	명 산소
muscle	명 근육
sense	통 감지하다, 느끼다 (sensation 명 느낌)
occur	통 일어나다, 발생하다
odd	형 이상한
method	명 방법

heal	통 치유하다
sore throat	인후염
go away	(떠나) 가다; 없어지다
enter	통 들어오다
calm down	진정하다
strengthen	통 강화하다

2 아기들에게 더 많은 것은?

bone	명 뼈
teenager	명 십 대
be born	태어나다
newborn	형 갓 태어난
join together	합치다, 결합되다
press	통 누르다, 밀어 넣다
squeeze	통 짜다; (좁은 곳에) 밀어 넣다
childbirth	명 출산
over time	시간이 흐르면서
grow together	자라서 하나로 되다
continue	통 계속하다
decrease	통 줄다, 감소하다
characteristic	명 특징
thick	형 두꺼운

3 내 미모의 비결은 새우

feather	명 털, 깃털
flamingo	명 홍학, 플라밍고
recognizable	형 쉽게 알아볼 수 있는
adult	형 다 자란, 성인의
depending on	~에 따라
creature	명 생물

shrimp	몡 새우
seaweed	몡 해초
store	통 저장하다
bill	몡 청구서; (새의) 부리
relief	몡 안심
current	혱 현재의
deeply	틘 깊게; (색이) 짙게
color	통 ~에 염색하다

4 눈으로 말해요

bodyguard	몡 경호원
notice	통 알아채다
focus	몡 초점
lie	통 눕다; 놓여 있다
movement	몡 움직임
point	통 향하다
guess	통 추측하다
human	혱 사람의 몡 사람
evolve	통 진화하다
communicate	통 의사소통하다
cooperate	통 협력하다
tell	통 말하다; 알다

Section 03　Science & Technology

1 어디선가 진동이!

vibrate	통 떨다, 진동하다 (vibration 몡 진동)
pocket	몡 주머니

reach	통 이르다; (손 등을) 뻗다
take out	꺼내다
screen	명 화면
notification	명 알림, 통지
phantom	명 유령
syndrome	명 증후군
illusion	명 오해[착각]
fool	통 속이다
theory	명 이론
miss	통 놓치다
text message	문자 메시지
respond	통 대답[응답]하다
once in a while	가끔
disappear	통 사라지다
annoyance	명 짜증; 골치거리
regular	형 규칙적인, 정기적인
mysterious	형 이해[설명]하기 힘든, 불가사의한
attention	명 주의; 관심
casual	형 격식을 차리지 않는
excessive	형 과도한
occasional	형 가끔의
unclear	형 명확하지 않은

2 감자의 활약

beauty product	미용 제품
signal	명 신호
airline	명 항공사
passenger	명 승객
engineer	명 기술자
run	통 달리다; (검사 등을) 하다

absorb	통 흡수하다
reflect	통 반사하다
seat	통 앉히다; ~개의 좌석이 있다 명 좌석
similar to	~와 비슷한
fill A with B	A를 B로 채우다
patient	형 참을성 있는
discover	통 발견하다
provide	통 제공하다, 주다
harm	통 해를 끼치다
flying	명 비행기 여행 (= flight)

3 공중의 저 공은 뭐지?

attach to	~에 붙이다
power line	송전선
notice	통 의식하다, 알다
highway	명 고속도로
valley	명 계곡
marker	명 표시, 표지물
purpose	명 목적
pilot	명 비행사
spot	통 발견하다
hit	통 치다; 부딪치다
invisible	형 보이지 않는
low-flying	형 저공비행의
run into	부딪치다
frequently	부 자주
stand out	눈에 띄다
landscape	명 풍경
empty	형 빈
nest	명 (새의) 둥지

eyesight	몡 시력
process	몡 과정
habitat	몡 서식지

4 아름다운 파란 일몰

sunset	몡 일몰
shade	몡 그늘; 색조
lie	동 누워있다; 있다
atmosphere	몡 (지구의) 대기
particle	몡 (아주 작은) 입자
tiny	혱 아주 작은
spread out	몸을 뻗다; 넓게 퍼지다
reach	동 도달하다
dust	몡 먼지
similarity	몡 유사점
chemical	몡 화학물질
set	동 놓다; 지다
soil	몡 토양, 흙
substance	몡 물질

Section 04   Art & Fashion

1 마네킹 대신에 사람을!

for centuries	수 세기 동안
display	동 전시하다
mannequin	몡 (의류) 모델; (상점의) 마네킹
actual	혱 실제의
organize	동 준비[조직]하다

parade	명 퍼레이드
past	전 ~을 지나서
audience	명 청중, 시청자
fancy	형 화려한
stage	명 무대
special effect	특수 효과
private	형 개인 소유의; 사적인
gathering	명 (특정 목적을 위한) 모임
photographer	명 사진작가
attend	동 참석하다
steal	동 훔치다
lower	동 ~을 내리다[낮추다]
try on	~을 입어보다
demonstrate	동 입증하다; 보여주다
resemble	동 닮다, 비슷하다

2 널 꼭 지켜줄게

destroy	동 파괴하다
director	명 임원; 책임자
historian	명 역사가 (historic 형 역사적으로 중요한)
architect	명 건축가
form	동 형성하[되]다; 결성하다
artistic	형 예술적인
value	명 가치
basic	형 기본적인
military	형 군사의
training	명 훈련
perform	동 수행하다
duty	명 의무; 임무
belief	명 신념

strong	📜 강한; 확고한
evidence	📛 증거
preserve	📜 지키다, 보호하다
work	📛 일; 작품
cultural	📜 문화적인

fisherman	📛 어부
wool	📛 털, 양털
tight	📜 단단히 고정된; (옷이 몸에) 딱 붙는
fit	📛 (옷 등의) 맞음새
knit	📜 (실로 옷 등을) 뜨다, 짜다
	(hand-knitted 📜 사람 손으로 뜬)
comfortable	📜 편안한
splash	📜 후두둑 떨어지다, (액체가) 튀다
waterproof	📜 방수의
merely	📜 단지
wash	📜 씻다; 밀려오다
shore	📛 해변
identify	📜 (신원 등을) 확인하다

performance	📛 공연, 연주 (perform 📜 공연[연주]하다)
	(performer 📛 연주자)
afterward	📜 후에, 나중에
bow	📜 (허리를 굽혀) 절하다
piece	📛 조각; 작품
compose	📜 구성하다; 작곡하다
go wrong	(일이) 잘못되다
impress	📜 감명을 주다

whisper	명 속삭임
beat	통 이기다; (심장이) 뛰다
be famous for	~로 유명하다
challenge	통 도전하다, 이의를 제기하다
last	통 계속되다
entire	형 전체의
instrument	명 기구; 악기

Section 05 Origins

1 콩과 비밀 사이에 무슨 관련이?

spill	통 흘리다, 쏟다
origin	명 기원, 근원
phrase	명 구; 관용구
exactly	부 정확히
clear	형 분명한 (↔ unclear)
refer to	나타내다, 지칭하다
ancient	형 고대의
Greek	형 그리스의
voting	명 투표, 선거 (vote 통 투표하다 명 (선거 등에서의) 표)
jar	명 병; 항아리
process	명 과정
no longer	더 이상 ~ 아닌
hide	통 숨기다 (hide–hid–hidden)
discover	통 발견하다
expression	명 표현
related to	~에 관련 있는

12

idiom	📛 관용구
commonly	🔵 일반적으로
influence	🟢 영향을 끼치다
break a promise	약속을 어기다
turn out	~인 것으로 드러나다[밝혀지다]
reveal	🟢 드러내다
be supposed to-v	~하기로 되어 있다, ~해야 한다

2 있을 때 잘해

unusual	🟠 특이한
opportunity	📛 기회
myth	📛 신화
completely	🔵 완전히
bald	🟠 대머리의
approach	🟢 다가가다[오다]
grab	🟢 붙잡다
hold on to	~를 꼭 잡다
wing	📛 날개
right away	즉시
hesitate	🟢 망설이다, 주저하다
personality	📛 성격
appearance	📛 외모
facial expression	표정
shut	🟢 닫다[닫히다]
knock	🟢 두드리다
occur	🟢 일어나다, 발생하다
preparation	📛 준비
disappear	🟢 사라지다

once	**부** 한 번; 한때
rare	**형** 희귀한
spice	**명** 양념; 향신료
insect	**명** 곤충
solution	**명** 해법, 해결책
fail	**동** 실패하다
invent	**동** 발명하다
method	**명** 방법
slave	**명** 노예
own	**동** 소유하다
explain	**동** 설명하다
use	**동** 사용하다 **명** 사용; 용도
thumb	**명** 엄지손가락
stick	**명** 막대기
amazed	**형** 놀란
eventually	**부** 결국
common	**형** 흔한

British	**형** 영국의
goal	**명** 목표
particular	**형** 특정한
community	**명** 지역 사회
develop	**동** 발달시키다; 발전하다
form	**명** 종류; 방식
be divided into	~로 나누다
major	**형** 주요한
category	**명** 범주
introduce	**동** 소개하다; 도입하다

as time goes by	시간이 지남에 따라
originate from	~에서 비롯되다
limited	형 제한된

Section 06 Nature

1 내 말이 들리나요?

respond	동 반응하다
recent	형 최근의
discovery	명 발견 (discover 동 발견하다)
microphone	명 마이크
resemble	동 닮다
click	동 찰칵[딸깍]하는 소리를 내다
pop	동 펑하는 소리가 나다
stem	명 줄기
cut off	~을 잘라 내다
plenty of	많은
hardly	부 거의 ~ 않다
factor	명 요소
involve	동 수반[포함]하다
stress	명 스트레스 동 강조하다; 스트레스를 주다
design	동 디자인[설계]하다; (특정 목적을 위해) 만들다[고안하다]
daytime	명 낮(시간)
sunlight	명 햇빛
be about to-v	막 ~하려던 참이다

imagine	통 상상하다
hell	명 지옥
tourist attraction	관광 명소
dig for	~를 찾아 땅을 파다
natural gas	천연가스
site	명 위치, 장소
collapse	통 붕괴되다, 무너지다
huge	형 거대한
poisonous	형 유독성의, 독이 있는
escape	통 달아나다; 새어 나가다
burn off	(가스)를 태워서 없애다; 다 타(버리)다
damage	명 손상, 피해
endless	형 무한한, 끝없는
decade	명 10년
predict	통 예측하다

sight	명 시력, 시야; 광경
lunar	형 달의
be known as	~로 알려지다
principle	명 원칙; (물리·자연의) 법칙
colored	형 색깔이 있는, 유색의
moisture	명 수분, 습기
waterfall	명 폭포
necessary	형 필요한
viewer	명 시청자; 보는 사람
requirement	명 필요(한 것); 필요조건, 요건
	(require 통 요구하다, 필요로 하다)

unfortunately	📖 유감스럽게도, 안타깝게도
specific	📖 구체적인
condition	📖 상태; 조건
appear	📖 나타나다

earthquake	📖 지진
volcano	📖 화산 (volcanic 📖 화산의, 화산 작용에 의한)
existing	📖 기존의
landscape	📖 풍경
form	📖 형성하다 (formation 📖 형성)
lava	📖 용암
surface	📖 표면
activity	📖 활동
be named after	~의 이름을 따서 (이름) 지어지다
Nordic	📖 북유럽 (국가)의
birth	📖 출생; 출현, 발생
settle	📖 해결하다; 정착하다
name	📖 이름을 지어주다; 지정하다
location	📖 위치
examine	📖 조사하다

Section 07 **Animals**

squeeze	📖 꼭 짜다[쥐다]
paw	📖 (동물의) 발
aggression	📖 공격성

normal	형 보통의, 평범한
harmless	형 해가 없는 (↔ harmful 형 해로운)
common	형 흔한
reaction	명 반응
adorable	형 사랑스러운
emotion	명 감정 (emotional 형 감정의, 정서적인)
balanced	형 균형 잡힌 (balance 동 균형을 잡다 명 균형)
at all times	항상
intense	형 강렬한; (감정·행위가) 격렬한
express	동 표현하다
opposite	형 반대의
unhealthy	형 건강에 해로운
hide	동 감추다
burst into	~을 터뜨리다
nervous	형 불안해하는, 긴장한
laughter	명 웃음
extremely	부 극도로
prevent	동 막다, 예방하다
overwhelm	동 (격한 감정이) 싸다[압도하다]
pinch	동 꼬집다
depending on	~에 따라
situation	명 상황

2 내 둥지를 받아줘!

attract	동 마음을 끌다, 유혹하다
mate	명 (새·동물의) 짝 (mating 명 짝짓기)
feather	명 털, 깃털
decorate	동 장식하다, 꾸미다 (decoration 명 장식)
structure	명 구조(물)
male	형 남성의; 수컷의

gather	동 모으다
arrange	동 (일을) 처리하다; 배열하다
path	명 길
lead (up) to	~로 이어지다
chew	동 (음식을) 씹다
charcoal	명 숯
mixture	명 혼합물
object	명 물건, 물체
female	형 여성의; 암컷의
wander around	이리저리 돌아다니다
steal	동 훔치다
proper	형 적절한, 적합한

body	명 몸, 신체; 사체
complain	동 불평하다
waste	명 낭비; 배설물, 쓰레기
except for	~를 제외하고
remove A from B	B에서 A를 제거하다
muscle	명 근육
damage	동 손상시키다 (undamaged 형 손상되지 않은)
untouched	형 훼손되지 않은

hide	동 숨기다; 숨다
predator	명 포식자
dramatically	부 극적으로
mimic	명 흉내쟁이 동 흉내를 내다
shell	명 껍데기
sudden	형 갑작스러운

attack	명 공격 동 공격하다
stay	동 머무르다; 계속 ~하게 있다
nickname	명 별명
treasure	명 보물
magician	명 마술사
master	명 주인; 달인, 대가
transformation	명 변화, 변신

Section 08 Culture

1 말을 타는 어부들?

northwest	형 북서부의
horseback	형 말을 타고 하는
fishing	명 낚시 (fisher 명 어부)
practice	명 관습 동 실행하다
coast	명 해안
gather	동 모이다
rubber	명 고무
waterproof	형 방수의
chest	명 가슴
ideal	형 이상적인
calm	형 침착한, 차분한
pull	동 끌다
net	명 망사; 그물
take place	개최되다[일어나다]
hold	동 (회의·시합 등을) 열다 (hold-held-held)
competition	명 경쟁; 대회
participant	명 참가자

lead	통 이끌다
parade	명 퍼레이드
hook	명 고리; 낚싯바늘

joyful	형 기쁜
holiday	명 휴일, 명절
remember	통 기억하다; 추모하다
relative	명 친척
celebrate	통 기념하다
set up	~를 놓다, 마련하다
spirit	명 영혼, 정신
loved one	(종종 pl.) 사랑하는 사람, (특히) 가족, 친척
skull	명 두개골, 해골
loaf	명 빵 한 덩이 (pl. loaves)

unlock	통 (잠긴 것을) 열다
prayer	명 기도
look forward to	~을 기대하다
tie	통 묶다
charm	명 매력; 부적
well-being	명 행복, 웰빙
hang	통 걸다
metal	명 금속
nightmare	명 악몽

| crowded | 형 붐비는 (crowd 명 사람들, 군중) |
| shoot | 통 쏘다 |

celebration	몡 기념[축하] 행사
calendar	몡 달력
statue	몡 조각상
(the) Buddha	부처님
pour	동 (물을) 붓다
respect	몡 존경
evolve	동 발전하다, 발달하다
splash	동 (물을) 끼얹다
head	동 향하다
be supposed to-v	~해야 한다; ~인 것으로 여겨지다
chase away	~를 쫓아내다
a variety of	다양한
get rid of	~을 없애다[제거하다]

Section 09 Environment

1 기저귀의 대변신!

used	형 사용된
material	몡 직물; 재료
mine	동 (광물질을) 캐다, 채굴하다
loss	몡 손실
habitat	몡 서식지
creative	형 창의적인
diaper	몡 기저귀
safety	몡 안전(성)
strength	몡 힘; 세기[강도]
basically	부 근본적으로
block out	(빛·소리를) 가리다[차단하다]

recycle	룡 재활용하다
unexpected	형 예상치 못한
replace	룡 대체하다
have an effect on	~에 영향을 미치다
advantage	명 유리한 점, 이점

waste	명 낭비; 쓰레기, 폐기물
break down	분해되다[하다]
by accident	우연히
beekeeper	명 양봉가
beehive	명 벌집
wax	명 밀랍, 왁스
plastic bag	비닐봉지
conduct	룡 (특정한 활동을) 하다
experiment	명 실험
work	룡 일하다; (특정한) 작용을 하다[영향을 미치다]
release	룡 방출하다

make a decision	결정[판단]하다
direction	명 방향
flow	룡 흐르다
cotton	명 목화
shrink	룡 줄어들다 (shrink-shrank-shrunk)
original	형 원[본]래의
region	명 지역
destruction	명 파괴
leave behind	남기다
pick up	~를 집어 올리다[주워 모으다]

ruin	통 망치다
consider	통 숙고하다; 여기다
tragic	형 비극적인
disaster	명 참사, 재해
remind	통 상기시키다
gain	명 이득
indirect	형 간접적인
positive	형 긍정적인
impressive	형 인상적인
meaningless	형 의미 없는

4 인류의 미래가 바로 이곳에

seed	명 씨앗, 종자
valuable	형 귀중한
resource	명 자원
crop	명 작물
unknown	형 알려지지 않은; 발생한 적이 없는
lack	명 부족
mine	명 광산
icy	형 얼음같이 찬; 얼음에 뒤덮인
renovate	통 개조하다
withstand	통 견뎌내다
climate	명 기후
nuclear	형 핵의
explosion	명 폭발
be free of	~가 없다
nickname	통 별명을 붙이다 명 별명
be located	위치하다
store	통 저장[보관]하다

Places

1 스페인의 특별한 마을

resident	몡 거주자
narrow	혱 좁은
valley	몡 계곡
architectural	혱 건축의
be based on	~에 기초를 두다
Arabic	혱 아랍의
establish	통 설립하다
complete	혱 완전한
offer	통 제공하다
earthquake	몡 지진
shade	몡 그늘
attract	통 끌어들이다, 끌어 모으다
take a photo of	~의 사진을 찍다
bury	통 묻다[매장하다]
alive	혱 살아있는
found	통 설립하다
risk	몡 위험
challenge	몡 도전

2 우리 집이 사라졌어

take apart	분해하다
put together	합하다, 조립하다
hold together	결합하다, 접합하다
tax	몡 세금
common people	일반인, 서민
afford	통 ~를 살[감당할] 여유가 있다

trick	🜲 속이다
preserved	🜲 보존된
designate	🜲 지정하다
fool	🜲 바보; 🜲 속이다

3 두 발 아래 3만 명이!

beneath	🜲 아래에
discovery	🜲 발견
underground	🜲 지하의
depth	🜲 깊이
hold	🜲 잡다; 수용하다
enemy	🜲 적
roll	🜲 굴리다
wheel	🜲 바퀴
seal	🜲 봉하다; 봉쇄하다
quite	🜲 꽤, 상당히
tunnel	🜲 터널, 굴
space	🜲 우주; 공간
farm animal	가축
archaeologist	🜲 고고학자

4 싸워보지도 못하고 지다니

column	🜲 기둥
cliff	🜲 절벽
legend	🜲 전설
defeat	🜲 패배시키다
dress	🜲 옷을 입히다
lay	🜲 놓다, 눕히다 (lay – laid – laid)
cradle	🜲 요람, 아기 침대
gigantic	🜲 거대한

enormous	📵	거대한
remain	📵	계속[여전히] ~이다; 남다
cleverly	📵	영리하게
foolishly	📵	어리석게도

Word Review

다음 우리말은 영어로, 영어는 우리말로 쓰시오.

1 obesity _____

2 ban _____

3 occasionally _____

4 cheer up _____

5 proper _____

6 supportive _____

7 fascinating _____

8 author _____

9 society _____

10 citizen _____

11 rather than _____

12 face-to-face _____

13 심각한 _____

14 엄격한 _____

15 격려[장려]하다 _____

16 영감을 주다 _____

17 교육 _____

18 좌절감을 느끼는 _____

19 (책·악보 등의) 원고 _____

20 속에 든 것들; (책 등의) 내용[주제] _____

21 참가자 _____

22 접근법 _____

23 촉진[고취]하다 _____

24 위협하다 _____

다음 우리말은 영어로, 영어는 우리말로 쓰시오.

1 be about to-v _____

2 throat _____

3 activate _____

4 run away _____

5 over time _____

6 decrease _____

7 feather _____

8 adult _____

9 current _____

10 notice _____

11 guess _____

12 cooperate _____

13 반응 _____

14 근육 _____

15 이상한 _____

16 강화하다 _____

17 누르다, 밀어 넣다 _____

18 특징 _____

19 극도의, 극심한 _____

20 청구서; (새의) 부리 _____

21 안심 _____

22 경호원 _____

23 초점 _____

24 진화하다 _____

Section 03 Science & Technology

다음 우리말은 영어로, 영어는 우리말로 쓰시오.

1　vibrate　_____

2　phantom　_____

3　once in a while　_____

4　signal　_____

5　absorb　_____

6　similar to　_____

7　attach to　_____

8　spot　_____

9　invisible　_____

10　sunset　_____

11　atmosphere　_____

12　spread out　_____

13　알림, 통지　_____

14　오해[착각]　_____

15　이론　_____

16　승객　_____

17　반사하다　_____

18　참을성 있는　_____

19　고속도로　_____

20　부딪치다　_____

21　풍경　_____

22　그늘; 색조　_____

23　(아주 작은) 입자　_____

24　먼지　_____

Section 04　Art & Fashion

다음 우리말은 영어로, 영어는 우리말로 쓰시오.

1　display　_____

2　organize　_____

3　fancy　_____

4　destroy　_____

5　training　_____

6　preserve　_____

7　tight　_____

8　splash　_____

9　merely　_____

10　afterward　_____

11　impress　_____

12　whisper　_____

13　개인 소유의; 사적인　_____

14　훔치다　_____

15　입증하다; 보여주다　_____

16　건축가　_____

17　의무; 임무　_____

18　증거　_____

19　(실로 옷 등을) 뜨다, 짜다　_____

20　방수의　_____

21　(신원 등을) 확인하다　_____

22　조각; 작품　_____

23　구성하다; 작곡하다　_____

24　도전하다, 이의를 제기하다　_____

Section 05 Origins

다음 우리말은 영어로, 영어는 우리말로 쓰시오.

1 spill _____

2 exactly _____

3 hide _____

4 opportunity _____

5 hold on to _____

6 right away _____

7 spice _____

8 solution _____

9 amazed _____

10 goal _____

11 community _____

12 originate from _____

13 구; 관용구 _____

14 투표, 선거 _____

15 발견하다 _____

16 대머리의 _____

17 망설이다, 주저하다 _____

18 성격 _____

19 곤충 _____

20 엄지손가락 _____

21 설명하다 _____

22 범주 _____

23 시간이 지남에 따라 _____

24 제한된 _____

다음 우리말은 영어로, 영어는 우리말로 쓰시오.

1 recent _____

2 pop _____

3 hardly _____

4 imagine _____

5 collapse _____

6 poisonous _____

7 sight _____

8 moisture _____

9 necessary _____

10 existing _____

11 lava _____

12 examine _____

13 발견 _____

14 줄기 _____

15 요소 _____

16 천연가스 _____

17 무한한, 끝없는 _____

18 예측하다 _____

19 달의 _____

20 원칙; (물리·자연의) 법칙 _____

21 구체적인 _____

22 화산 _____

23 표면 _____

24 해결하다; 정착하다 _____

Section 07 Animals

다음 우리말은 영어로, 영어는 우리말로 쓰시오.

1   paw _____

2   aggression _____

3   adorable _____

4   opposite _____

5   decorate _____

6   path _____

7   wander around _____

8   complain _____

9   except for _____

10 predator _____

11 dramatically _____

12 treasure _____

13 해가 없는 _____

14 강렬한; (감정·행위가) 격렬한 _____

15 (격한 감정이) 싸다[압도하다] _____

16 꼬집다 _____

17 구조(물) _____

18 (일을) 처리하다; 배열하다 _____

19 혼합물 _____

20 손상시키다 _____

21 훼손되지 않은 _____

22 흉내쟁이; 흉내를 내다 _____

23 껍데기 _____

24 갑작스러운 _____

Section 08 Culture

다음 우리말은 영어로, 영어는 우리말로 쓰시오.

1 horseback _____

2 practice _____

3 take place _____

4 joyful _____

5 celebrate _____

6 loaf _____

7 prayer _____

8 look forward to _____

9 charm _____

10 statue _____

11 be supposed to-v _____

12 chase away _____

13 해안 _____

14 이상적인 _____

15 이끌다 _____

16 휴일, 명절 _____

17 친척 _____

18 두개골, 해골 _____

19 (잠긴 것을) 열다 _____

20 묶다 _____

21 악몽 _____

22 붐비는 _____

23 (물을) 붓다 _____

24 ~을 없애다[제거하다] _____

Section 09 Environment

다음 우리말은 영어로, 영어는 우리말로 쓰시오.

1 loss _____

2 habitat _____

3 unexpected _____

4 break down _____

5 by accident _____

6 conduct _____

7 flow _____

8 shrink _____

9 region _____

10 valuable _____

11 renovate _____

12 nuclear _____

13 (광물질을) 캐다, 채굴하다 _____

14 기저귀 _____

15 유리한 점, 이점 _____

16 벌집 _____

17 비닐봉지 _____

18 방출하다 _____

19 파괴 _____

20 망치다 _____

21 참사, 재해 _____

22 자원 _____

23 견뎌내다 _____

24 폭발 _____

Places

다음 우리말은 영어로, 영어는 우리말로 쓰시오.

1 resident _____

2 architectural _____

3 bury _____

4 take apart _____

5 trick _____

6 designate _____

7 discovery _____

8 depth _____

9 archaeologist _____

10 column _____

11 gigantic _____

12 enormous _____

13 좁은 _____

14 제공하다 _____

15 살아있는 _____

16 세금 _____

17 ~를 살[감당할] 여유가 있다 _____

18 보존된 _____

19 지하의 _____

20 봉하다; 봉쇄하다 _____

21 적 _____

22 전설 _____

23 요람, 아기 침대 _____

24 계속[여전히] ~이다; 남다 _____

Word Review 정답

Section 06

1 최근의 2 평하는 소리가 나다 3 거의 ~ 않다 4 상상하다 5 붕괴되다, 무너지다 6 유독성의, 독이 있는 7 시력, 시야; 광경 8 수분, 습기 9 필요한 10 기존의 11 용암 12 조사하다 13 discovery 14 stem 15 factor 16 natural gas 17 endless 18 predict 19 lunar 20 principle 21 specific 22 volcano 23 surface 24 settle

Section 07

1 (동물의) 발 2 공격성 3 사랑스러운 4 반대의 5 장식하다, 꾸미다 6 길 7 이리저리 돌아다니다 8 불평하다 9 ~를 제외하고 10 포식자 11 극적으로 12 보물 13 harmless 14 intense 15 overwhelm 16 pinch 17 structure 18 arrange 19 mixture 20 damage 21 untouched 22 mimic 23 shell 24 sudden

Section 08

1 말을 타고 하는 2 관습; 실행하다 3 개최되다[일어나다] 4 기쁜 5 기념하다 6 빵 한 덩이 7 기도 8 ~을 기대하다 9 매력; 부적 10 조각상 11 ~해야 한다; ~인 것으로 여겨지다 12 ~를 쫓아내다 13 coast 14 ideal 15 lead 16 holiday 17 relative 18 skull 19 unlock 20 tie 21 nightmare 22 crowded 23 pour 24 get rid of

Section 09

1 손실 2 서식지 3 예상치 못한 4 분해되다[하다] 5 우연히 6 (특정한 활동을) 하다 7 흐르다 8 줄어들다 9 지역 10 귀중한 11 개조하다 12 핵의 13 mine 14 diaper 15 advantage 16 beehive 17 plastic bag 18 release 19 destruction 20 ruin 21 disaster 22 resource 23 withstand 24 explosion

Section 10

1 거주자 2 건축의 3 묻다[매장하다] 4 분해하다 5 속이다 6 지정하다 7 발견 8 깊이 9 고고학자 10 기둥 11 거대한 12 거대한 13 narrow 14 offer 15 alive 16 tax 17 afford 18 preserved 19 underground 20 seal 21 enemy 22 legend 23 cradle 24 remain